쉽게 풀어 쓴

교육학개론

정석환
서의정
송창백
이해선
하경표
공저

INTRODUCTION TO **EDUCATION**

양 성 원

머리말

교직을 이수하거나 교육학에 입문하는 사람이라면 누구나 교육학개론을 기초 과목으로 이수하게 된다. 교육학개론 교재의 내용은 교육학의 전체적인 윤곽을 가늠하고 교육학의 핵심에 대한 이해가 가능하도록 구성되어야 한다. 물론 이수 학점과 학습 시간의 제약이 없다면 교육학 전반에 대한 소개는 물론 다양한 교육 현상을 이해하는 안목을 기를 수 있도록 교재 구성이 가능할 것이다. 그러나 교육학개론에 배정된 이수 학점과 강의 시간의 제약으로 인하여 교육학의 모든 내용을 보다 자세하고 방대하게 다루기에는 무리가 따른다. 따라서 교육학개론의 교재는 한정된 분량으로 교육학 전 영역에 대한 설명을 겸비해야 하는 어려움이 존재한다.

이러한 어려움에 직면하여 본 교재의 저자들은 가장 기본적인 내용을 가장 쉽게 설명하되 교직을 이수하는 예비교사들이 지녀야 할 필수적인 교직관을 기를 수 있도록 교재를 구성하고자 노력하였다. 즉 교육학의 핵심적인 내용을 빠짐없이 다루지만 그 구성은 최대한 간략하게, 그리고 예비교사로서 지녀야 할 교육관을 소개하면서도 내용이 어렵지 않게 구성하고자 노력하였다.

모든 내용을 담고 있지만 간략하게, 교육관을 소개하지만 어렵지 않게 라는 모순적인 내용을 교재로 구현하기 위해 노력하였지만 저자들의 능력의 한계를 절감할 수밖에 없었다. 부족한 부분은 추후 개정을 통하여 보완할 것을 약속드린다. 끝으로 본 저서가 출간되는 데 많은 도움을 주신 양성원 관계자 분들에게 감사의 뜻을 전한다.

2016년 8월

저자 일동

차 례

CHAPTER

01

교육의 기초

개요

한 개인이 생물학적 출산 과정을 통해 태어나 한 사회의 일원으로 성장·적응·생활하기 위해 가장 필요한 사회적 통과의례는 '교육'이다. 교육은 학교교육이라는 공적인 형태로 존재하기도 하지만 개별 인간이 생존하는 전 생애에 걸쳐 형식적·비형식적 형태로 존재하고 삶에 영향을 주는 일종의 '삶의 형식'이다. 교육에 대한 이해는 바람직한 인간 삶을 영위하는 데 필수적인 요소라 할 수 있다. 본 장에서는 교육의 이론적 기초에 해당되는 교육의 개념과 교육의 구성요소, 교육의 가능성과 한계, 교육의 형태 등을 살펴볼 것이다. 본 장을 학습한 뒤 교직과정을 수강하는 학습자들은 교육의 개념과 교육의 가능성 등에 대한 기본적 이론을 숙지하고, 교사로서 가져야 할 교육관을 형성하는 데 도움이 될 수 있을 것으로 기대한다.

학습목표

1. 교육의 개념적 정의를 이해하고 학습자 자신의 교육관을 설정할 수 있다.
2. 교육의 구성요소들의 상관관계를 이해할 수 있다.
3. 교육의 가능성과 한계에 대해 설명할 수 있다.
4. 다양한 교육의 형태를 이해하고 이를 현실에 적용할 수 있다.

제1절 교육의 정의

1. 교육의 개념

교육은 생물학적 존재인 사람이 사회적 존재로 살아가는 데 필요한 기본적인 생활양식과 삶의 형식을 전수하고 이를 내면화하여 인간으로 살아가게 하는 필수적인 과정으로 사람과 사람을 이어주는 매개체이다. 생물학적인 사람을 사회적인 인간으로 만드는 과정을 교육의 과정이라 지칭해도 무방하겠다. 그러나 단순히 교육이 사회생활에 필요한 공통의 법칙이 학습하는 것으로 존재하는 것은 아니다. 교육은 공동체의 규칙을 학습하는 사회적 측면과 인간의 자아실현이라는 개인적 측면의 두 마리 토끼를 동시에 잡아야 하는 어려운 문제를 내포하기도 한다. 교육을 어떻게 정의하든 교육이 교육으로 정당화되려면 다음과 같은 기본적인 조건을 충족해야 한다.

첫째, 의도성이다. 교육이 여타 인간 행동과 구분되는 특징 중 가장 중요한 것은 특정한 의도를 가지고 교육에 임한다는 점이다. 교육의 의도성이 곧 교육의 결과라 도식화할 수는 없지만 교육이 성립되는 기본적 요건으로 의도성의 중요도는 매우 크다.

둘째, 계획성이다. 교육의 의도성이 광의의 의미라면 교육의 계획성은 보다 세부적인 측면의 계획을 의미한다. 광의의 목적인 의도를 지니고 세부적인 목적 달성의 수단인 계획을 체계적으로 수행하는 과정이 교육의 과정이다.

셋째, 보편적 가치 지향성이다. 교육은 기본적으로 인간 삶의 보편적 가치를 포함한다. 군대의 훈련과 교육이 구분되는 이유는 가치의 문제로 귀결된다. 즉, 군대의 훈련은 국방의 의무와 국가방위라는 점에 한정하여 정당화될 수 있지만, 살인이나 폭력을 정당화하기에 교육으로 인정받기 어렵다. 교육은 특정 지역, 국가,

사회의 특수성을 초월한 보편적인 가치를 지향하므로 가치 지향성은 교육의 중요한 조건이 된다.

이러한 기본적 조건이 충족되는 범위에 있는 현존하는 교육이론은 교육학자의 수만큼이나 다양하지만 기본적인 교육의 어원적 정의는 다음과 같다.

1) 동양의 어원

동양에서 교육(敎育)이라는 용어는『孟子』의『盡心章』에서 처음 사용되었다.

'君子有三樂....得天下英才而敎育之三樂也'(『孟子』 盡心章)

교육이라는 용어의 교(敎)는 가르칠 '교'이고, 육(育)은 기를 '육'이다. '가르침'이란 가치로운 것을 이미 알고 있는 교사가 그 사실을 모르는 학습자에게 전하여 깨우치게 하는 과정을 말한다. 반면 '기름'은 미성숙의 것을 돌보고 보살피는 과정을 거쳐 성장·발달시킴을 뜻한다. 동양에서 말하는 교육의 어원적 정의는 성숙한 어른에 의해 올바른 방향으로 학습자를 이끄는 '교'와 학습자의 내부적인 잠재 가능성을 발현할 수 있는 환경을 조성하는 '육'의 측면을 동시에 고려한 것이다.

2) 서양의 어원

서양에서 교육을 지칭하는 대표적인 단어는 'education', 'pedagogy'이다. 'education'의 어원은 라틴어 'educare'에서 기인한 것으로 접두어 'e(out)'와 'ducare(draw)'의 합성어이다. 어원적으로 교육은 학습자 내부에 위치한 모종의 것을 밖으로 이끌어 내는 것이다.

'교육학(pedagogy)'은 그리스어 'paidagogos'에 어원을 두는 것으로 'paida'(아동)와 'gogos'(이끈다)의 합성어이다. 이는 고대 그리스에서 교사의 역할을 담당하는 노예가 학습자인 아동을 교육받는 장소로 이동시키는 과정을 교육이라 지칭한 것에 기원을 둔 것이다.

동 · 서양을 막론하고 교육의 어원적 의미는 학습자의 잠재 가능성을 외부로 발현시키는 활동과 성인 또는 교사가 지도하고 조력하는 행위를 공통적으로 내포한다. 따라서 학습자의 자유의지를 고려하지 않고 강제적으로 외부에서 지식을 주입하는 행위는 교육의 어원적 의미에 비추어 볼 때 그 교육적 정당성을 주장하기 어렵다.

2. 교육의 정의

교육이 무엇인가를 한 마디로 정의하기는 어려운 일이다. 교육은 교육이 처한 당대의 시대적 상황과 철학적 관점을 반영하여 그 정의가 이루어졌기에 시대적 맥락을 벗어나서 어떤 교육이 타당한가를 논의하는 것 또한 그 의미가 반감된다. 오히려 수많은 교육의 정의가 이루어진 시대적 의도와 목적을 고려하고, 어떤 교육을 통해 어떤 인간을 길러왔는가를 이해하는 안목을 기르는 것이 중요하다. 이러한 교육적 안목을 기르기 위해 기본적인 교육의 정의 방식을 이해한다면 수많은 교육적 정의들을 이해하는 공통적인 기준을 발견할 수 있을 것이다. 교육학에서 기본적으로 통용되는 교육의 정의 유형을 살펴보면 다음과 같다.

1) 규범적 정의 : 가치지향적 정의

'규범적 정의(normative definition)'란 교육의 의미를 정의할 때 교육에서 추구해야 할 가치를 제시하는 것을 말한다. 이 정의는 교육이란 개념적으로 가치 있는 것을 추구한다는 전제에 한정해 가능한 것이다. 즉 교육이라는 용어에는 가치 있는 것을 판단할 기준이나 그 내용을 명시하지 않아도 이미 용어 자체에 '좋음'의 의미가 논리적으로 전제되어 있다는 것이다. 이 정의를 따를 때 '좋은 교육'이라는 용어는 '역전 앞'과 같이 동일한 의미의 용어를 반복적으로 제시하는 문법적 오류에 해당된다. 즉 교육은 이미 '좋은'이라는 의미를 포함하기에 '좋은 교육'이라는 용어는 '좋은 좋은 교육'을 말하는 것이고 이는 문법적 오류에 해당된다. 이러한 규범적 정의를 대표하는 교육관을 간략하게 소개하면 다음과 같다.

- 교육은 공적 전통에 입문하는 과정으로 이성적인 안목을 길러 주는 것이다(Peters).
- 교육은 인간의 내적인 자아실현의 과정이다(Maslow).
- 교육은 인간을 인간답게 형성하는 작용이다(Kant).

2) 서술적 정의 : 가치중립적 정의

교육을 서술적으로 정의한다는 것은 그 정의를 사용하는 사람이나 맥락에 관계없이 가치중립적이고 일반적인 의미를 규정하는 것이다. 즉 교육을 설명할 때 특정한 가치를 제언하지 않고, 교육을 통해 변화시키려는 인간의 모습만을 기술할 때 그것을 '서술적 정의(descriptive definition)'라고 한다. 서술적 정의는 교육의 정의에 대해 생소한 사람들에게 교육을 설명할 때 매우 유용한 측면이 있다. 그러나 교육의 서술적 정의만을 따르면 교육의 가치나 목적의 정당화 과정이 배제되고 교육의 수단적·외재적 측면만을 부각하여 설명할 가능성이 있다. 서술적 정의를 대표하는 교육의 정의를 몇 가지 살펴보면 다음과 같다.

- 교육은 지식 획득의 과정이다.
- 교육은 국가 및 경제 발전의 수단이다.
- 교육은 인간 행동의 계획적 변화이다.

3. 교육의 기능

1) 국가 및 사회 발전 기능

우리나라 교육의 대표적인 기능은 국가 및 사회 발전의 기능을 담당하는 것이었다. 즉 우리나라가 근대화의 길로 나아가는 사회적 추진력의 상당한 부분을 교육이 담당하였다. 예컨대, '교육의 사회화', '선진조국을 위한 교육'이라는 말 등은 국가 발전 기능을 강조한 것이다. 이러한 기능을 담당하는 교육은 국가나 사회가 설정한 목적을 달성하기 위해 교육의 목표, 내용, 제도 전반을 조직 · 운영하게 된다. 이 정의하에서 교육은 국가나 사회 발전을 위한 수단으로 기능하고 교육 자체의 고유한 기능은 간과될 수 있다. 이러한 교육기능을 강조할 때 개인의 행복이나 희망은 교육적 고려 대상이 될 수 없고 국가나 사회의 공적 목적을 위해 희생될 수 있다. 또한 국가나 사회가 일정 부분 발전을 이루어 평균 이상의 수준에 도달했음에도 불구하고 교육의 기능적 측면만을 지속적으로 강조하여 교육의 본래적 기능을 발휘하지 못하게 할 수도 있다. 현대 한국 교육에서 교육에 대한 국가의 지나친 통제와 간섭은 교육의 국가 발전의 측면이 강조되던 시대의 교육제도가 시대적 변화에도 불구하고 별다른 진보 없이 적용된 일종의 오류라 하겠다.

2) 전통의 유지 기능

교육은 한 민족의 역사와 문화적 전통을 계승 · 발전시키는 기능을 담당한다. 사회변동이나 개혁의 속도가 빠르고 거셀수록 또는 외래문화의 수용을 강요당할수록 민족 주체성과 문화유산을 보존하려는 반작용이 강하게 나타난다. '한국적 인간상의 구현' 및 '민족 주체성의 확립'이라는 말은 교육에 있어서 우리의 전통과 주체성을 강조하는 것이다. 국가나 사회 발전의 기능 못지않게 교육이 사회의 존속과 균형 또는 계속성을 유지하고 사회의 안정과 결합을 가져오는 전통 유지의 기능을 담당할 수 있다.

3) 현실 적응 기능

현대사회는 급속하게 변화하고 있고 그 변화의 속도와 범위는 그 유래를 찾을 수 없을 만큼 빠르고 광범위하다. 이러한 사회 전반의 양적 · 질적 변화는 교육의 현실 적응 기능을 요청하고 있다. 지식의 양적 · 질적 팽창, 정보매체 발달에 따른 사회 전반의 인식 변화, 직업 및 업무구조의 변화, 새로운 사회제도와 가치관의 출현 등이 그 원인이라 하겠다.

교육은 광범한 사회변동에 적응할 수 있는 인간을 양성하는 기능을 담당해야 한다. 그러나 사회변화의 현실과 교육의 변화는 반드시 일치하는 것이라 볼 수 없다. 즉 급격한 사회변동의 속도를 교육이 따라가기에는 현행 관료제 방식의 교육제도로는 한계가 있다. 교육이 변화하는 사회를 따라가기 급급한 형태로 진행된다면 교육의 기능과 역할에 대한 사회적 의문은 지속되고 증폭될 것이고, 종국에는 교육무용론에까지 이르게 될 가능성이 존재한다. 교육의 현실 적응 기능을 충족시키기 위해서는 교육제도의 유연한 운영과 교육구성원들의 사고 자체의 근본적 변화가 요청된다.

4) 자아실현의 기능

교육은 개별 교육주체의 자아실현을 담당하는 기능을 한다. 개별 학습자는 교육의 과정을 통하여 추상적인 자아를 구체적인 실체로 구현할 수 있어야 한다. 상기한 다양한 교육의 기능 중 현대교육에 가장 적합한 교육적 기능은 자아실현의 기능이라 할 수 있다.

제2절 교육의 목적

1. 내재적 교육목적과 외재적 교육목적

사전적 의미로 교육의 내재적 목적은 목적이 교육 내부에 존재한다는 것이고, 교육의 외재적 목적은 목적이 교육 외부에 존재한다는 것이다. 이는 교육활동 자체에서 그 의미나 가치를 찾을 수 있는 목적을 내재적이라 표현하고, 교육활동을 모종의 활동을 실현하기 위한 수단으로 사용하는 것을 외재적이라 표현한 것으로 이해해야 한다.

교육의 내재적 목적은 교육활동 내부에 교육의 의미와 가치가 포함되어 있는 것이다. 따라서 교사가 현재 진행하고 있는 수업을 통하여 교육내용을 충실히 전하면 학습자에게 내재적 교육목적을 전수할 수 있는 구조로 되어 있다. 이러한 목적에 부합하는 교육목적은 '합리성', '자율성', '지식의 형식' 등의 전수가 있다.

교육의 외재적 목적은 교육이 다른 활동을 추구하기 위한 수단으로 활용되는 것으로 외부적인 필요(need)에 의해서 교육은 정당화된다. 대표적인 외재적 교육목적은 '국가발전', '산업발전', '좋은 대학 입학' 등을 예로 들 수 있다.

2. 각급학교의 교육목적

1949년 12월 31일 법률 제86호로 공포된 「교육법」 제1조에 의해서 우리나라 교육의 기본목적이 제시되었다. "교육은 홍익인간의 이념 아래 모든 국민으로 하여금 인격을 완성하고, 자주적 생활능력과 공민으로서의 자질을 구유하게 하여 민주국가 발전에 봉사하며 인류공영의 이상실현에 기여하게 함을 목적으로 한다."

2009년 12월 기준 국가법령정보센터(http://law.go.kr/LSW/)에서 인용한 각급학교의 교육목적을 제시하면 다음과 같다.

1) 유치원

유치원 설립 및 운영 전반과 관련된 법령과 시행령 규칙 등의 사항은 교육부 「유아교육법」 관련 사이트 "http://www.mest.go.kr"에 제시되어 있다. 그러나 「유아교육법」에는 유치원의 설치 목적에 관련된 규정이 존재하지 않고 단지 "유아교육법 제1조(목적) 이 법은 교육기본법 제9조의 규정에 따라 유아교육에 관한 사항을 정함을 목적으로 한다."라는 구절로 유치원의 목적을 제시하고 있다. 따라서 유치원의 설치 구분에 관련된 조항을 제시하는 것으로 대신한다.

유아교육법 제7조 (유치원의 구분) 유치원은 다음 각 호와 같이 구분한다.
1. 국립유치원 : 국가가 설립·경영하는 유치원
2. 공립유치원 : 지방자치단체가 설립·경영하는 유치원(설립 주체에 따라 시립유치원과 도립유치원으로 구분할 수 있다)
3. 사립유치원 : 법인 또는 사인(私人)이 설립·경영하는 유치원

2) 초등학교

초등학교의 설치 목적은 「초·중등교육법」 제4절 초등학교·공민학교 부분에 명시되어 있다.

제38조 (목적) 초등학교는 국민생활에 필요한 기초적인 초등교육을 하는 것을 목적으로 한다.

3) 중학교 · 고등학교

중학교의 설치 목적은 「초·중등교육법」 제5절 중학교·고등공민학교 부분과 제절 고등학교·고등기술학교 부분에 다음과 같이 명시하고 있다.

제41조 (목적) 중학교는 초등학교에서 받은 교육의 기초 위에 중등교육을 하는 것을 목적으로 한다.
제45조 (목적) 고등학교는 중학교에서 받은 교육의 기초 위에 중등교육 및 기초적인 전문교육을 하는 것을 목적으로 한다.

4) 특수학교

특수학교 설치 목적에 관련된 규정은 초·중등교육법 제7절 특수학교 등 부분에 명시되어 있다.

제55조 (특수학교) 특수학교는 신체적·정신적·지적 장애 등으로 인하여 특수교육을 필요한 사람에게 초등학교·중학교 또는 고등학교에 준하는 교육과 실생활에 필요한 지식·기능 및 사회 적응 교육을 하는 것을 목적으로 한다.

5) 대학교

대학교와 관련된 법령은 고등교육법 제2절에 각급 대학교의 설치 목적을 규정하고 있다. 최근 고등교육법으로 규정하고 있는 대학의 범위에 원격대학이 포함된 점은 주목할 만한 사실이다.

제1관 대학 제28조 (목적) 대학은 인격을 도야하고, 국가와 인류사회의 발전에 필요한 심오한 학술이론과 그 응용방법을 가르치고 연구하며, 국가와 인류사회에 이바지함을 목적으로 한다.

제2관 산업대학 제37조 (목적) 산업대학은 산업사회에서 필요로 하는 학술 또는 전문적인 지식이나 기술의 연구와 연마를 위한 교육을 계속하여 받으려는 사람에게 고등교육의 기회를 제공하여 국가와 사회의 발전에 이바지하는 산업인력을 양성함을 목적으로 한다.

제3절 교육대학 등 제41조 (목적) ① 교육대학은 초등학교의 교원을 양성함을 목적으로 한다. ② 대학의 사범대학(이하 "사범대학"이라 한다)은 중등학교의 교원을 양성함을 목적으로 한다. ③ 대학에는 특별한 필요가 있는 경우에 대통령령으로 정하는 바에 따라 교원의 양성을 목적으로 하는 교육과(이하 "교육과"라 한다)를 둘 수 있다.

제4절 전문대학 제47조 (목적) 전문대학은 사회 각 분야에 관한 전문적인 지식과 이론을 가르치고 연구하며 재능을 연마하여 국가사회의 발전에 필요한 전문직업인을 양성함을 목적으로 한다.

제5절 원격대학 제52조 (목적) 원격대학은 국민에게 정보·통신매체를 통한 원격교육으로 고등교육을 받을 기회를 제공하여 국가와 사회가 필요로 하는 인재를 양성함과 동시에 열린 학습사회를 구현함으로써 평생교육의 발전에 이바지함을 목적으로 한다.

제3절 교육의 구성요소

1. 교육의 구성요소

전통교육에서는 교사를 교육의 주체, 학생을 교육의 객체, 교육내용을 교육의 매체로 간주하였다. 그러나 현대교육에서는 학생을 교육의 주체, 교사는 교육의 보조 역할 혹은 객체, 교육내용을 교육의 매체로 간주하는 경향이 주류를 이룬다. 시대적 상황이나 사회적 환경에 따라 그 역할은 변화하지만 기본적인 교육의 변인은 시대를 초월한 공통 요소가 분명 존재한다. 그 공통적인 교육의 구성요소는 '교사', '학습자', '교육내용'으로 보아도 무방할 것이다. 다양한 교육현상은 '교육환경'이라는 배경을 전제로 교사, 학습자, 교육내용 간의 상관관계에서 발생하는 다양한 경우의 수로 구성되는 것이다.

1) 교사

교사는 전통적인 형식적 교육에서 교육의 주체로 인정받았고 학생을 지도·조력·자극하는 존재로 교육의 주도적 역할을 담당하였다. 교사는 교육에 관한 계획을 수립하고 교육의 내용을 선정·조직하고 수업하는 존재였기 때문에 교육의 중심적 위치에 있었다. 따라서 전통적 교육에서 교육의 주체는 교사였다.

그러나 교사가 교육의 주체라는 시각은 학습자 중심의 교육이 대두되면서 변화가 일어나기 시작하였다. 현대교육에 있어 교사는 여전히 교육의 중요한 요소지만 교육의 주체라고 간주하기 어렵다. 현대교육을 이끄는 구성주의, 열린교육의 입장에서 교사는 조력자나 안내자의 역할을 수행하게 되었다. 따라서 단순한 도식적 규정으로 교육의 주체가 교사라고 간주하기는 힘들다.

2) 학습자

전통적 교육에서는 교육의 주체를 교사로 인식하였고, 객체는 학생으로 보았다. 이런 관점에서 볼 때 형식적 교육에서는 교육의 객체를 학생으로 볼 수 있고 비형식적 교육에서는 자녀, 청소년, 원아 등의 미성숙한 피교육자로 규정할 수 있다. 피교육자는 교육의 대상이라는 의미에서 교육의 객체이지만 학습활동이라는 관점에서 보면 학습의 주체가 된다. 즉 피교육자는 수동적으로 교사로부터 주입을 받는 자가 아니라 학습활동을 전개할 수 있는 가능성을 가진 자로서 적극적으로 배우고자 하는 의지를 가진 학습의 주체이다.

이와 같은 견해는 수요자 중심 교육관과 구성주의 교육관이 발전된 현대에 와서 급속히 변화되고 있다. 현대교육에서 학생은 교육의 주체로 보고 교사와 교육환경은 교육의 객체로 간주된다. 이때 교육환경은 학습자와 밀접한 관계에 놓여 있는 모든 교육적 요소를 말한다. 현대교육에서 학습자는 당당한 교육의 주체이자 교사와 교육환경, 교육내용과 유기적 관계에서 발전하는 적극적인 존재로 이해되어야 한다.

3) 학습내용

교육의 주체와 객체를 연결하여 주는 대표적인 매개체는 교육의 내용을 담고 있는 교재를 들 수 있다. 교육의 내용은 교재 또는 교육 자료로써 학생의 성장 발달을 촉진하는 수단적 성격을 지닌다. 보다 넓은 의미로서 파악하면 교육내용이 수단적 도구가 아니라, 교육목적을 실현할 수 있는 구체적 내용물이 될 수 있다. 즉 교육목적에 따라 교육의 내용은 다른 모습을 띠게 된다. 교과중심 교육과정에서의 교육내용은 교과서에 집약되어 있지만 경험중심 교육과정에서는 학습자의 교육적 환경이 교육내용이 될 수 있다.

따라서 교육내용을 단순히 교재로만 파악하는 것은 무리가 있다. 교육내용은 명시적인 교재로 정의될 수 있지만 암묵적·묵시적인 다양한 인간의 행동, 태도, 정서, 감정, 인간관계 등을 포함할 수도 있다. 또한 인간의 영역을 넘어선 다양한 자연의 현상, 사물, 동식물, 대중매체 등도 훌륭한 교육내용이 될 수 있다. 현대 광범위하게 발달되고 있는 다양한 정보매체를 활용하여 얻어진 정보와 지식도 긍정적인 교육내용으로 기능할 수 있다. 이러한 점을 고려할 때 교육내용을 단순한 교재나 교구의 나열로 파악하는 견해보다 교사와 학생이 학습을 위해 사용하는 모든 매개체를 교육의 내용으로 인정해야 할 것이다.

4) 교육환경

일반적으로 교육환경은 교육의 기본적인 구성요소의 환경적 측면을 말한다. 즉 교육의 장에서 교사, 학생, 교육내용의 요인을 제외한 교육에 영향을 미치는 모든 변인을 말한다. 교육환경은 교육적 성취나 결과를 이끄는 중요한 교육적 변수로 물리적, 사회 · 경제적, 심리적 환경 등으로 설명될 수 있다.

(1) 물리적 환경

교육의 물리적 환경이란 교육이 이루어지는 과정에 있는 모든 물리적 변인을 의미한다. 학교나 운동장과 같은 시설에서 출발하여 교실환경, 교육매체, 정보통신망, 지역, 교통, 학군 등 객관적으로 묘사 가능하고 설명 가능한 모든 환경을 의미한다. 이 환경은 다양한 교육환경 중 변화나 개혁이 가장 쉬운 요인으로 경제적 여건과 정책적 의지의 존재 여부에 따라 개선 가능한 환경에 속한다. '한때 19세기 교실에서 20세기 교사가 21세기를 살아가는 학생을 가르친다'는 말이 있을 만큼 물리적 환경이 열악했던 시절이 있었으나 현재 교육환경은 점차 개선되고 있고 시설이나 매체는 비약적으로 발전하고 있다. 그러나 단순히 물리적 환경을 개선한다는 것이 곧 좋은 교육을 의미하는 것은 아니라는 사실은 재음미되어야 할 것이다.

(2) 사회 · 경제적 환경

교육의 사회 · 경제적 환경은 교육의 사회학적 · 경제학적 환경으로 가시적으로 보이지는 않지만 사회현상으로 분명 존재하는 중요한 교육의 변수이다. 대표적인 사회·경제적 환경으로 부모의 사회·경제적 지위(S.E.S : Socio economic status)를 들 수 있다. 현대 한국 교육에 있어 학습자의 학업성취에 중요한 영향을 미치는 요인으로 부모의 사회·경제적 지위를 들 수 있다. 이는 물리적 환경이나 학습자 개인적 요인만큼이나 학습자의 사회·경제적 환경이 교육의 성취를 예언하고 판단하는 중요한 지표가 된다는 의미이다. 따라서 사회·경제적 환경에 있어 불리한 상황에 있는 학습자가 개인의 노력이나 능력에 관계없는 요인에 의해 교육적 불평등의 상황에 처하지 않도록 하는 교육당국의 정책적 배려가 필요하다.

(3) 심리적 환경

교육의 심리적 환경은 다른 환경적 요인보다 학습자 내부적 요인과 관련이 큰 요인이다. 즉 학습자 개인의 감정, 정서, 성향, 태도, 관심, 노력, 자존감, 정체감 등의 심리적 요인이 학습에 미치는 변인으로 개인의 문제로 치부되기 쉬운 것이다. 그러나 인간이 사회적 존재임을 고려할 때 한 개인의 심리적 문제는 여타 환경과 상호작용 아래 발생되는 것으로 단순한 개인의 문제로 돌리기에는 어려움이 있다. 교육과정과 교육적 성취에 영향을 미치는 심리적 환경에 관한 면밀한 연구로 바람직한 교육결과를 이끌 수 있는 건전한 심리적 환경이 조성되어야 한다.

이상에서 살펴본 교육환경의 개념은 우리나라 교육상황에서 매우 특별한 개념으로 활용되고 있다. 먼저 다음 신문기사를 살펴보자.

강남학부모 "학군 조정, 강남 교육환경 악화"

서울시교육청의 새 고교 배정안을 놓고 수혜자격인 강북권 학부모와 상대적 피해를 입게 될 강남권 학부모 사이에 반응이 엇갈리고 있다. 강남 지역 학부모들은 비강남권 학생들이 몰리면서 자녀들이 다른 학군으로 밀려나거가나 학교 수업환경이 악화되는 등 피해를 우려하며 반발하고 있다. 반면 강북 등 비강남권 학부모들은 새로운 고교 배정안을 반기면서도 한편으론 실효성에 의문을 제기하는 눈치다.

교육전문가와 교육단체들 역시 취지에 공감하면서도 실효성에 의문을 제기했다.

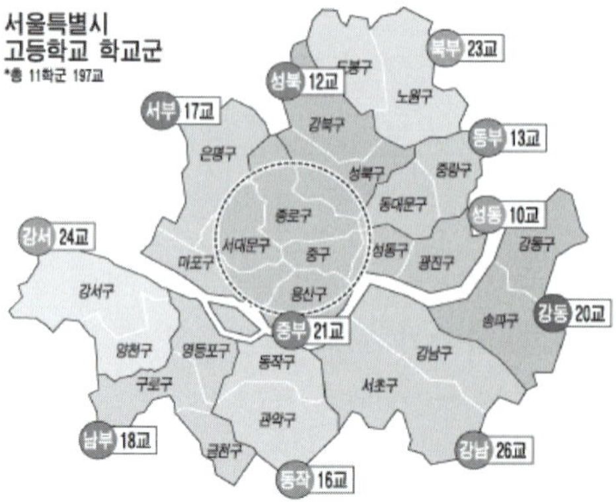

▶ 강남선 “동네 학교 못 가다니” = 초등학교 5학년 자녀를 둔 강남 주민 홍 모씨(46·서초구)는 “자녀 교육 때문에 강남에서 살고 있는데 가까운 곳을 두고 오히려 다른 지역 아이들에게 쫓겨 멀리까지 통학해야 한다는 건 말이 안 된다”며 “강남쪽으로 아이들이 몰리면 오히려 학급당 학생 수가 늘어나는 등 수업환경이 나빠질 것”이라며 반발했다.

강남구 도곡동에 거주하는 학부모 허 모씨(41)는 “좋은 학교 안 좋은 학교를 떠나서 아이들이 멀리까지 통학을 하는 것은 반대”라고 말했다. 초등학생 자녀 2명을 둔 학부모 김혜정 씨(40·관악구)는 “일정한 수의 제한을 둔다고 하더라도 강남 쏠림 현상이 엄청날텐데 어떻게 선정하느냐도 문제”라고 부정적인 견해를 밝혔다.

비강남권 학부모들은 대체적으로 환영을 표시하면서도 실효성에 의문을 제기했다. 마포에 살고 있는 초등학생 학부모 김 모씨(42)는 “엄마들 욕심이야 당연히 좋은 학교에 보내고 싶지만 강남 엄마들이 크게 반발하지 않겠느냐”며 “집값, 교육 등으로 강남이 자꾸 부각되니까 해결 차원에서 고안한 정책 같은데 큰 효과가 있을 것 같지는 않다”고 말했다.

교사들 “서열화 부추길 것” = 대진여고 김용희 교사(38)는 “강남 8학군 문제를 해결하기 위해 내놓은 대안 간은데 시도는 좋지만 배정의 투명성 보장 등 적절한 보완책이 마련되지 않으면 부작용이 클 것 같다”고 말했다. 잠실고 이완석 교감은 “학생들의 학교 선택 폭이 넓어지므로 취지는 환영하지만 실제로 강북 학생들이 강남 학교에 왔을 때 나타날 수 있는 이질감이나 학교서열화 등 현실적인 문제를 고려해야 한다”며 “만에 하나 부동산 광풍을 잡으려는 의도가 담겼다면 어처구니 없는 생각”이라고 밝혔다. 잠실여고 유재수 교사(40)는 “결국 완전 평준화 해체에 앞선 중간단계로 해석되는데 학생들의 선택권을 넓혀 준다는 점은 긍정적이지만 학교 간 서열화를 부추길 것이 뻔하다”고 말했다.

▶ 교육전문가 “소극적 대안일 뿐” = 전문가들은 학생들의 선택권을 넓힌 점은 높이 평가했지만 근본적인 대안으로는 크게 미흡하다는 지적이다.

> 강태중 중앙대 교육학과 교수는 "학교 선택권을 보장했다고 하지만 모든 학교의 질을 높이려는 근본적인 해결책이 아닌 소극적 대안에 불과하다"며 "얼마나 많은 학생이 자기 학군에서 밀려나가야 하는지 등 수요자 입장이 아닌 운영자 입장에서 나온 행정편의주의적인 대안인 것 같아 아쉽다"고 평가했다.
>
> 출처: 매일경제 2010년 1월 22일 기사
> http://news.mk.co.kr/newsRead.php?no=522653&year=2006

이 기사에 의하면 우리나라에서 교육환경이란 좋은 학군을 의미하고 좋은 학군은 좋은 대학을 많이 보내는 고등학교가 모여 있는 곳을 의미한다. 우리나라의 교육환경은 곧 좋은 대학을 많이 보내는 고등학교가 가까운 곳 혹은 그 고등학교에 진학할 수 있는 위치를 의미한다. 이러한 교육환경에 대한 인식은 교육의 다양한 변인 중 지리적·학력적 변인만을 고려한 단편적 생각이다. 그러나 한국 교육의 현실은 다른 교육적 변인을 모두 상위학교 진학을 위한 입시의 개념에 포함하여 생각하는 매우 특수한 상황이기에 위와 같은 현실을 막연히 비판만 할 수도 없는 현실이다. 우리나라 교육환경의 개념에 대한 깊이 있는 숙고와 인식의 전환이 요청된다.

2. 교육의 상관관계

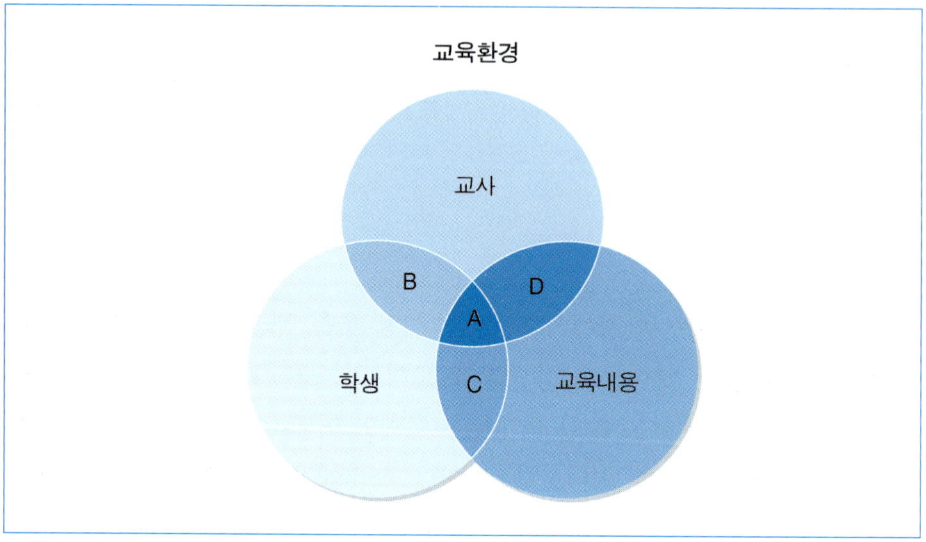

Case A

교사 + 학생 + 교육내용 = 교사가 의도를 가지고 학생을 교육하고 학생은 교사의 의도를 충실히 이해하고 교육내용을 숙지한 경우

Case B

교사 + 학생 ; 교육내용(X) = 교사와 학생의 상호작용은 존재하지만 교육내용의 학습은 존재하지 않는 경우

Case C

학생 + 교육내용 ; 교사(X) = 학생이 교육내용을 스스로 학습한 경우로 교사의 영향력이 없는 경우

Case D

교육내용 + 교사 ; 학생(X) = 교사가 교육내용을 전수하려 노력했으나 전혀 학습자에게 전달되지 않는 경우

그림 1-1 교육의 구성요소

교육은 다양한 변인에 의해 그 전개양상이 결정되지만 최대한 단순화해 보면 [그림 1-1]과 같은 변인들의 조합으로 교육이 구성됨을 알 수 있다.

제4절 교육의 가능성과 한계

교육의 효과에 관한 논의는 대체로 인간의 발달이 유전적 요인에 의한 것인지 아니면 환경적 요인에 의한 것인지로 집약된다. 인간의 발달이 선천적인 유전적 요인에 의해서 결정된다는 견해를 '교육부정론'이라 하고, 환경적 요인에 의해서 교육이 가능하다고 보는 견해를 '환경만능론'이라 한다. 이 견해는 인간의 가소성(可塑性, plasticity), 즉 교육의 가능성을 신뢰하고 지지하는 것이다.

1. 환경만능론

환경만능론은 '교육만능론', '교육긍정론'이라고도 하는데, 인간의 발달이 개인이 경험하는 환경적 자극과 같은 요인에 의해서 결정된다는 의견이다. 이러한 견해를 지지할 만한 대표적인 예로 다음과 같은 경우를 들 수 있다.

1) 야생아

1540년 오스트리아의 하시아(Hissia) 산에서 발견된 늑대 어린이나, 1795년 프랑스의 의사 이따르(Itard)가 발견한 벵갈의 아베이롱의 야생아, 1920년 인도 벵갈에서의 카말라와 아말라 등은 유전적 소질보다 환경의 중요성을 입증할 수 있는 사례들이다. 이 야생아들은 사람으로 태어났으나 교육의 대상이 되지 못해 동물과 동일한 상태로 발견되었고 교육을 통하여 인간을 만드는 데 실패하고 적응하지 못한 대표적인 사례들이다. 본 사례를 통하여 생득적 사람이 곧 사회적 인간을 의미하는 것은 아니라는 환경론의 중요성을 알 수 있다.

2) 맹모삼천지교

맹자 어머니가 자식의 교육을 위해 공동묘지, 시장, 학교의 순으로 세 번이나 이사한 사실(孟母三遷之教)을 말하는 고사성어로 교육에 있어 환경의 중요성을 설명하는 좋은 예이다.

3) 백지설

로크(Locke)에 의해 주장된 백지설(tabula-rasa)은 인간이 본유관념을 가지지 않은 백지 상태로 태어나서 후천적인 환경 변인에 따라 성장의 방향이 달라진다는 견해이다.

2. 교육부정론

교육부정론은 '소질만능론'이라 하는데, 이는 인간의 선천적인 소질에 의해 인간 형성이 결정된다는 견해이다. 이러한 견해는 유전론으로 지칭되기도 하는데 인간의 특성이 출생과 동시에 결정되어 불변의 성격을 지닌다는 것이다. 인간의 발달은 개인의 유전적 특징에 한정되어 가능하고 이는 신체뿐 아니라 정신·심리적 요인 등의 부분에도 해당된다. 따라서 개체의 성장 발달에 있어 환경보다 유전적 성향이 더욱 중요한 것으로 판단된다. 즉 개인의 발달이 환경적인 요인에 의해서 좌우되는 것이 아니라 유전적 소질에 의해서 지배된다는 것이다. 대표적인 교육부정론을 설명하면 다음과 같다.

1) 유전론

멘델은 염색체의 유전형질에 의하여 선천적으로 생물의 특질이 결정된다고 보았다. 젠센은 통계적 방법을 활용하여 유전과 환경의 요인을 비교 분석하여 인간의 지능이 유전 80%, 환경 15%, 우연적 요인 5% 정도로 형성된다고 주장하였다.

2) 가계도 연구

범죄자 쥬케의 가계를 연구한 결과 그의 후손이 2,240명이 있는데 그중에서 단지 20여 명만이 자립적인 생활이 가능하였고, 그 외의 대다수가 영아 사망, 불구, 저능아, 걸인, 불량배, 범죄자였다는 것이 밝혀졌다. 따라서 범죄자의 골상은 선천적으로 나타나 있으므로 교육의 효과가 전혀 없다는 결론이 내려졌다. 이 외에도 에드워드 가계 연구(Winship), 과학자 가계 연구(Cattel), 재판관 가계 연구(Galton) 등이 이를 뒷받침해 주고 있다. 겔톤은 『유전적 천재』라는 저서에서 우수한 가계에서 우수한 인재가 많이 배출된다는 점을 강조하여 환경의 차이를 배제하고 인간 능력의 선천적 우위를 주장하였다.

3) 쌍생아 연구

손다이크의 지능과 관련한 쌍생아 연구에 의하면 일란성 쌍생아의 경우 상관계수가 0.90, 이란성 쌍생아의 경우 0.50~0.70으로 나타났다. 결국 일란성 쌍생아의 경우 상관계수가 높다는 것은 지능의 차이에 유전 요소가 절대적인 영향을 미치는 것으로 나타났다.

4) 지능

지능은 교육의 유전적 측면을 설명하는 대표적인 예이다. 지능은 선천적이고 생득적인 것으로 후천적 요인에 의해 변화하기도 하지만 유전적 요인에 의해 좌우된다는 것이 지배적인 견해이다. 단 최근 지능이론은 단순한 인지적 요소만을 의미하는 것이 아니라 인간관계, 예술적 능력, 신체적 능력, 논리적 능력 등 다양한 요인을 지능에 포함시키는 경향이다. 따라서 최근 지능이론이 유전론을 대표한다고 보기에는 어려움이 있다.

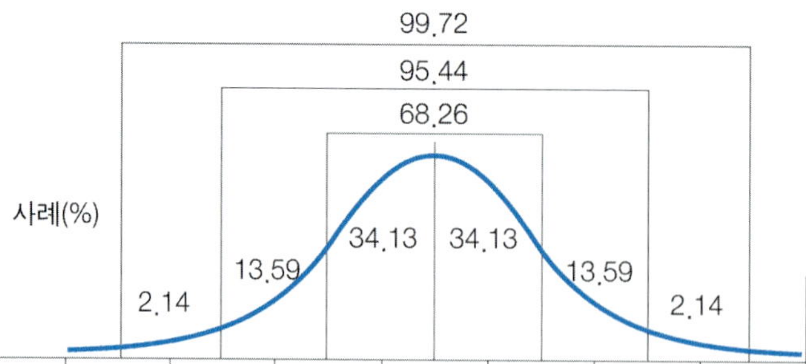

								평균	표준편차
IQ	55	75	85	100	115	135	145	105	15
Z-점수	-3.0	-2.0	-1.0	0	+1.0	+2.0	+3.0	0	1.0
소점	20	30	40	50	60	70	80	50	10

그림 1-2 지능지수의 분포

이상의 사례와 연구들을 보면 유전적 요소는 교육의 효과를 좌우하는 선천적 요인으로서 인간이 태어날 때의 소질인 신체구조, 지능, 의지, 정서 등의 잠재능력은 후천적 영향에 의하여 근본적인 변화가 어렵다는 견해를 공통적으로 지지한다.

3. 유전과 환경의 상호작용

앞서 살펴본 양쪽의 주장은 어느 한 쪽만을 지지하기에는 곤란한 측면이 있다. 교육은 유전과 환경의 어느 일면에 의해서만 결정되는 것이 아니다.

우드워드는 인간 발달을 유전과 환경의 함수관계, 다시 말해 D=f(H · E)로 파악하였다. 그리고 레빈은 행동을 인간과 환경과의 함수관계, 즉 B=f(P · E)로 보고, 인간의 유전적인 소질은 환경과 상호작용함으로써 성장 · 발달한다고 보았다.

$$D = f(P \cdot E)$$

D=Development(발달), f=fuction(함수), P=person(유전),
E=envioronment(환경)

그림 1-3 인간발달의 요인

결론적으로 정리하면, 교육은 환경과 유전의 상호작용에 의해 가능한 것이다. 유전적 소질을 강조한다는 것이 결코 교육의 가능성을 부정하는 것이라고 볼 수는 없다. 또한 정선된 교육적 환경을 제공함으로써 개인이 타고난 유전적 소질의 계발을 촉진할 수도 있다.

최근 자녀의 교육적 성취에 영향을 미치는 중요한 변인으로 부모의 사회・경제적 지위가 중요시된다거나, 개인의 외모가 하나의 경쟁력으로 대두되는 상황은 극히 비교육적인 것이다. 즉 교육이 학습자의 노력과 관심에 따라 그 결과가 좌우되어야 함에도 불구하고 부모의 요인에 따라 교육적 성취가 차이나게 된다면 이는 불평등한 환경이라 하겠다. 또한 외모와 같은 유전적 요인에 따라 사회적 인식과 교육적 성취에 영향을 받는다면 개별 학습자의 노력과 객관적 성취와 관련 없이 유전적 요인을 지나치게 강조하는 것이 되어 이것 또한 바람직하지 않다. 따라서 유전과 환경의 적절한 조화를 통해 올바른 교육이 이루어질 수 있는 사회적 환경과 분위기 조성이 시급한 문제라 하겠다.

제5절 교육의 형태

교육의 형태 분류는 그 기준에 따라 다양하게 시도될 수 있다. 그 기준을 교육의 대상에 두었을 때 유아교육, 아동교육, 청년교육, 성인교육으로 구분할 수 있다. 교육의 장을 기준으로 구분하면 가정교육, 사회교육, 평생교육으로 구분할 수 있다. 교육내용을 기준으로 구분하면 일반교육과 특수교육으로, 교육제도의 수준을 기준으로 구분하면 초등교육, 중등교육, 고등교육으로 구분할 수 있다. 마지막으로 교육의 의도성이나 형식 유무에 따라 의도적 교육과 무의도적 교육으로 구분할 수도 있다. 이러한 다양한 교육의 형태 중 대표적인 교육의 의도성에 따른 구분과 교육의 장에 따른 구분을 기준으로 살펴보자.

1. 의도성에 따른 교육의 형태

1) 의도적 교육

의도적 교육은 형식적 교육(formal education)이라고도 한다. 이는 교육행위자와 교육의 내용, 교육의 목적이 있으며, 효과적인 목적의 달성을 위해 조직적이고 계획된 형태의 교육을 말한다.

의도적 교육은 교육행위자로서의 교사와 학생이 있고, 교육행위의 장인 학교와 시설을 가지고 있으며, 교육자와 학습자의 매개물인 교재가 존재하며, 의도하는 목적을 가지고 목적 달성을 위해 효과적인 방법과 계획을 가지는 특징이 있다. 그런 의미에서 의도적 교육의 대표적인 형태는 학교교육이라 할 수 있다.

2) 무의도적 교육

무의도적 교육은 비형식적 교육(informal education)이라고 한다. 무의도적 교육은 일정한 조직이나 형식을 갖지 않으면서도 교육이 이루어지는 것을 의미한다. 무의도적 교육은 형식적 교육기관이나 의도된 교육기회와 교육내용과는 관계없이 우연적이고 무의식적으로 교육의 효과가 나타나게 된다. 오늘날과 같이 형식적 교육기관이 발달한 상황에서도 무의도적 교육은 여러 가지 측면에서 한 개인의 발달에 많은 영향을 미치고 있다. 무의도적 교육의 중요성에 대한 인식으로 잠재적 교육의 중요성이 주목받고 있다. 즉 형식적 교육에서 의도하지 않은 가치관 형성, 취미나 기호 또는 습관·습성의 발달, 인간관계 등과 같은 요인들이 비형식적 교육을 통하여 길러질 수 있다는 것이다. 이러한 관점에서 볼 때, 형식적 교육의 한계를 극복할 수 있는 중요한 해답을 비형식적 교육에서 찾을 수 있다. 그러나 비형식적 교육은 광범위한 영역에서 이루어지고 바람직하지 못한 것을 습득할 가능성도 있으므로, 이러한 상황과 조건에 대한 통제가 필요하다.

2. 교육의 장에 따른 교육의 형태

1) 가정교육

가정은 한 인간의 최초의 교육의 장이 된다. 가정은 생존을 위한 기본적인 의·식·주 제공뿐만 아니라 전인적 성장의 기초가 되는 정서적·심리적 발달이 이루어지는 중요한 교육적 기능을 담당한다. 현대 가정은 조부모와 부모, 손자·손녀가 한 공간에 거주하는 형태의 전통적 가정과 달리 매우 다양한 형태로 존재한다. 다양한 가정의 존재 이유로 핵가족화를 꼽을 수 있겠지만 가족 구성원들의 심리적 유대감의 저하, 부모의 불화나 경제적 요인에 따른 별거 및 해체 가정의 증가, 결혼제도의 거부나 경제적 상황에 따른 결혼의 연기 등에 따른 단독가정의 증가 등을 들 수 있다. 이러한 상황에 따른 현대 가정의 문제가 중요한 사회적 이슈로 대두되고 있다.

가정은 장차 사회 적응을 위한 초보적인 사회화가 이루어지는 최초의 교육기관이다. 아동은 가정을 통해 안정감과 만족감을 얻고 자신의 능력을 개발하고 발달시키게 된다. 이러한 기본적 가정의 기능은 아동이 성장하여 적응하게 될 사회적 인격 형성의 기반이 된다. 즉 아동은 가정에 존재하는 기본적 인간관계를 통하여 지배, 복종, 협동, 대립, 경쟁 등을 체험하고 사회생활에 대한 준비를 하게 된다. 아동은 가정을 통하여 자기 중심적인 행동에서 벗어나 타인을 배려하고 타인과 공존하는 행동양식을 학습할 수 있다는 것이다. 안정적인 가정생활을 통해 획득될 수 있는 다양한 교육적 요소들이 해체되고, 왜곡된 가정구조를 통해 비정상적인 방향으로 학습된다면 아동이 성장하여 생활할 사회의 건강성은 의심될 수밖에 없다. 가정이 사회의 축소판으로 그 본래의 기능에 충실할 때 사회의 안정성 또한 확보될 수 있다.

2) 학교교육

일반적인 교육은 학교교육을 지칭한다. 교육의 형태에 있어 학교교육이 가지는 대표성만큼 학교교육의 문제점이나 이슈는 보편적으로 알려져 있다. 학교가 교육을 담당하기 시작한 것은 산업혁명 이후 18~19세기 국가주의 교육관이 보급되면서 초등의무교육을 장려하는 교육사적 흐름과 같이 한다. 100~200년의 짧은 역사적 기원과는 달리 학교가 교육 전반에 미친 영향은 너무나 지대하여 현대 교육문제의 대부분이 학교교육과 관련된다 해도 과언이 아니다. 현대 교육에 있어 학교가 중요한 교육적 요인으로 부각된 이유를 간략하게 살펴보자.

첫째, 산업화 이후 기초적인 기술을 다수의 학습자에게 전하기 위해 초등교육 위주의 학교교육이 발달하게 되었다.

둘째, 교육이 국가발전의 경쟁력과 직결된다는 사실에 대한 재인식이 이루어져 교육을 통한 국가와 사회 발전을 목적으로 공교육 체제를 발전시켰다.

셋째, 교육이 계층 상승의 통로로 활용되어 다수의 학습자가 교육에 전념하는 현상을 불러왔고 이는 지나친 교육열, 사교육의 비대화, 입시문제 등의 사회 병리 현상으로 이어지기도 했다.

넷째, 현대사회 전문적 지식의 발전은 고등교육의 발전을 초래했고 교육수준의 발전을 불러왔다.

다섯째, 현대 정보화 사회의 지식과 정보의 폭증은 기존 학교의 역할에 대한 한계점을 부각시켰고 이에 따라 다양한 대안적 형태의 학교 모델이 시험 중이다.

3) 사회교육

넓은 의미로 볼 때 사회교육의 개념은 학교 이외의 사회에서 행해지는 모든 교육을 뜻하며, 좁은 의미로 보면 사회에서 행하는 의도적·조직적인 교육활동을 뜻한다. 우리나라의 「사회교육법」 제2조에서는 "사회교육이라 함은 다른 법률에 의한 학교교육을 제외하고 국민의 평생교육을 위한 모든 형태의 조직적인 교육활동을 말한다"라고 정의하고 있다. 즉 사회교육은 학교교육을 마친 성인을 위한 교육(adult education)으로 비형식적인 교육(informal education)의 총칭을 뜻한다.

오늘날의 사회적인 특성으로 보아 학교에서 이루어진 교육의 내용만으로는 사회변화에 적절하게 적응할 수 없다. 급변하는 사회상황에서 제도화, 조직화로 경직된 교육기관에 모든 것을 기대할 수 없는 실정이다. 또한 산업사회의 인적자원을 질적으로 향상시키고 노동력의 균형을 가져온다는 의미에서 재교육이 요청된다. 이러한 사회적 요구에 따라서 사회교육의 필요성이 대두되었다.

사회교육의 영역을 알아보면 우리나라의 평생교육법 시행령 제2조에 ① 국민생활에 필요한 기초교육과 교양교육, ② 직업·기술 및 전문교육, ③ 건강 및 보건교육, ④ 가정생활교육, ⑤ 지역 사회교육 및 새마을교육, ⑥ 여가교육, ⑦ 국제이해교육, ⑧ 국민독서교육, ⑨ 전통문화교육, ⑩ 기타 학교교육 외의 조직적인 교육활동을 포함하고 있다.

다음은 사회교육의 형태에 대해서 알아보기로 한다.

첫째, 단체의 형식으로 이루어지는 조직적인 사회교육이다. 보이 스카우트, 걸 스카우트, 흥사단, 청소년 단체, 부인회, 노인회, YMCA, YWCA 등을 통한 사회교육이 그 대표적인 예이다.

둘째, 학교 확장의 형태로서 학교 시설을 사회에 개방하는 사회교육 활동을 들 수 있다. 대학 중심의 평생교육 강좌, 초등학교를 통한 방과 후 교실, 방송통신교육 등이 그 대표적인 예이다.

셋째, 시설에 의한 형태로서 사회적 시설이나 설비를 중심으로 한 사회교육의 형태를 말한다. 박물관, 문화원, 청소년, 야영장, 사회복지관 등에서 실시되는 교육을 들 수 있다.

4) 평생교육

현대사회의 정보, 사회, 환경, 기술, 생활양식 등의 변화는 급격하고 지속적으로 이루어지고 있다. 이에 따라 교육의 영역에서 기존 학교교육에 대한 비판과 함께 새로운 교육의 필요성이 대두되고 있다. 이러한 상황에서 요람에서 무덤에 이르기까지의 교육을 의미하는 평생교육(life-long education)은 무엇보다 절실하게 요구된다.

평생교육은 성인교육, 사회교육, 직업교육 등으로 지칭되었으나 1965년 12월 랑그랑의 논문을 기초로 UNESCO의 성인교육위원회가 제안한 평생교육이라는 용어로 정립되었다. 1970년 세계교육의 해 지도이념으로 평생교육을 제창하였고, 1972년 일본에서 열린 제3차 성인교육대회에서 평생교육 개념의 채택을 권장하여 75개국 이상의 국가가 교육체제에 평생교육의 개념을 채택하게 되었다. 우리나라는 1980년 제정된 「헌법」 제31조 5항에 "국가는 평생교육을 진흥하여야 한다"라는 조항을 통하여 평생교육의 법적 근거를 확립하였다. 평생교육의 필요성은 다음과 같이 요약될 수 있다.

첫째, 평생교육은 현대사회의 급격한 변화에 따른 적응의 문제로 필요하다. 현대사회에서 과학과 기술의 혁명적 발전, 고도 산업화, 정보화, 인식 및 의식의 변화, 가족구조와 인간관계의 변화 등은 평생교육을 필요로 하고 있다.

둘째, 여가의 증대와 수명의 연장이 평생교육의 필요성을 증대시키는 중요한 요인이다. 소득증대와 조기퇴직 등의 다양한 요인에 따른 여가시간의 증대와 의학의 발전에 따른 평균수명의 연장으로 한 가지 기능과 직업으로 평생을 살아가기에 모자람이 있다. 평생교육을 통해 인생의 각 시기에 필요한 지식과 기술을 학습할 수 있고 이는 직업, 여가 등에 있어 삶의 질을 높이는 효과를 거둘 수 있다.

셋째, 학교교육의 기능 상실을 들 수 있다. 전통적인 학교교육은 조직의 경직성과 폐쇄성으로 사회와 무관한 영역에서 발전해 왔다. 따라서 급격한 변화를 요구하는 사회적 상황에서 기존 학교교육의 기능적 미비점은 평생교육을 통해 개선되고 보완될 수 있다.

넷째, 기존 학교교육에서 소외된 계층이 증대되고 있다. 급변하는 사회적 상황으로 변화된 사회에 적응하지 못한 노동자, 노인들과 다른 문화권에서 유입된 다양한 인종의 사람들을 기존 학교교육이 책임지기에는 한계가 있다. 따라서 평생교육을 통해 학교교육에서 소외된 사람들의 교육 기회를 보장해 줄 수 있을 것이다.

다음은 평생교육의 특징을 알아보기로 한다.

첫째, 평생교육은 가정, 학교, 사회, 산업체, 종교단체 등에서 계획하는 모든 교육의 상호 협조와 조정을 필요로 한다.

둘째, 평생교육은 연령과 장소의 제한을 받지 않는다.

셋째, 평생교육은 학습자의 필요와 요구를 충족시키는 방향으로 구성된다.

넷째, 과거의 교육은 강제에 의해서 주로 받아들이는 형태의 것이었으나 평생교육에 있어서는 학습자의 자율적 학습을 강조한다.

다섯째, 평생교육은 인문교양적인 일반교육과 특수한 기술을 위한 전문교육의 적절한 조화를 추구한다.

이러한 평생교육이 한국교육이라는 독특한 시스템에서 성공적으로 정착되려면 기존 입시에서 낙오된 소외계층에 대한 배려, 개방적 교육체제 확립, 명문대학 위주의 교육관 탈피, 유능한 평생교육 담당 강사의 확보, 평생교육 시설 확충 등의 문제에도 지속적으로 관심을 가져야 할 것이다.

생각해 볼 문제

1. 자신이 생각하는 교육관을 간략하게 기술하라.

2. 교육을 구성하는 요소들의 상관관계를 설명하라.

3. 교육의 가능성과 한계를 설명하고 실제 교육현상과의 관계를 논의하라.

4. 다양한 교육의 형태를 설명하고 평생교육의 필요성과 발전방향을 논의하라.

5. 다음의 기사를 읽고 현대 우리나라의 교육환경에 대한 자신의 생각을 기술하라.

대치동 '맹모삼천지교'에 한국 경제 멍든다

사례1 **대치동 1학년 136명 vs 6학년 395명**

강남구 대치동에서 명문으로 손꼽히는 A초등학교. 강남 주부의 비뚤어진 교육열을 제대로 꼬집어 인기를 끌었던 드라마 '강남 엄마 따라잡기'의 실제 모델로 알려진 이 초등학교에선 매년 기현상이 벌어진다. 고학년으로 갈수록 학생수가 눈덩이처럼 불어나는 것이다. 올 9월 현재 이 학교의 1학년 학생 수는 4개 학습 136명. 그런데

6학년은 11개 학습 395명에 달한다. 6학년 학생 수가 1학년 대비 190% 많은 셈이다. A초등학교만 그런 게 아니다. 대치동 소재 나머지 초등학교 3곳의 사정은 비슷하다. 이들 3개 학교의 1학년, 6학년 평균 학생 수는 각각 156명, 323명이다. 6학년 학생 수가 1학년보다 평균 2배 이상 많다. 왜일까? 답은 간단하다. 제 아이를 대치동의 유명한 학교에 일찌감치 보내려는 학부모가 많기 때문이다. 여기엔 국제중학교의 폭발적 열기도 한몫 톡톡히 한다는 분석이다. 초등학교 5학년인 큰아들을 대치동 소재 학교에 전학시킨 학부모 김진영(가명)씨는 "초등학교 때부터 대치동에서 학교를 다녀야 양질의 교육을 받을 수 있다"며 "대치동은 강북 학부모 사이에서 희망으로 통한다"고 말했다. 김씨는 또 "중학교부터 제대로 교육을 받지 않으면 그야말로 끝"이라며 "일류대로 가는 관문은 중학교"라고 강조했다. 규모 3.5㎢, 인구 10만여 명에 불과한 대치동. 그러나 교육 열기와 분위기만큼은 최상, 최고급이다. 이 때문인지 위장전입을 해서라도 대치동 학교에 보내려는 학부모가 적지 않다.

비뚤어진 교육, 집값 왜곡

사교육비 무턱대고 올리면 … 위장전입은 엄연한 불법이다. 주민등록법상 3년 이하의 징역이나 1000만원 이하의 벌금형에 처한다. 그러나 한씨는 대수롭지 않게 여긴다. '나만 했느냐'는 불감증이다. 사회 고위층은 위장전입을 하고도 장관 후보에 버젓이 나오는데, 우리는 왜 안 되는 거냐다. 이귀남 법무장관 후보자를 두고 하는 말이다. 이귀남 후보자는 1997년 9월 1일 장남이 원하는 고교에 배정되도록 하기 위해 위장전입을 했다는 사실이 최근 인사청문회에서 드러났다. 한씨의 불감증은 사회 고위층의 모럴 해저드가 아래로 전이되고 있음을 잘 보여준다. 이런 비뚤어진 교육열이 초래하는 것은 불법만이 아니다. 주변 집값도 왜곡한다. 건설된 지 수십 년이 흐른 대치동 M아파트. 시세는 3.3㎡당 3000만원에 이를 정도로 비싸다. 흥미로운 점은 이 아파트의 1, 2단지 가격이 각각 다르다는 것이다. 매물이 많을 땐 (같은 평형대 기준으로) 1단지 가격이 2단지보다 3000만원 가량 비싸다. 이유는? 별다른 게 아니다. 학군 프리미엄 때문이다. 1단지에 사는 초등학생은 대부분 명문 C중학교에 진학한다. 반면 2단지 학생들은 다른 중학교에 배정될 가능성이 높다. 1단지 아파트 가격이 2단지보다 비싼 이유다.

학군이 집값을 부풀리고 있는 셈이다. 사례는 더 있다. 대한민국 '부의 상징' 도곡동 타워팰리스 1차 138㎡의 가격은 올 7월 현재 20억원이다. 그런데 완공된 지 20년이 훌쩍 흐른 우성아파트 2차 128㎡ 가격은 24억원에 이른다. 타워팰리스보다 작고 오래됐음에도 4억원 가량 비싸다. 이유는 역시 학군 프리미엄이다. 우성아파트 2차에 거주하는 초등학생은 명문 C중학교에 배정되지만 타워팰리스는 아예 불가능하기 때문이다. 내집마련정보사 양지영 팀장은 "강남 집값은 학군 프리미엄 탓에 상당부분 부풀려진 측면이 없지 않다"고 말했다. 대치동이 위장전입으로 몸살을 앓고, 집값에 거품이 잔뜩 끼는 것은 비단 공교육 때문만은 아니다. 대치동의 사교육 열기도 한몫 거들고 있다. 대한민국 사교육 1번지는 명실공히 대치동이다. 서울시교육청에 따르면 대치동 학원 수는 9월 현재 600개를 훌쩍 넘는다. 목동(308개), 중계동(271개)보다 훨씬 많다. 양만 많은 게 아니다. 이들은 경쟁에서 살아남기 위해 최상의 교육 시스템을 갖추고 있다. 스타급 강사 모셔오기는 기본이고 각종 교육 서비스도 최고 수준이다. 그렇지 않으면 살벌한 '대치 학원 전쟁'에서 생존하기 어렵다. 사교육비 지출이 부담스럽지 않은 강남3구(강남·서초·송파)와 목동, 중계동 학부모가 아이들을 대치동에 보내는 이유다. '강남3구·목동·중계동의 꼭짓점은 대치동'이라는 말이 나오는 것도 그래서다. 대치동에선 어쩌면 '그들만의 리그'가 펼쳐지고 있을지 모른다.

그래프로 본 대치동 블루스

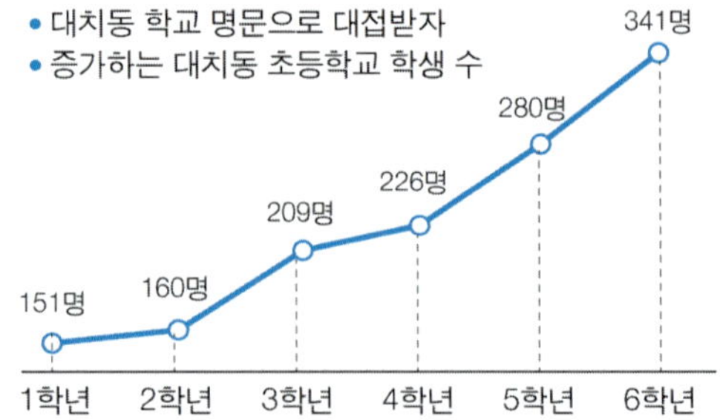

자료: 강남교육청

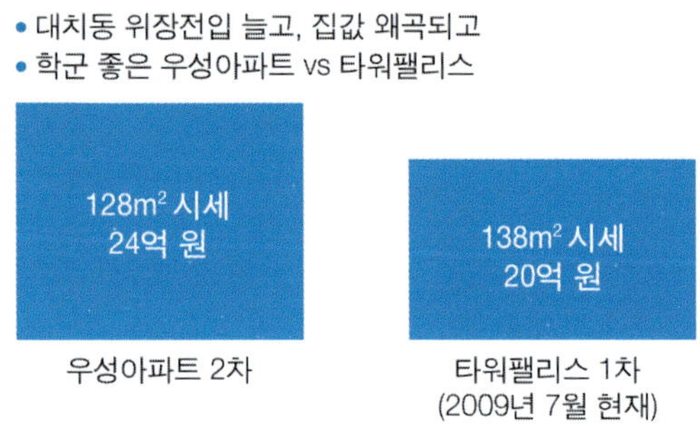

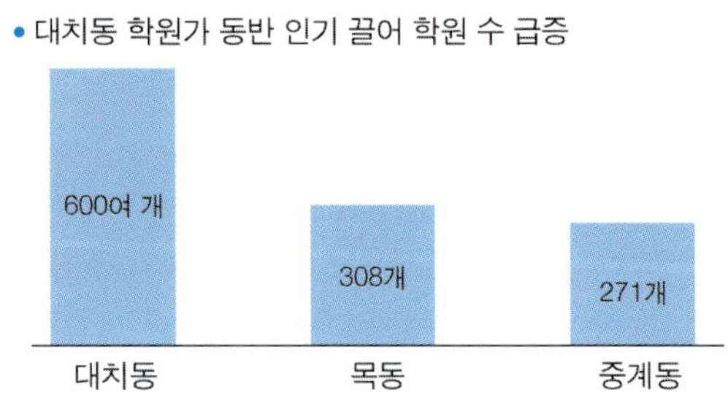

타워팰리스의 굴욕? 학군 때문

문제는 중산층이다. 대치동 블루스를 넋 놓고 들었다간 가계가 망가질 수 있다. 특히 지금처럼 가계부채가 위험수위에 달했을 때 '그들만의 리그'에 진입하기 위해 사교육비를 무리하게 올리면 파국을 맞기 십상이다. 노후가 산산조각날 우려도 있다. 국가경제도 악영향을 받는다. CJ 전략기획팀 김정호 박사에 따르면 국내 평균 소득의 기구(월 평균 소득 320만원·사교육비 65만원)가 사교육비 20만원을 더 쓰려면 임금을 6% 더 받아야 한다. 그러면 생산자물가와 소비자물가는 각각 1.7%, 1.9% 오른다(한국은행 물가파급 보고서). 당연히 수출단가가 0.5% 올라, 수출물량 0.8%를 떨어뜨린다. 수출물량 감소는 투자 및 생산 감소에 영향을 끼치고, 결국 소득감소와 실업률 증가로 이어진다. 무리한 사교육비 증가가 국가경제를 멍들일 수 있다는 얘기다(본지 957호 참조). 이명박 대통령, 윤증현 기획재정부 장관, 곽승준 미래기획

위원장이 나서 "사교육비를 잡아야 한다"고 주장하는 이유는 여기에 있다. 블루스. 가진 자에겐 애틋한 추억을 되살리게 하지만 없는 자에겐 외로움을 주는 절절한 음악이다. 대치동 블루스도 어쩌면 마찬가지다. 감당하기 힘든 학부모에겐 부담스럽고, 블루스가 익숙치 않은 아이들은 듣기 괴롭다. 그렇다고 점점 커지는 교육 양극화 현상을 먼 산 불구경하듯 지켜볼 수도 없다. 불법을 조장하고, 집값을 부풀리고, 게다가 가계와 국가경제에 악영향을 미치는 맹목적인 '대치동 맹모삼천지교'에 이젠 칼을 대야 한다. 블루스가 슬프다고 마냥 상념에 빠져 있을 순 없지 않은가?

출처: 이코노미스트 2009년 9월 29일 기사
http://magazine.joins.com/economist/article_view.asp?aid=280515

CHAPTER

02

서양교육의 역사적 기초

개요

신화의 시대로 지칭되는 그리스시대와 대제국을 이루었던 로마시대는 서양문명의 전성기로 화려한 문화, 예술, 정치, 철학 등의 발전이 이루어졌고 교육의 부분 또한 예외가 아니었다. 이후 암흑기로 표현되는 중세에 이르러 교육의 발전은 잠시 지체되는 듯했으나 르네상스와 인문주의시대를 거쳐 근대적 교육의 기초를 형성하였다. 그리고 계몽주의와 국가주의, 신인문주의시대를 거쳐 근대적 교육이 실시되었고 현대에 이르러 다양한 현대적 교육이 진행되고 있다. 서양교육의 역사는 현대교육의 근간을 이루는 이론적 기초와 모델을 제공하였고 다양한 교육적 아이디어를 제공하고 있다. 본 장에서는 현대교육의 근간을 제공한 서양교육의 역사적 기초와 교육철학의 핵심적인 부분을 살펴볼 것이다.

학습 목표

1. 서양교육의 역사적 배경을 이해하고 교육현상과의 상관관계를 유추할 수 있다.
2. 서양철학의 형성배경을 이해하고 현대 교육철학과의 연관성을 설명할 수 있다.

제1절 고대의 교육

1. 그리스시대의 교육

1) 그리스시대의 특징

고대 그리스시대는 서양문화의 정신적 고향으로 현대 서양문화의 근간을 이루는 철학, 과학, 예술, 정치 등의 기반을 제공하는 사상적 위치를 점한다. 그리스 사상의 특징은 다음과 같이 요약된다.

첫째, 그리스는 인간을 가장 중요한 가치로 설정한 인간중심 사회였다. 이는 그리스 신화를 통하여 확인할 수 있다. 그리스 신화에 나타나는 다양한 신의 모습은 현실의 인간 삶의 모습을 표현한 것이라고 볼 수 있다. 다양한 신의 모습을 인간의 인격을 지닌 모습으로 상징화하는 '신인동형설(anthropomorphism)'에 해당하는 것으로 '프로메테우스적 인본주의(Promethean humanism)'의 표현이라 볼 수 있다.

둘째, 그리스 사회는 이성적 사고의 균형과 신체적 건강과 아름다움의 가치를 모두 중요시하는 조화와 균형을 강조한 시대이다. 초기 그리스인들은 개인주의와 국가주의의 균형, 인간 능력의 조화, 인간 정신과 신체의 조화를 강조하였다.

셋째, 그리스는 정치인과 귀족계급의 이익을 대변한 계급사회였다. 그리스의 다양한 도시국가별로 차이는 있지만 귀족과 정치인을 기반으로 한 통치계급과 경제적 생산기능을 담당하는 피지배계급으로 분화된 계급사회였다.

넷째, 그리스는 지중해 인근에 위치한 지리적 조건에 힘입어 다양한 문화권의 나라들과 교류를 통하여 문화적 용광로(melting pot)의 역할을 수행했다.

2) 그리스시대의 교육

(1) 그리스시대의 교육목적

그리스시대는 지혜와 행동이 겸비된 전인을 키워내는 데 교육목표가 있다. 당시 교육은 귀족계급을 위한 것이었기 때문에 이들로 하여금 개인적 탁월성을 지니게 하는 것이 교육의 이상이었다. 그리스시대의 교육적 이상으로 호머(Homer)의 소설 『일리아드(Iliad)』와 『오딧세이(Odyssey)』에 나타난 인간상을 설정하고 있다.

호머가 묘사한 바람직한 인간은 『일리아드』에 나타난 '아킬레스'와 『오딧세이』에 나타난 '오딧세우스'를 모델로 삼는 것이다. 전자는 행동, 용기, 인내, 절제 등의 실천적 덕목을 지닌 인간이다. 후자는 지혜, 안목, 통찰, 문제해결 등의 지적 덕목을 겸비한 인간이다. 이는 그리스시대 지배계급으로서 가져야 할 덕목을 대변하는 것이다. 이러한 문무 겸비의 인간상은 서양교육의 대표적인 목적으로 기능하게 된다.

(2) 아테네와 스파르타의 교육

교육사상사의 측면에서 의미 있는 그리스의 교육은 현대교육의 시초라 할 수 있는 아테네와 스파르타의 교육으로 구분하여 설명할 수 있다. 고대 그리스의 교육은 다양한 교육을 위한 이론들 중 가장 기본이 되는 '자유로서의 교육'과 '조형으로서의 교육'의 두 가지 모델을 제시한다. 이는 이상적 교육 환경의 조성을 강조한 아테네의 교육과 단련 중심의 주형 모델을 강조하는 스파르타의 모델로 설명할 수 있다.

① 아테네의 교육

아테네는 이오니아 족이 솔론 법을 기초로 세운 도시국가로 이들의 교육은 인간의 다양한 능력을 조화롭게 발전시키는 것을 목적으로 한다. 구체적으로 아테네는 조화롭고 균형 잡힌 인간의 양성이 교육목적이기에 이에 따른 교육은 자유로운 시민을 양성하기 위한 교양교육(liberal education)이 중심이 된다. 아테네의 교육은 귀족 남아에게 한정되었으며, 학교는 일반인의 접근이 통제된 매우 제한된 환경이었음을 알 수 있다. 아테네의 자유시민이 되기 위한 기본적인 소양은 교육을 통하여 형성된다. 아테네 교육의 특징을 살펴보면 다음과 같다.

첫째, 아테네의 교육은 유년기의 정서적 교감의 중요성을 강조하였다. 아테네의 교육에서 유년기를 위한 특별한 고려나 형식적인 학교의 흔적은 찾을 수 없다. 그러나 그리스의 수준 높은 문화와 예술, 철학적 분위기가 아테네의 유아들이 올바른 인격체로 성장하는 좋은 환경을 제공하였음은 충분히 짐작할 수 있다. 신화의 전승을 기반으로 한 인간존중 사상과 어머니의 무릎학교를 통한 공감 등을 고려할 때 정서적 측면의 예감 넘치는 생활이 가능했다고 볼 수 있다.

둘째, 아테네는 유희를 통한 교육의 중요성을 강조하였다. 일반적으로 유년기의 인격형성(paideia)은 다양한 유희(paidia)를 통하여 체득된다. 현대교육에서 유희의 중요성은 별다른 설명이 필요 없는 중요한 사실로 수용된다. 아테네 교육의 중요한 특징은 다양한 유희를 통한 인격 형성을 시도한다는 점이다.

셋째, 아테네는 교육을 통한 조화로운 인간성의 계발을 강조하였다. 아테네의 아동은 신화와 서사를 접하며 그 속에 담긴 다양한 인간의 모습을 상상하며 꿈을 키웠다. 다양한 서사를 통한 상상력의 신장과 창의적 사고의 중요성은 현대교육의 중요한 연구 주제이기도 하다. 아테네의 아동들은 아이소포스의 동화 속에 나타난 다양한 사물과 동물을 상상하고 인간과의 조화로운 관계를 학습하며 자라났다. 이러한 분위기에서 조화로운 인간성은 자연스럽게 계발되었다.

아테네의 교육은 건전한 시민의 자격을 얻기 위한 교육이 이루어질 수 있는 정서적 토양을 구축하는 데 목적이 있었으며, 각 개인의 교양교육을 통하여 시민의 책임을 다할 수 있는 전인을 양성하는 기반이 되었다. 그러나 아테네 교육의 대상은 귀족계급에 한정되었으며 다수를 차지한 시민이나 노예에게 해당되는 것은 아니었다. 따라서 현대의 관점에서 볼 때 특정 계층에 한정된 엘리트 교육이었으며, 직업교육과 거리가 먼 이성중심, 관념중심 교육이었다.

② 스파르타의 교육

스파르타는 B.C. 7세기경 도리아 족이 리쿠르구스 법을 기초로 세운 도시국가로 여타 그리스의 도시국가에 비해 고립되고 척박한 환경을 지녔다. 국가의 규모 또한 소규모였으며, 소수의 귀족이 다수의 노예를 통치해야 하는 구조를 지닌 국가였다. 따라서 스파르타는 제한된 환경의 극복과 계급구조의 존속을 위해 강력한 군사력을 바탕으로 새로운 영토의 획득과 국가 질서의 확립을 중요한 국가의 책무로 생각하였다. 이에 따라 스파르타 사회제도는 엄격한 사회통제, 소수 귀족의 권익보호 등을 특징으로 하는 폐쇄사회 제도로 귀착된다. 교육이 사회의 이익을 수행한다는 측면에서 스파르타의 교육은 국가의 이익을 충실히 대변하는 수단으로 작용한다. 교육의 대상은 지배계급인 '스파르티아테스(spartiates)'의 자녀들이며, 참정권이 없고 병역과 납세의 의무만 지닌 시민계급인 '페리오코이(periokoi)'나 노예계급인 '헬로트(helots)'는 교육의 대상에서 제외되었다. 스파르타의 교육은 수태 단계에서 출생·양육의 단계에 이르기까지 국가에 의한 철저한 계획과 통제에 의해 결정되었다. 이러한 스파르타의 교육은 다음과 같은 특징을 지닌다.

첫째, 스파르타는 우생학적 기준에 의한 선발적 교육관을 강조하였다. 스파르타는 출생과 함께 국가의 감독관이 아동의 가능성을 예측하여 선별하고 철저한 엘리트 교육을 실시하였다. 스파르타의 교육목적은 생존과 사회의 현상유지를 위한 보수적 관점이다. 이는 출생과 함께 실시되는 국가공인기관의 신체검사(lesche)를 통해 개인의 운명을 결정하는 점에서 알 수 있다. 스파르타는 신생아 단계에서 선발을 실시하였다. 그 기준에 부합하지 않은 유아는 버리는 냉혹한 교육을 실시하였다.

둘째, 스파르타는 강인한 고통과 극기를 통하여 개별적 생존력을 극대화하는 교육을 실시하였다. 국가의 신체검사를 통과한 유아를 대상으로 7세까지 어머니에 의해 양육된다. 소위 '어머니의 아들'에 해당되는 시기로 유아에게 강제적인 단식이나 고통을 주는 강제적 양육을 통하여 유아로서 지니기 힘든 극기와 인내력을 겸비하게 한다. 유아기를 지나 아동기에 이르면 달리기, 뜀뛰기, 기마, 창검술, 수영, 던지기, 사냥 등을 중요한 교육내용으로 설정한다. 이러한 교육들은 모두 군사적 목적에 의해 계획된 단련 중심의 교육이다.

셋째, 스파르타는 단체중심 교육을 실시하였다. 스파르타는 7세 이후 아동에게 국가기관(paidonomos)에 의한 공적 훈련을 받게 하였다. 이 공적 학교는 아동을 군대와 같은 조직체계 속에 편입시키고 그 속의 질서를 내면화하도록 훈련시킨다. 이러한 단계를 거쳐 아동은 청소년으로 자라나게 되고 이후 국가의 준군사조직의 구성원인 예비사관(ephebi)이 된다. 스파르타에서는 여성을 나약한 존재로 보지 않고 강인한 체력을 소유하고 남성과 동일한 조건의 훈련을 받는 국가의 일원으로 간주한다.

스파르타의 교육은 좋은 시민이 곧 좋은 군인인 국가적 목적에 의해 철저하게 계획 통제되었다. 스파르타의 가정은 국가에 의해 구성·유지되며, 가정의 구성원들에 대한 통제를 통해 자유보다는 기능의 숙달, 전인적 발달보다는 전투적 능력의 배양을 지향하였다. 따라서 스파르타의 교육은 학습자의 전인적 발달이라는 측면에서 볼 때 그 실효성이 의심된다.

3) 그리스의 교육사상가

그리스시대를 대변하는 교육사상가로서는 소크라테스(Socrates, B.C. 469~399), 플라톤(Platon, B.C. 428~348), 아리스토텔레스(Aristoteles, B.C. 386~322) 등을 들 수 있다. 각각의 교육학자들은 자신들만의 독특한 교육관을 전개하였다. 이들의 교육사상을 살펴보면 다음과 같다.

(1) 소크라테스

소크라테스는 평생을 자기 자신의 '영혼(psych)'을 존중할 것과 자기 자신에게 있어 가장 소중한 것을 질문하며 다양한 사람들과 대화를 나누는 것으로 일관한 그리스의 사상가이다. 소크라테스의 사상을 연구할 때 특이한 점은 단독 저술이 없고 플라톤이 쓴 철학적 희곡 『플라톤의 대화』, 『에우티프론』, 『소크라테스의 변명』, 『크리톤』, 『파이돈』 등의 작품에서만 묘사된다는 점이다. 소크라테스의 교육관을 설명하면 다음과 같다.

첫째, 소크라테스의 교육목적은 모든 인간이 무지의 자각을 통해 자신의 현 상태를 확인하고 실천력을 담보한 앎의 세계로 나아가 진리를 깨치는 것이다. 그의 교육목적을 달성하기 위한 구체적인 목표는 무지의 자각과 지행합일이라는 두 가지 측면으로 구분된다. 그는 델포이 신전의 "너 자신을 알라"라는 금언에 주목하고 인간의 모든 무지는 앎의 부재에서 나오는 것이고 무지보다 더 부정적인 것은 자신이 무지하다는 것을 모르는 것이라 보았다. 소크라테스가 무지의 자각을 통해 찾고자 한 뜻은, 모든 사람이 자기의 존재의미와 관련된 무지를 깨닫고 그것을 탐구하는 것이 무엇보다도 귀중하다는 사실을 깨닫는 것이다.

둘째, 소크라테스의 교육목적을 실현하기 위한 또 다른 중요한 전제는 지식이 곧 덕(arete)이라는 것이다. 소크라테스는 덕을 지(知)와 행(行)의 합일로 보았으며, 지의 대상이 곧 덕목이었다. 소크라테스의 덕은 지식과 동일한 의미이다. 즉 지식은 실천을 전제로 하며 행위에 대한 책임이 있는 지식이다. 소크라테스의 앎은 단순한 지식의 획득이 아니라 보편적인 진리에 대한 인식을 의미하며, 이는 행위를 수반할 수밖에 없는 실천적 앎이다.

셋째, 무지의 자각을 통한 지행의 일치라는 소크라테스의 교육목적을 달성하기 위한 교육방법은 반어법, 상기법, 산파법이다. 소크라테스의 교육은 시민들로 하여금 올바른 사고의 방법을 알려 주는 것이고 이는 관찰과 경험을 통해 이루어질 수 있다고 보았다. 즉 사람들이 가진 편견을 배제하고 무지를 개선하여 개인적·사회적 각성에 이르게 한다. 이러한 각성에 이르기 위해서 각 개인은 사고의 훈련을 통하여 자신의 경험과 의식에서 진리의 보편타당성을 파악할 수 있다. 그는 진리의 보편타당성을 발견하는 방법론으로 무지의 자각을 이끄는 반어법과 이 무지의 자각에서 새로운 진리를 파악하게 하는 산파법을 모두 포함한 대화법을 고안했다.

(2) 플라톤

'플라톤 이후의 모든 서양철학은 플라톤의 저술에 대한 일련의 각주'라는 표현에서 알 수 있듯이 플라톤은 모든 서양철학의 근간을 형성한 대학자이다. 플라톤은 B.C. 428년 아테네에서 태어났으며, 18세에 스승 소크라테스를 만나 그가 사형을 당할 때까지 가르침을 받았다. 소크라테스가 죽은 후 여러 곳을 여행하다 아테네에 돌아와 B.C. 385년경 아테네 근교에 아카데메이아(Akademeia)를 개설하고 많은 청년들을 모아 교육과 연구에 전념하여 그의 사상을 정리하였다. 플라톤의 교육을 살펴보면 다음과 같다.

첫째, 플라톤의 교육목적은 사회 각 계급에 적합한 능력과 임무에 부합하는 덕목을 교육시키는 것이다. 즉 각 개인을 천부된 재능에 따라 분류하여 각자의 재능을 최대한 발휘하도록 훈련시키는 것이 이상적인 교육이다. 플라톤에 따르면 인간의 영혼은 이성(reason), 기개(spirit), 욕구(appetite)로 구성된다. 이성은 지혜, 기개는 용기, 욕구는 절제가 그 필수 덕목이다. 이 세 가지 덕목이 조화될 때 정의는 실현될 수 있다. 따라서 국가의 세 계급, 즉 금의 계급인 정치가, 은의 계급인 군인, 동의 계급인 평민은 각각의 덕에 적합한 의무를 다해야 한다. 국가는 각 개인의 다른 덕을 실현하기 위해 교육을 실시해야 한다.

둘째, 플라톤의 교육단계는 다음 〈표 2-1〉과 같다.

표 2-1 플라톤의 교육단계

단 계	연 령	특 징
무릎학교기	0~6세	가정교육 : 신화, 동화, 서사
제1도야기	7~14세	국가교육 : 유희, 음악, 체육, 문예교육
제2도야기	15~20세	1도야기 이수자 중 우수자 선발 : 문법, 문학, 음악, 체육, 군사훈련
제3도야기	21~30세	철인 후보자 선발 : 산수, 기하, 천문, 정신능력, 추상적 진리, 이데아의 파악을 위한 교과
제4도야기	31~35세	통치계급 준비 기간 : 절대적 진리의 관조, 변증법
제5도야기	36~50세	15년간 국가의 정치 참여 : 국가 운영에 정치 군사적 실무 경험 누적
철인 통치기	50세 이후	철인(哲人) 통치

셋째, 플라톤은 조기교육의 중요성을 강조했다. 그는 유아기, 즉 출생에서 5세까지의 경험이 인간발달의 절반을 좌우하는 중요한 요인으로 파악했다. 따라서 유아기 때 비합리적이거나 비속한 것은 금지한다. 또한 유아의 감정이나 정서를 즉각적으로 만족시키는 것은 반대한다. 플라톤의 조기교육은 유아의 감정과 정서 발달의 중요성을 강조하는 현대 조기교육의 경향과는 대비되는 것이라 하겠다.

(3) 아리스토텔레스

아리스토텔레스는 B.C. 386년 트레이스의 스타기라에서 출생하였다. 아리스토텔레스는 플라톤의 이상주의를 벗어나 실재의 세계에서 존재의 본질을 찾고자 하였다. 아리스토텔레스의 교육론은 주로 그의 저서 『정치학』에서 나타난다. 그는 교육을 일종의 국가유지를 위한 공적인 활동으로 파악하고 국가에 봉사하는 시민의 양성을 위해 적극적인 교육을 강조한다. 이러한 사상을 강조한 아리스토텔레스의 교육관은 다음과 같이 정리된다.

첫째, 아리스토텔레스 교육목적은 이성적 능력의 개발을 통한 덕의 획득이다. 인간이 다른 사물과 구별되는 본성이 이성이며 타 동물이 갖지 않는 속성을 실현하는 것이 자아실현이다. 인간의 이성을 활용한 자아실현은 행복과 연관된다. 아리스토텔레스에 따르면 다른 조건이 동일한 한 인간은 복잡한 기능이나 다양한 교육에서 행복을 느낀다. 어려운 문제에 대한 숙고와 이성적 사고에 의해 해결될 때 생기는 행복을 통해 인간의 능력은 발휘되고 합리적 인간이 된다.

둘째, 아리스토텔레스의 교육은 능력심리학(faculty psychology)에 기초를 둔 형식도야론(formal discipline theory)이다. 능력심리학은 플라톤 이래로 가장 오래된 교육이론이라 할 수 있다. 즉 인간의 마음은 각각의 국소능력의 집합이며 분리된 능력의 집합이다. 즉 마음에 기억력, 추리력, 상상력 등을 담당하는 부분이 따로 존재한다는 가설을 구성하고 재현하는 것이 곧 교육이 된다. 이때 인간의 마음은 하나의 가정적 구성물로 실체적인 것이 아니다. 따라서 교육은 정신능력의 개발이며 각각의 능력 개발에는 그 능력에 적합한 재료가 있다. 교육에 있어 중요한 것은 가르치는 내용 자체가 아니라 내용이 가져오는 형식적 능력이 중요한 것이다. 이는 일종의 심근설(心筋說)로 마음의 각 근육을 가정하고 각 근육을 훈련시키는 기본적 능력을 교육을 통해 길러 주어야 한다.

셋째, 아리스토텔레스의 교육은 행복한 생활(eudaimonia)을 이루는 것이다. 그는 『니코마코스 윤리학』에서 인류가 달성해야 할 최고의 선이 무엇인가의 문제를 제기하고 그 대답으로 행복을 주장하였다. 즉 최고선은 곧 행복이다.

넷째, 아리스토텔레스의 행복은 중용의 덕과 이성적 행위의 실천을 통하여 획득될 수 있다. 그는 이성을 통하여 덕 있는 행동, 즉 조화된 중용의 행위를 습관화하는 과정을 통하여 교육의 목적을 달성할 수 있다고 본다.

다섯째, 아리스토텔레스의 교육대상은 플라톤처럼 특정 계급이 아니라 도시국가의 대부분을 차지하는 일반시민이다. 도시국가는 개별 시민이 모여 하나의 공동체를 이루기 때문에 각 시민에 대한 공동교육을 통하여 국가의 힘을 키워야 한다.

2. 로마시대의 교육

1) 로마시대의 특징

로마는 B.C. 753년 건국하여 A.D. 476년 서로마제국이 멸망하기까지 약 1000년을 존속한 대제국이다. 로마시대는 정치와 문화적 특징에 따라 세 가지 시대로 구분하고 교육사상사의 입장에서도 그 3기의 구분을 따른다. 로마를 구분하는 시기는 'B.C. 753~509년 사이의 왕정기', 'B.C. 509~27년 사이의 공화정기', 'B.C. 27~A.D. 476년의 제정기'로 나뉜다. 로마의 사회는 실용적 · 실리적 · 공리적 사회였으며 이를 뒷받침할 정치, 제도, 법의 정비가 잘 이루어진 사회였다. 각 시대별로 이루어진 로마의 교육을 살펴보면 다음과 같다.

2) 공화정기의 교육

공화정기는 로마가 B.C. 135년 그리스를 정복하기 이전까지의 시기이다. 공화정시대는 초기 로마로 가장 순수한 로마적 사회로 볼 수 있다. 이때 로마에서 기르고자 한 인간상은 조화롭고 건전한 덕(德: Virtue)을 지닌 전인으로 가정, 사회 모두가 교육적 기능을 담당했다. 교육목적은 선한 인간의 양성이지만 실제 이루어진 교육은 실제 생활의 훈련이었다. 공화정기 로마 교육의 특징을 정리하면 다음과 같다.

첫째, 공화정기는 부모에 의한 가정교육이 교육의 중심이었다. 이 시기의 아버지는 자녀교육의 절대적 권한을 가진다. B.C. 450년 제정된 로마기본법인 12동판법(the laws of twelve tables)에 따르면 아버지는 자식의 생사여탈권을 가진다. 그러나 부권의 절대성을 인정한다는 것이 아동을 학대한다는 의미는 아니다. 아버지는 일상생활을 통하여 다양한 방법으로 아동을 양육한다. 종교행사와 종교생활의 공동 참여를 통하여 신성함을 체득하게 하고 승마, 격투, 검술 등을 시범 보이고 연습시켰다. 또한 기본적인 독·서·산을 학습시키기도 했다.

둘째, 공화정 후기부터 형식적 교육제도가 등장하였다. 초기 공화정 시대가 가정교육 중심의 비형식적 교육이었던 것에 반해 후기 공화정 시대는 가정교사와 노복(paidagogos)을 고용한 형식적 교육이 시작되었다. 또한 초보적인 독·서·산을 교수하는 루두스(ludus)가 설립되었다. 이때 교육을 담당하는 교사를 독서교사(Grammaticus, Literatus)라 칭한다. 이는 가정교육의 부족한 점을 보완하는 역할이며 실제적 교육의 주도권을 확보하지는 못한다.

셋째, 로마 상류층을 중심으로 그리스 식의 교육이 성행하였다. 공화정 후기가 되면서 그리스의 문화가 로마로 침투한다. 특히 변론술, 수사, 문법 등의 3학은 대중을 지도하고 설득하는 정치교육의 시작으로서 귀족의 자녀를 중심으로 가정교사의 지도로 교육되었다.

3) 제정기의 교육

제정기는 B.C. 27년 아우구스투스가 로마를 통치하던 시대부터 A.D. 476년까지 약 500년간의 시기이다. 이 시기는 로마의 황금기였으며 수많은 전쟁에서 벗어나 평화를 유지하던 시기이다. 그러나 지나친 평화가 사치와 향락, 쾌락의 사회를 만든 원인이 된 것은 아이러니하다. 제정기는 가정교육과 사회교육이 분리된 시기였다. 교육을 통해 길러야 할 바람직한 인간은 수사적 능력을 갖춘 웅변가(orator)였다. 제정기 교육의 특징은 다음과 같다.

첫째, 제정기 교육은 가정교육의 역할이 쇠퇴하고 형식적 학교에 의해 실시되었다. 이 시기의 교육은 가정교육의 중심이었던 양친 중심의 교육에서 그리스 식 학교교육으로 전환되었다. 따라서 학교교육의 내용 또한 문법, 수사, 논리 등 그리스 식 교과로 대체되고 심지어 12동판법 대신 그리스 식의 서사시가 교육내용이 되었다.

둘째, 제정기 교육은 언어적 숙달이 중요한 교육목적이었다. 제정기는 공화정기의 사회보다 문화적 다원성과 복잡한 사회 구성이 특징인 사회이다. 따라서 형식교육을 통하여 공적인 내용의 전달을 위한 언어적 숙달이 강조되어 광범한 재능을 겸비한 철학가, 정치가, 군인, 법률가의 소양을 모두 갖춘 웅변가의 양성이 요구되었다.

셋째, 제정기는 중등교육의 발전에 중점을 두었다. 초등교육은 기존 루두스에서 아동들에게 실시한 초보적 3R 교육과 그리스 식 교육이 주 내용이었다. 반면 중등교육기관은 그리스 문법학교와 라틴 문법학교를 포함한 문법학교(grammar school)가 생겼다. 문법학교는 12~15세까지의 초등교육을 이수한 학습자를 대상으로 7자유과[1]를 교수하였다. 또한 고등교육기관으로 수사학교(rhetoric school)와 철학학교(philosophical school)가 있었다. 이 학교는 공화정 말기부터 그리스에서 도입되어 정부의 많은 지원을 받았다.

4) 로마시대의 교육사상가

(1) 키케로

키케로는 공화정기 제 1의 웅변가로 성선설 이념을 중요시한 정치가, 철학가, 교육학자이다. 그는 인간이 타고난 소질을 발견하고 계발하여 이성적 덕성을 발휘하는 존재로 살아가도록 이끄는 것이 교육이며, 교육을 통하여 행복한 삶을 영위하는 것이 바람직한 것이라고 보았다.

키케로가 생각한 교육은 인문적 교양을 지닌 웅변가 양성을 통해 실시된다. 그의 저서 『웅변론』은 후기 인문주의 시대에 절대적 가치를 지닌 고전으로 인정되었다. 그의 웅변론에 대한 인문주의 시대의 집착은 교육내용을 암기하고 이를 재생하는 방식의 암기식 교수법을 유행시켰다. 키케로의 교육의 가장 큰 특징은 교육환경의 중요성을 강조한 점이다. 즉 아동은 주변 환경의 영향에 의해 올바른 용어 사용과 사상의 표현 여부가 결정된다. 또한 상벌의 공평한 부과를 중요한 덕목으로 생각하였다. 동일한 죄에는 동일한 벌을 부과하여 일관성을 유지해야 함을 주장하였다.

1) 3학 : 문법, 수사, 논리; 4과 : 산수, 기하, 천문, 음악

(2) 퀸틸리안

제정기 로마의 교육은 퀸틸리안에 의해 잘 알려져 있다. 그는 로마에서 법률과 수사학을 공부하고 수사학교의 교사가 되어 황제에게 인정받아 집정관의 칭호와 공적인 봉급을 받은 최초의 공교사이다. 그의 대표적 저서인 『웅변가 교육론(Institutes of Oratory)』은 로마의 지도자를 양성하기 위한 교육서로 로마 유일의 교육서이며 세계 최초의 교육 저서이다. 『웅변가 교육론』에 나타난 교육사상은 다음과 같다.

첫째, 인간은 천부능력으로 자연적 능력을 지니고 있고 적절한 훈련으로 개발된다.

둘째, 인간의 타고난 능력은 충동적 행동, 수동적 인지, 추론이다.

셋째, 인간 충동의 방향을 결정하는 것은 수동적 인지이며, 진리와 선을 추론하는 능력은 이성이다.

넷째, 세 가지 능력의 발전은 개인차가 심하다.

다섯째, 인간의 능력의 차이는 상대적이고 이는 교육을 통해 적당한 수준까지 개발 가능하다.

퀸틸리안은 웅변가 양성의 교육목적을 이루기 위해 '가정교육기', '문법학교기', '전문적 수사학교기' 등 세 단계의 교육과정을 주장했다. 퀸틸리안이 주장한 교육의 특징을 정리하면 다음과 같다.

첫째, 가정교육을 통한 유아의 조기교육을 강조하였다. 가정교육은 양친의 온정적인 분위기와 도덕적 훈육 등을 기반으로 유희와 오락을 통하여 비형식적 교육이 이루어지며, 유아가 원할 경우 교육의 수준을 올리는 것도 허용된다.

둘째, 학습에 있어 체벌을 반대한다. 당시 로마는 체벌을 가장 일상적인 교육방법으로 사용하였다. 퀸틸리안은 아동에 대한 체벌이 아동을 모욕하는 것이며, 체벌은 계속된 체벌을 초래하며, 체벌의 공포가 주변의 아동들에게 악영향을 미친다고 보았다. 또한 체벌은 교사의 무능함의 표현이며, 유아기를 벗어난 아동들의 체벌 효과에 의문을 제기하였다.

셋째, 퀸틸리안은 교사의 중용적 태도를 강조한다. 퀸틸리안은 교사는 아동에게 지나친 엄격함이나 지나친 관대함을 벗어나 관용과 엄격함의 중용을 가져야 함을 주장하였다. 그는 교사가 아동의 마음에 오래 남을 교훈과 다양한 서사를 제시하고 직접적 지식 교육보다는 인간적인 유대 강화에 중심을 두는 교수법을 활용할 것을 주장하였다.

이상에서 살펴본 퀸틸리안은 로마 최고의 교육사상가이며 최초의 공교사였다. 그는 체벌을 부정하고 아동의 흥미와 놀이 중심의 조기교육을 강조했다. 또한 인문주의 시대의 대저서인 『웅변가 교육론』을 출간했고 그의 개성존중, 아동존중, 중용의 교사론은 후대 인문주의 교육과 현대 교육사상의 이론적 기반을 제공하였다.

제2절 중세와 르네상스시대의 교육

1. 중세의 교육

1) 중세의 특징

중세는 서로마제국의 멸망으로부터 문예부흥운동이 싹트기까지 5세기에서 15세기까지의 약 1000년을 말한다. 중세는 고대사회와 근대사회를 연결하는 시기이다. 중세사회는 정신적 세계를 지배하는 기독교 문화와 귀족 중심의 봉건제도에 의해 지속되었다. 중세사회의 특징을 간략하게 요약하면 다음과 같다.

첫째, 신 중심의 사회이다.

둘째, 종교적 주정주의를 중심으로 비주지주의, 비심미주의, 금욕주의가 사상을 지배하였다.

셋째, 교황의 절대적인 권위를 인정하고 이를 중심으로 종교적 계급주의의 초월적 국가를 이루어 종교적·세속적 부분 모두를 교회가 지배하였다.

2) 중세의 교육

중세의 교육은 교회의 목적인 교화의 이상을 실현하는 것이다. 따라서 학교는 교회의 이상을 실현하기 위한 수단이 되었다. 고대교육이 가졌던 개인의 자유, 시민정신, 현세중심의 교육 대신 내세와 신, 금욕, 단련 등을 중요 가치로 여기는 교육이 이루어졌다.

중세의 교육방법은 인간을 수동적인 존재로 파악하고 타율적 성격을 지닌 금욕, 단련, 훈련 중심의 방법이었다. 따라서 체벌은 교화의 미명하에 정당화되고 기존 권위를 무비판적으로 받아들이는 단련주의 교육이 실시되었다. 이러한 교육이 실시된 중세 전기의 교육을 살펴보면 다음과 같다.

(1) 중세 전기의 교육

① 문답학교(Catechumenal school)

문답학교는 초등수준의 교육을 담당하는 곳으로 기독교 교리의 기초내용을 문답을 통하여 교육시킨 곳이었다.

② 고급문답학교(Catechistical school)

문답교사학교 또는 문답학교라고 하며 기독교 교리를 전파하기 위한 문답학교 교사양성이 목적이었다. 문답학교에 비해 교육수준은 높았고, 과학, 철학, 문학이 교육내용이었다.

③ 사원학교(Cathedral school)

사원학교는 주교가 있는 교회를 중심으로 발전된 것으로 성직자 양성이 목적이며 스콜라 철학의 중심이었다. 사원학교는 문법, 기독교 교리, 7자유과 등을 가르쳤다.

④ 수도원(Monastery)

수도사들의 은둔처이자 기도 생활의 공동체인 수도원은 순결, 금욕, 청빈, 복종을 중요한 가치로 여긴다. 수도원에서 이루어진 교육은 수도원의 목적과 동일하여 영적 생활을 위해 인간의 정서를 통제하고 노동을 통한 구원을 달성하기 위해 노력하였다. 수도원의 교육내용은 노동, 기도, 성서 강독 등이었다.

(2) 중세 후기의 교육

중세사회 후기에 십자군 원정의 영향으로 과학기술이 급격히 발달하게 되었다. 십자군의 원정으로 새로운 도시가 발달하고 상공업이 더욱 번창하게 되자 신흥 상공계급인 시민들은 그들의 생활에 필요한 교육을 요구하였고 이러한 요청에 부응하여 중세 후기의 교육이 나타나게 되었다. 이때의 교육은 종래의 특권계급을 위한 종교교육, 기사교육 등과는 달리 일반 시민계급에 필요한 생산교육, 직업교육을 담당하는 학교를 발달시켰다. 중세 중후반에는 오늘날 대학의 기원이 되는 다양한 대학이 설립되었다. 이러한 중세 후기의 교육을 살펴보면 다음과 같다.

① 기사도 교육

중세 봉건제도를 확립하기 위해 생긴 기사계급을 위한 교육이다. 기사도는 중세 비종교적 교육의 대표적 형태로 신라시대 화랑도 교육과 생활중심, 비형식적 교육이라는 점에서 유사하다. 기사도 교육은 첫째, 가정교육 단계, 둘째, 7세에서 14세까지의 시동(Page)교육 단계, 셋째, 14세에서 21세까지의 종자(Squire)교육 단계, 넷째, 이후 종교적 의식을 통한 기사의 단계로 나뉜다.

② 길드(Guild)의 시민교육

중소 상공인들이 만든 직업교육기관으로 중세 후기 시민학교의 원형이 되었다. 길드는 상공인들의 기득권 보호와 기술 전수를 위해 만들어진 조직으로 엄격한 도제관계에 의한 교육을 실시했다. 길드의 교육은 첫째, 교육의 시작인 도제(Apprentice) 단계, 둘째, 숙련공 단계인 직인(Journeymen) 단계, 셋째, 해당 분야 기술의 최고봉인 장인(Master)의 단계로 나뉜다. 이 도제교육의 특징은 시민계급의 필요에 의한 생산, 생활, 직업교육이다. 아래로부터의 교육으로 다양한 기술의 전수를 위한 광범위한 교육의 실시로 시민교육의 수준을 올린 교육조직이었다.

③ **중세 대학**

초기 중세 대학은 길드와 유사한 개념이었다. 중세의 대학은 학생 중심의 대학이며 국가의 지원을 받지 못하는 사립교육기관이었다. 초기 대학은 자체의 건물이나 제도를 확보하지 못하고 이곳 저곳을 이동하며 강의하기도 했다. 그러나 중세 후기로 들어오며 앞서 설명한 다양한 대학들이 법학, 신학, 의학을 중심으로 발전되었다. 중세 대학의 교육과정은 7자유과를 기초로 논리학, 기하학, 천문학, 철학 등으로 구성되었다. 교육방법은 강의법을 중심으로 해설과 논쟁을 중요한 방법으로 채택하였다.

2. 르네상스시대의 교육

1) 르네상스시대의 특징

르네상스(Renaissance) 또는 문예부흥기의 근본사상은 중세의 기독교적 복음주의와 내세주의의 제약에서 벗어나 인간 본연의 자세로 복귀하려는 인문주의(humanism) 사상이라고 할 수 있다. 중세 신 중심 사회가 붕괴되고 봉건사회 또한 붕괴되면서 시민국가의 출현이 시작되었다. 이에 따라 경제적 기반이 상공업으로 옮겨가고 공업의 발달과 도시로의 인구 집중이 이루어진다. 약화된 교회에 대한 정치, 경제, 시민의 반발이 거세지면서 정치와 종교의 분리가 진행되었다. 이러한 시대적 배경을 중심으로 르네상스시대는 인간의 선천적인 성장 가능성을 최대한으로 발전시켜 인간 중심의 문화를 이룩하려 하였다.

2) 르네상스시대의 교육

문예부흥의 근본사상은 인문주의 사상이며 교육도 또한 인문주의 교육이었다. 인문학자들은 중세 종교 중심의 교육사상에 반대하여 인간성을 존중하며, 인간이 선천적으로 타고난 성장 가능성을 최대한 발현시킬 것을 교육목적으로 하였다. 르네상스시대의 교육을 요약하면 다음과 같다.

(1) 교육목적 : 인문주의 교육관

르네상스시대의 교육은 인간의 선천적인 선한 능력을 발휘하여 그리스 자유교육의 이상을 다시 실현하고자 하는 인문주의 교육이다. 이는 전인교육의 이상과 상통한다. 인문주의 교육관은 그 특성상 초등교육보다 중등수준 이상의 고등교육을 대상으로 삼는다. 중세의 암흑기를 지나 인간의 존엄성을 인정한 교육으로 가치가 있다.

(2) 교육내용 : 자유교양교육

르네상스시대의 교육은 인간의 교양을 풍부하게 하고 그리스·로마의 고전을 중요한 교양교육의 내용으로 삼았다. 이 시대의 교육은 비실제적·비직업적 교육으로 고대 웅변가 양성을 위한 교육과 유사하다. 자유교양교육을 이루기 위한 교과는 고대와 중세의 7자유과를 원형으로 사용하였으며, 고전의 독서와 암송, 라틴어의 이해, 수사학, 문학, 논리학 등이 중요한 교과로 취급되었다.

(3) 교육방법 : 키케로주의(Ciceronian) 교육

르네상스 초기 인문주의 인간 중심 교육관은 르네상스 후기에 이르러 언어중심주의로 변질되었다. 교양교육의 목적인 교육받은 인간이 되기 위해서 고전의 가치를 연구·해석하는 것보다는 고전 자체를 모방·암송하는 것을 더욱 중요한 덕목으로 보았다. 따라서 키케로의 고전을 암기, 재술함이 가장 아름다운 것이었다. 이는 교육을 가장 단순한 암기, 반복, 모방으로 단순화시키는 것으로 인간의 자유를 오히려 구속하는 결과를 가져왔다.

제3절 실학주의와 신인문주의시대의 교육

1. 실학주의와 계몽주의

1) 실학주의와 교육

문예부흥운동과 종교개혁운동은 인문주의 교육을 태동하였다. 이러한 일련의 교육사조와 함께 새로운 과학운동이 전개되어 과학적 탐구가 시작되고 인간생활의 실용적 가치에 관심을 갖게 되었는데 이것을 실학주의 운동이라고 한다. 실학주의 교육은 관념보다는 사물을 중요시하는 교육을 말한다. 이 교육은 교육내용이 현실 속의 실제와 관련되어야 한다는 주장으로, 형식화된 키케로주의 교육의 편협성에 대한 반향으로 일어난 것이다. 실학주의 교육의 대표적인 사상가는 베이컨, 코메니우스, 로크 등이다. 대표적인 실학주의 교육사상가인 베이컨과 코메니우스의 교육사상을 설명하면 다음과 같다.

(1) 베이컨의 교육사상

베이컨(Bacon)은 과학적 사실과 귀납적 연구방법을 적용한 교육을 강조하였다. 먼저 베이컨은 인간이 진리를 발견하는 데 방해가 되는 네 가지 우상을 극복할 것을 주장하였다. 이는 '동굴의 우상', '종족우상', '시장우상', '극장우상'이다. 이 네 가지 우상은 진리를 객관적으로 증명하고 이를 바탕으로 과학적인 원리와 개념을 정립하는 데 방해가 된다. 따라서 네 가지 우상을 극복하여 연구한다면 객관적이고 과학적인 진리에 다가갈 수 있을 것이다.

베이컨은 아리스토텔레스의 연역법을 소위 '기관(organon)'이라고 보고 자신이 주장하는 '신 기관(novum organon)'을 새로운 교육의 도구로 파악한다. 그는 '지식이 힘이다'라는 주장처럼 과학을 중심으로 인간의 탐구로 얻어진 지식으로 세상을 파악할 수 있다고 보았다. 베이컨에게 가장 중요한 교재는 자연현상이며 이를 파악하고 연구하는 과학적 탐구과정이 곧 교육과정이다. 그의 교육관은 중세를 이어온 연역적 교육관에 비판을 가하고 귀납적 교육관을 주장한 것으로 그 가치가 있다.

(2) 코메니우스의 교육사상

코메니우스(Comenius)는 17세기 최고의 교육자로서 시청각 교육의 아버지라 불린다. 그의 교육목적은 신성을 파악하는 것으로 보았다. 즉 신이 창조한 세상에 살아가는 인간이 신의 의지와 뜻을 파악하여 이에 합당한 삶을 사는 것이 곧 교육목적이다. 이러한 목적을 달성하기 위해 합자연의 원리, 직관의 원리 등을 교육방법으로 주장한다. 또한 그는 교육단계를 나누고 유아기, 아동기, 소년기, 청년기로 이어지는 계열성 있는 교육을 주장한다. 그는 최초의 시청각 교재인 『세계도회』를 저술하고, 자연의 질서를 따르는 교육방법을 예시한 『대교수학(The Great Didactics)』을 저술하였다.

2) 계몽주의와 교육

(1) 계몽주의 교육의 특징

계몽주의 교육사상은 감각적 현실주의를 특징으로 한다. 계몽주의는 자연주의로 표현되기도 하는데 자연주의 교육은 자연의 여러 법칙을 발견하여 교육의 과정에 적용하고, 자연법칙에 따라 교육을 해야 한다는 주장이다. 즉 개인을 교육하려면 그 성장의 자연적 법칙을 알아야 한다는 것이다. 따라서 교육의 목적이나 과정도 모두 어린이의 성장 발달에 관한 연구를 토대로 해서 결정해야 한다는 입장이다.

(2) 루소의 교육

계몽주의 교육은 루소에 의해 시작되고 루소에 의해 완성된다. 그의 저서 『에밀』 첫머리에, 인간은 조물주의 손에서 나올 때는 선하지만 사람의 손에 의해 악해진다고 하였다. 그는 귀족층 자녀교육의 인공성을 비판하였다. 즉 당시 교육은 아동들의 선천적으로 선한 자연성을 무시하고 온실재배식의 교육을 실시하고 있다고 비난하였다. 극단적으로 표현해서 루소의 입장은 자연현상 그대로가 교육과정이며, 그들의 관심을 끌게 되는 순서가 교육의 계열이 된다는 것이다.

루소의 교육사상을 간략하게 설명하면 다음과 같다.

첫째, 루소는 자연인의 양성을 교육목적으로 삼았다. 루소는 성선설의 입장을 고수하고 인간의 가능성과 존엄성을 존중하였다. 그는 합자연의 인간이나 무위자연의 인간이 아닌 원래의 순수한 상태로 돌아가 선한 자연의 상태인 자연인 양성을 교육목적으로 삼았다. 루소에 따르면 인간은 본래 선하지만 자연 상태에서 벗어나 다른 인간과 교류하며 악해지는 것이다. 따라서 루소는 일반적인 사회적 삶이 아닌 이상적이며 격리된 공간에서 만들어진 순수한 자연인 양성을 주장하였다.

둘째, 루소의 교육방법은 자연주의 교육관을 따른다. 자연주의 교육방법은 인간의 발달단계를 인간 내부의 자연적 순서에 합치시키는 합자연의 원리와 실물을 통해 교육되는 직관적 교육, '비교육이 곧 교육'인 소극적 교육방법을 따른다.

셋째, 루소는 교육을 내적 가능성의 실현으로 보았다. 그는 교육이 인간에 내재한 가능성의 발현 과정이며, 이 과정에 다른 인간이 개입하거나 이끌어서는 안 된다고 본다. 그는 자기활동의 원리를 중심으로 자연적 발달을 이루기 위한 환경 구성에 중점을 둔다.

넷째, 루소의 교육관은 『에밀』에 잘 표현되어 있다. 그의 교육사상을 가장 잘 표현한 소설인 『에밀』에는 루소가 주장하는 교육목적, 교육과정, 교육내용 등의 교육관이 기술되어 있다.

2. 신인문주의시대와 교육

1) 신인문주의시대의 특징

신인문주의는 18세기 말부터 19세기에 걸쳐 독일을 중심으로 일어났던 사상운동이다. 신인문주의자들은 고전을 연구하되 그 속에 담겨 있는 과학적·역사적·사회적 인식을 얻는 것을 고전 연구의 목적으로 삼았다. 계몽사조가 냉철한 이성과 지성을 가지고 인생 또는 사회를 해석하는 경향인데 비하여, 신인문주의는 이성이나 지성으로써 해명할 수 없는 인간의 신비를 감성적·심미적인 태도로 탐구하려는 사상이다.

2) 신인문주의시대의 교육

신인문주의시대의 자유로운 사상에 영향을 받은 교육은 인간성의 회복과 인간의 조화로운 전인적 발달을 그 이상으로 삼았다. 신인문주의시대의 교육은 아동의 잠재 가능성을 인정하고 교육을 통하여 개발시키는 것을 중요한 교육과정으로 보았다. 이를 심리적 개발주의(psychological developmentalism)라 지칭한다. 신인문주의시대의 대표적인 교육자로는 페스탈로찌, 헤르바르트, 프뢰벨 등이 있다. 그들의 교육관을 간략하게 살펴보면 다음과 같다.

(1) 페스탈로찌

페스탈로찌는 교육의 본질이 인간의 자연적 본성의 개발에 있다고 보고, 인간의 '3H(Head, Hand, Heart)'의 조화로운 발달을 통하여 개발을 이룰 수 있다고 보았다. 그는 학습자의 자기계발을 강조하는 자발성의 원리, 교육의 계열성을 강조한 방법의 원리, 오늘날 유아교육의 기본이 되는 수·형·언어의 교육방법인 직관의 원리 등을 중요한 교육방법으로 보았다.

(2) 헤르바르트의 교육관

헤르바르트는 교육의 목적을 철학적인 도덕 도야에 두고 교육방법은 심리적인 것에 둔 최초의 교육학자이다. 그는 교육학을 종합과학으로 칭하였다. 이는 교육학이 심리, 철학, 행정, 사회학 등의 다양한 영역의 이론을 종합하여 실체가 이루어짐을 뜻하는 것이다. 그는 명료, 연합, 계통, 방법의 교수단계를 확립하여 이후 교수-학습이론 정립에 기여하였다. 그를 통하여 교육학은 체계적인 학문으로 그 기초를 마련하였고 교수과정에 학습자의 흥미와 준비도를 고려하는 이론으로 정립되었다.

(3) 프뢰벨의 교육관

프뢰벨은 오늘날 유치원의 시초가 되는 교육기관을 창시한 사람이다. 그는 유치원(Kindergarten)이라는 명칭을 최초로 사용하였다. 또한 그의 교육목적인 신의 의지를 파악하는 방법상의 도구로 은물(Gabe)을 창안하였다. 은물은 유희와 함께 프뢰벨의 사상을 설명하는 중요한 단초이다. 그는 유희와 은물을 통하여 신이 자연을 창조한 원리와 의미를 파악하고 유아의 성장을 이룰 수 있다고 보았다. 그가 강조한 자기활동의 원리는 현대 진보주의 교육관에 큰 영향을 미쳤다.

제4절 현대의 교육

1. 현대교육의 특징

1) 교육의 과학화

20세기에 들어와서 과학적 연구와 실험의 정신이 교육자의 사고를 지배하게 됨에 따라 과학이 교육발전에 큰 공헌을 하게 되었다. 교육문제는 과학적 태도로 논의되어야 하며 과학적 정신과 방법에 의한 연구결과를 가지고 결정해야 된다고 주장하였다. 이들에게 과학적 방법이란 객관적이고 공정해야 하며 수학적으로도 정확할 것 등을 의미하였다. 교육자들은 교육의 목적, 내용, 방법, 기관, 조직 등을 결정하는 데 이 방법을 이용하기 시작하였다.

1879년 분트는 최초로 심리학 연구소를 설치하였고, 세기가 바뀔 무렵에는 주로 감각과 지각 분야에 대한 각종 심리검사가 독일에서 행해졌다. 그러나 진정한 의미에서 교육통계학의 창시자는 손다이크이며 그는 양적 연구방법을 교육에 처음으로 적용한 사람이다. 1902년 손다이크는 처음으로 콜럼비아 대학에서 교육측정에 관한 강의를 하였고 1904년에 『지능측정과 사회측정』이라는 획기적인 책을 발간하였다. 한편 지능검사는 1905년 비네가 지능의 척도로 정신연령을 고안한 때부터 시작하였다.

과학적 측정운동의 급속한 발달에 수반하여 어린이 연구가 더 과학적으로 이루어졌으며, 뒤를 이어 발달된 학교조사와 직무분석도 과학적 운동의 산물이다. 과학주의 교육자들은 교육 자체를 과학화하려고 하였다.

2) 아동중심 교육

미국에서 새 교육 운동은 1896년 듀이가 설립한 시카고 대학의 실험학교에서 시작되었다. 이 실험학교에서는 아동을 억압하는 모든 요소를 제거하는 동시에 지금까지의 전통적인 교과와 그 교과에 의한 교수활동을 거의 볼 수 없었기 때문이다. 따라서 근대적인 아동중심 교육과정이 처음으로 이곳에서 설립되었다. 1900년에 스웨덴의 케이는 『아동의 세기』를 발간함으로써 20세기는 어린이의 세기임을 강조하는 등 어린이의 해방과 어린이에로의 복귀를 주장하였다.

몬테소리 교육법은 이탈리아의 여류 교육자인 몬테소리가 1907년 로마에 빈민자제를 대상으로 하는 어린이의 집을 창설하고 이곳에서 그녀가 창안한 몬테소리 놀잇감을 이용하여 처음으로 실시한 교육을 말한다. 이 몬테소리 교육법은 어린이의 자유 활동에 호소하여 심신의 유기적 제 능력을 연습시키는 것을 기초로 하는 새로운 교육방법이다. 따라서 이 교육방법에서는 철저한 자유주의적 교육을 시행하였다.

2. 현대교육사조

1) 진보주의 교육철학

진보주의 교육사상은 실용주의 철학에 그 근거를 두고 있고 학습자의 개성을 개발하고 완전한 인간으로 성장 발달시킴으로써 사회생활에 유용하게 적응할 수 있게 하는 것이다. 진보주의 교육은 인지적 교육과 신체적·정신적·육체적 가치의 전수를 포함한 전인적인 교육을 주장하고 생활중심의 경험적 교육과정을 중시한다. 이들의 교육철학은 '변화는 실재의 본질'이라고 하는 실용주의 철학자들의 견해를 받아들이고 있기 때문에, 교육은 항상 발전하는 과정 가운데서 이루어진다고 주장하였다.

대표적인 학자로 듀이, 차일드, 카운츠, 보이드, 보데 등이 있다. 진보주의자들은 1918년에 진보주의교육협회(Progressive Education Association)를 결성하고 다음과 같은 7개 항의 강령을 채택하여 선포하였다.

PEA 강령

① 아동은 외적 권위에 의하지 않고 자신의 사회적 필요에 의하여 자연스럽게 발전할 수 있는 자유를 부여하여야 한다.
② 아동의 흥미를 모든 학습활동의 동기로 되게 한다.
③ 교사는 아동에 대한 부드러운 안내자가 되어야 한다.
④ 아동의 평가는 학과의 평가뿐이 아니고 아동의 신체적·지적·도덕적·사회적 발달을 포함하는 전인적인 것으로서 아동의 지도에 도움이 되는 것이어야 한다.
⑤ 아동의 전인적인 발달에 영향을 미치는 여러 조건에 유의하고 교육의 제1차적 목표를 아동의 건강 증진에 두어야 하며, 학교의 시설, 환경, 인적 조건은 명랑하여야 한다.
⑥ 학교는 가정과의 긴밀한 협력관계로서 아동 생활의 여러 요구를 만족시키는 데 노력하여야 한다.
⑦ 진보적 학교는 실험적 연구를 통한 실험학교로서 새로운 교육개혁운동의 중핵이 되어야 한다.

진보주의 교육원리는 다음과 같다.

첫째, 교육은 삶 그 자체이며 삶을 위한 준비가 아니다. 전통적인 교과 위주의 교육은 삶을 위한 준비로서의 교육을 지나치게 강조하였다. 따라서 학습자의 현재 삶은 미래를 위한 준비의 성격을 지니고 현재의 흥미와 필요가 간과되어 왔다. 진보주의 교육의 지적인 삶이란 현재의 경험에 대한 해석과 재구성을 포함한다. 학습자는 실제 학습 장면 속에서 의미를 찾고 공부해야 한다.

둘째, 학습은 학습자의 흥미와 직접 연결되어야 한다. 학습자는 자기의 흥미와 관련된 학습을 하고 문제해결을 하고자 하는 자연적 성향을 갖고 있으며, 외부로부터 강요되는 일에 대해서 저항하게 되어 있다. 따라서 교육의 과정은 학습자에 의해 주로 결정된다는 점에서 학교는 학습자 중심적인 성격을 지녀야 한다.

셋째, 학교교육은 실제 생활이 이루어지는 지역사회와 가정의 경험이 조화롭게 공유되도록 교육적 경험을 구성해야 한다.

이러한 진보주의 교육관은 다음과 같은 점에서 비판의 대상이 된다.

첫째, 아동중심, 생활중심 교육이 지나쳐 교육의 명확한 목표 설정을 하기가 힘들었고, 문제해결 방식은 비효율적인 시행착오와 산만한 수업 분위기를 초래했다.

둘째, 학교는 본래 특수한 훈련기관이 되어야 하는데 도리어 현재 사회의 복사판, 축소판이 되었고, 다수의 협동적 노력을 강조한 나머지 우수한 소수자를 배려하지 못했다. 또한 민주주의 이외의 사상체계에 대한 객관적 이해를 소홀히 했다.

셋째, 절대적 진리나 가치에 대한 학습을 소홀히 다루었다.

2) 본질주의 교육철학

본질주의 교육사상은 진보주의의 교육관을 비판하고 대두된 것으로 1938년 미국의 베글리를 중심으로 브릭스, 칸델, 브릭만, 베스토, 스미스 등이 미국 교육의 발전을 위한 본질주의자위원회(The Essentialist Committee for the Advancement of American Education)를 조직하면서 시작되었다. 본질주의 사상의 배경은 실재론(realism)과 관념론(idealism)을 절충한 것이다. 본질주의자들이 보는 변화란 어디까지나 외형적 · 현상적인 것으로서, 그 본질에 있어서는 변함이 없으며, 변화하지 않는 자연법칙에 의하여 움직이는 것은 실재의 고정성뿐이라는 것이다. 본질주의는 세상에 변화하지 않는 기본적 질서가 있다고 보는 보수적 성향을 가진다. 이러한 사상적 토대 위에 진보주의 교육운동이 지나치게 아동중심주의를 강조하여 사회적 훈련, 사회적 전통을 경시하는 경향이 있음을 비판하고 시정하려는 운동이 본질주의 교육운동이다.

본질주의 교육철학자들이 가지고 있는 공통된 견해는 다음과 같다.

첫째, 학교는 인류의 문화재 중에서 가장 존귀한 본질을 대표하는 사상과 이상의 공통되는 핵심을 모든 사람에게 가르쳐야 한다.

둘째, 지나친 자유는 방종이므로 아동, 학생의 자유는 한계가 있어야 한다. 경우에 따라서는 교사의 통제가 필요하다.

셋째, 교육에서의 주도권은 아동, 학생에게 있는 것이 아니라 교사에게 있는 것이다. 교사의 역할은 성인 세계와 아동 세계 사이에 있는 중계자이다.

넷째, 학교는 심리적 훈련을 위한 전통적 교수방법을 받아들여야 한다.

다섯째, 학습이란 필연적으로 어려운 일이고 응용을 포함한다. 그러므로 아동, 학생의 교육에 있어 중요하게 요구되는 것은 바로 노력이다.

여섯째, 교육과정은 인류의 문화 중 현재 생활에 필요한 에센스(essence)를 뽑아 구성해야 한다.

일곱째, 학교는 정신적 훈련의 방법을 계속해서 실행해야 한다.

본질주의가 가장 큰 관심을 가지는 것은 학생들에게 무엇을 가르칠 것인가 하는 문제이다. 여기서 본질주의는 문화적 유산의 보존과 전달에 가장 큰 관심을 둔다. 본질주의는 교육과정에서 교재중심의 위치를 회복하고자 한다.

본질주의 교육철학에 대한 비판점을 살펴보면 다음과 같다.

첫째, 변화하는 문제에 대해서는 너무나 정적이다.

둘째, 본질주의자는 문화적 유산의 근본적인 것을 보존해야 한다고 하지만, 습관과 전통 그리고 전통과 본질적인 것을 구분하는 것은 쉬운 일이 아니다.

셋째, 본질주의의 보수성은 지나치게 교사의 주도성을 강조하므로 학습자의 지적인 진보성과 창의성을 저해할 수 있다.

넷째, 본질주의의 보수적 성격 때문에 아동들에게 교육을 통한 사회개혁과 진보의 가능성을 교육시키기 어렵다.

3) 항존주의 교육철학

항존주의 교육사상은 본질주의와 마찬가지로 진보주의 교육에 대한 비판으로부터 출발한다. 항존주의는 진보주의 교육에 대한 본질주의의 비판이 온건함에 불만을 품고 근본적, 전면적으로 진보주의 교육사상을 부인한다. 진보주의 교육이 상대주의, 현재주의, 회의주의, 경험주의적인 활동을 지나치게 예찬하여 반지성주의적이라고 비난하는 항존주의는 그 사상적 원류를 고대 그리스의 플라톤과 아리스토텔레스의 형이상학적 사상과 중세의 토마스 아퀴나스의 스콜라(Schola) 철학에서 찾는다.

항존주의의 교육이론에 있어 허친스와 아들러를 중심으로 하는 세속파는 현대교육과 현대문명의 위기를 지적하고, 이를 구원하기 위한 교육의 모색으로부터 교육이론을 전개하였다. 그들은 현대문명의 위기와 혼란이 첫째, 현대의 유물주의와 배금주의적인 경향 둘째, 민주주의 개념의 혼란 셋째, 경험주의적 실증주의적인 경향과 그릇된 진보의 개념에 기인하고 있음을 지적한다. 이러한 현대의 혼란과 위기를 극복하기 위해서는 중세의 교육을 지배한 정신의 회복을 통해서만 가능하다는 것이다. 이러한 이유로 항존주의 교육철학은 이상주의 교육자들로부터 많은 지지를 받고 있다.

30대의 젊은 나이로 시카고 대학교의 총장이 된 허친스는 실험주의와 진보주의 교육에 정면으로 도전하는 이론을 전개하는 한편, 당시 교육의 '반지식중심주의'에 대하여 신랄한 공격을 가했다. 그가 아들러의 도움을 얻어 시카고 대학의 교양과목으로 '위대한 고전 프로그램(The Great Books Program)'을 창시한 것은 당시의 교육에 대한 일종의 경종이 되었다. 항존주의 교육철학의 기본을 이루고 있는 이론은 다음과 같다.

첫째, 인간의 본질은 항상 불변하는 것이기 때문에 교육의 본질도 변하지 않는다.

둘째, 인간은 이성이 있기 때문에 교육은 발달하는 이성에 관심을 두어야만 한다.

셋째, 교육이 이끌어야만 하는 단 하나의 적응 유형은 보편적이고 불변하는 진리에 대한 적응이다.

넷째, 교육의 목적은 진리에 인간을 적응시키는 것이다.

다섯째, 교육이란 생활을 그대로 복사하는 것이 아니라 생활을 위해서 준비하는 것이다.

여섯째, 아동 학생들은 이 세상에서 가장 영원한 것으로 남아 있게 될 어떤 기초가 되는 과목을 배워야만 한다.

일곱째, 영원불변의 진리들은 '위대한 고전(The Great Books)' 속에서 찾아볼 수 있다.

여덟째, 인간은 어느 곳에 살고 있든지 근본적으로 같다. 그러므로 교육은 모든 사람에게 보편적이고 또한 동일해야 한다.

이 같은 항존주의자들은 인간의 '이성'과 '고전'을 존중한다. 고전이란 학문이나 예술의 영구적인 가치를 가지고 인류의 영구적인 문화적 업적을 함축한 것이다. 따라서 참된 고전은 지역과 시간을 초월해서 가치를 지니는 것이다.

항존주의 철학의 비판점으로 다음과 같은 것을 들 수 있다.

첫째, 항존주의 교육은 절대적이고 항구적인 것을 무조건 받아들이고 추구하기 때문에 현대사회가 요청하는 비판정신과 사고의 신장에 저해요소가 될 수 있다.

둘째, 항존주의는 지적 훈련(mental discipline)을 획일적으로 강조하고 있기 때문에 모든 사람이 고전을 통한 전문교육을 할 수 있을지에 대한 숙고가 부족하다.

셋째, 인간은 지적 · 정서적 · 사회적 활동의 복합체인데 항존주의는 오직 인간의 지적인 일면만 강조하므로 전인교육에 위배된다.

4) 재건주의 교육철학

재건주의 교육사상은 1950년대 이후 미국에 등장하기 시작한 새로운 교육사상이다. 이 사상은 브라멜드가 현대 미국 교육의 3대 조류인 진보주의, 본질주의, 항존주의 교육사상을 비판하고 새로운 교육사상을 모색했는데, 이것이 바로 재건주의 교육사상이다. 재건주의에 의하면, 현대문명의 위기에 봉착하고 있는 상황에서 현대에만 집착하는 진보주의나 과거만을 동경하는 본질주의, 항존주의와 같은 교육사상으로는 현대문명의 위기를 극복하기 어렵다. 따라서 보다 과감하고 선구적인 교육이 요청된다. 재건주의 교육사상의 특징은 다음과 같다.

첫째, 교육은 우리 문화의 기본가치를 충족시킬 수 있는 새로운 사회질서를 사회 속에 창조함과 동시에 현대세계의 정치, 경제, 사회 전반의 여러 세력과의 조화를 추구하는 일에 앞장서야 한다.

둘째, 새로운 사회는 진정으로 민주적이어야 하며 그 사회의 제도, 기관, 자원들은 국민에 의해서 지배되어야 한다. 새로운 사회는 민주사회이기 때문에 그 실현방법도 민주적이어야 한다.

셋째, 재건주의자들은 사회 속에서 어떻게 하면 개인이 최대한으로 자아실현을 성취할 것인가에 대해서 큰 관심을 갖는다. 교육은 사회적 자아실현(social self realization)에 그 목적이 있기 때문에 그것을 통해서 개인은 인격의 사회적 측면을 발달시킬 뿐만 아니라 사회계획에 참여하는 방법까지 학습하게 된다.

넷째, 교육의 목적, 내용, 방법은 사회의 문화적 위기를 극복할 수 있는 방향으로 재구성되어야 한다. 따라서 교육과정과 학제의 개편이 이루어져야 한다. 대표적인 재건주의자인 브라멜드는 '4-6-5-4' 학제를 주장하고 중등교육에 강조점을 두었다.

재건주의 교육철학의 비판점에 대해서 살펴보면 다음과 같다.

첫째, 재건주의는 교육의 수단과 목적들을 행동과학에 의해서 발견된 결과에 따라 재구성해야 한다고 주장하지만, 이는 심리학의 다양한 영역을 반영하지 못한 것이다.

둘째, 새로운 사회질서를 수립하기 위한 교육의 설계를 누가, 어떻게 하며 교육의 힘으로 새로운 사회복지 확립과 같은 거창한 일을 할 수 있는지 여부를 확인할 방법이 없다.

표 2-2 현대교육사조의 비교

구 분	교육목적	교육내용	교육적 의미	대표 학자
진보주의 교육관	• 학습자의 흥미 필요	• 실제 경험, 문제해결	• 아동중심교육 • 보조자로서 교사	• Dewey • Kilpatrick
본질주의 교육관	• 문화적 전통의 전수	• 역사, 과학, 외국어, 3R	• 교사의 주도권 인정 • 지식의 구조와 자연과학 강조	• Bagley • Ulich
항존주의 교육관	• 이성적인 인간의 양성	• 위대한 교과	• 문화유산에 내재한 항구적 진리의 재발견	• Adler • Hutchins
재건주의 교육관	• 사회재건	• 사회과학	• 교육의 사회적 역할 강조	• Brameld • Stanley

생각해 볼 문제

1. 영화 「죽은 시인의 사회(Dead Poets Society, 1989)」를 보고 영화 속에 나타난 교육사상을 교사관, 학생관, 교육내용, 교육과정으로 구분하여 설명하라.

2. 현대교육사조가 한국교육에 끼친 영향에 대한 자신의 생각을 기술하라.

CHAPTER

03

한국교육의 역사적 기초

개요

반만년을 이어온 한민족의 역사 속에 교육은 다양한 민초들의 삶과 함께 호흡해 왔다. 본 장에서 기술된 내용들은 역사서와 고전을 통해 정형화된 형태로 전해진 제도권 교육이 그 주류를 이루고 있다. 공식적인 제도를 중심으로 기술된 한국교육사의 내용이 수천 년의 역사를 살아간 대다수의 사람들의 삶과 교육의 양태를 녹여 낼 수 있을 것인가? 이에 대한 대답이 결코 명쾌할 수 없음이 현실이다. 그럼에도 불구하고 교육학의 이론적 기초를 공부하는 교육학개론의 출발은 교육제도를 중심으로 시작할 수밖에 없다는 것이다. 즉 기술된 한국교육의 역사가 제도사 · 왕조사를 중심으로 하는 것일지라도 그 내용이 바탕이 되지 않으면 훗날 심화된 한국교육사의 내용을 해석할 안목을 기를 수 없을 것이다. 본 장을 학습하고 이후 심화된 한국교육사를 학습하는 과정을 통하여 학습자들은 기본적인 한국교육의 내용을 숙지하고 이를 바탕으로 역사적 사건의 내면에 숨겨진 다양한 변인들을 추측하고 유추할 수 있는 능력을 길러 내야 할 것이다.

학습목표

1. 한국교육사의 기본적인 제도와 교육기관을 이해할 수 있다.
2. 한국교육사의 기본적인 사관을 유출할 수 있다.
3. 한국교육사의 쟁점과 문제점을 학습자 자신의 관점에 의거해 논의할 수 있다.

제1절 고대의 교육

1. 고대 교육의 특징

1) 원시시대의 교육

원시의 교육은 학교기관에 의한 형식교육 이전의 비형식교육으로 생활상의 필요에 의한 실제적 교육이었다. 원시생활에 가장 필요한 지식과 기술을 경험과 모방에 의하여 후대에 가르치고 이를 통하여 부족을 유지하였다. 원시인들은 생존을 위하여 그 사회 공통의 양식을 받아들이는 성년식(成年式)을 경험하였다. 성년식은 원시사회에서 보다 직접적인 교육적 의미를 갖는 사회적 의식이었다. 원시시대 교육의 특징을 간략하게 정리하면 다음과 같다.

첫째, 생활의 필요에서 출발하여 생활을 위해서 생활을 통해서 이루어진 생활교육이었다. 그러므로 원시인의 모든 활동은 교육의 과정이었으며 생활이 교육이요, 교육이 곧 생활이었다.

둘째, 타 부족의 위협에서 부족을 보호하기 위해 군사적 훈련을 행하였다.

셋째, 원시인들은 자연의 위력을 경험하여 이에 대한 공포를 가지고 대자연을 숭상하였다. 따라서 그들의 생활은 대자연을 숭배하는 신앙과 밀접한 관계를 갖고 있었고, 이를 바탕으로 제정일치의 교육이 행해졌다.

2) 단군신화

단군신화는 건국신화의 형태를 띠고 있지만 여기에는 우리 민족의 의식과 삶의 원형을 형성하는 인간관 · 세계관 · 사회관이 응축되어 있다. 특히 고조선의 건국이념인 홍익인간(弘益人間) 속에는 우리 민족의 삶의 이상이 담겨 있다. 홍익인간은 이상적 사회의 모습을 권력에 의한 지배가 아니라 문화에 의한 교화에 의해 실현되는 것으로 그리고 있으며, 오늘날의 관점에서 보면 교육에 의한 이상적 사회의 실현이라는 이념이 담겨 있다고 할 수 있다. 단군신화에 나타나는 홍익인간의 이념이 조선의 국가이념으로 확립되었다는 점에서 민족적 주체성과 자부심을 교육시킬 수 있는 기회가 제공되었고 이러한 이념은 현대교육에도 영향을 미치고 있다.

2. 삼국시대의 교육

1) 고구려의 교육

고구려시대의 교육은 최초의 대학인 태학과 초등교육의 역할을 담당한 경당의 기록에서 나타난다. 구체적인 기록물은 없지만 다양한 기록물들에서 간접적으로 확인되는 고구려의 교육을 살펴보면 다음과 같다.

(1) 태학

태학은 고구려 소수림왕 2년(372)에 세워졌다. 태학의 교육을 살펴보면 다음과 같다.

첫째, 태학의 교육목적은 고위층 자제를 교육하여 관리로 등용시키는 것이다.

둘째, 태학의 교육내용은 중국 대학인 국학의 교육내용과 같은 오경(시전, 서전, 예기, 주역, 춘추)과 삼사(한서, 사기, 후한서)로 구성된다.

셋째, 태학은 삼국사기에 나타난 태학박사라는 기록을 보아 직제를 두어 학생을 교육하였다.

이러한 교육적 특징을 지닌 태학은 우리나라 최초의 국립고등교육기관으로 그 교육사적 의미를 지닌다.

(2) 경당

고구려의 다른 교육기관인 경당은 태학과 달리 최초의 사립민간교육기관이다. 경당은 다음과 같은 교육적 특징을 지닌다.

첫째, 경당의 교육대상은 지방 부의 자제와 서민 자제이다.

둘째, 경당은 유교적 소양을 공부하는 통경(通經)과 무예를 연마하는 습사(習射)를 같이 교육한 문무 겸비의 기숙형 교육기관이다.

셋째, 경당은 초등교육을 담당했다는 설과 중등교육을 담당하였다는 설이 있으나 종합하여 이해하면 무리가 없다.

이상에서 살펴본 경당은 국가적 차원은 아니지만 서민 교화의 일환으로 운영된 교육기관이며 평민들에게도 학문적 성취와 무예를 겸비하게 하는 계기가 된 것이다. 경당은 서민 청소년 집회의 성격과 문무 겸비 교육을 실시했다는 측면에서 신라의 화랑도와 유사하다. 경당은 한국 유학교육의 출발점이며 인격교육과 정신교육을 강조한 우리나라 최초의 형식적 교육기관이었다.

2) 백제의 교육

백제의 학교교육에 관한 직접적인 기록은 없다. 그러나 백제는 일찍부터 중국과의 교류가 활발했고, 선진문물을 일본에 전수해 줄 만큼 높은 수준의 문화와 제도를 갖고 있었던 것으로 보아 어떤 형태로든 학교교육이 이루어졌을 것으로 짐작된다. 백제 교육의 특징은 다음과 같다.

첫째, 백제의 유학교육은 주변국에 비해 상당한 경지에 있었다. 백제는 285년에 박사 왕인(王仁)이 일본에 『논어』와 『천자문』을 전해 주었으며, 375년에는 박사 고흥(高興)으로 하여금 『서기』를 짓게 했던 것으로 보아 유학도 상당한 수준에 이르렀음을 알 수 있다(정호표 · 김병희, 2002). 이와 같은 기록은 일본의 역사서인 『일본서기』, 『고사기』 등에 수록되어 있다. 이를 종합해 볼 때 백제의 유학교육은 상당한 경지에 있었으며 유학의 교육을 통한 전교에도 노력하였다.

둘째, 백제는 고등교육을 담당하는 박사 제도가 있었다. 백제에는 유교의 학문적 부분을 담당하는 5경박사와 의박사, 역박사 등 다양한 영역의 박사가 존재하였다. 이 제도를 유추하여 백제의 교육제도를 추측할 수 있다. 『삼국사기』에 기록된 백제 관직인 박사제는 중국의 연구 및 교육 담당 관직임을 미루어 보아 백제에도 학교가 존재했었다는 것을 짐작할 수 있다. 또한 백제의 중앙관제에 내법좌평(內法佐平)이 있는데, 이는 의례와 교육을 관장하였던 기관이었다는 점을 미루어 보면 백제 학교제도의 존재를 추측해 볼 수 있다.

셋째, 백제는 다양한 실용학문을 중시하였다. 백제는 농업기술, 직조, 의약, 천문, 지리, 예술 등을 일본에 전수하였다.

3) 신라의 교육

신라의 화랑도는 진흥왕 957년 신라 고유사상인 유・불・선 사상을 조화시켜 만든 것으로 화랑이란 말은 상고시대 솟대제단을 담당하던 선(선비)을 칭하는 것이다. 화랑의 기원은 원화(源花)에서 비롯되었는데, 신라에서는 여성인 원화를 처음에 받들다가 이들의 갈등으로 화랑을 받들게 되었다고 한다. 『삼국사기』에 나타난 최치원의 '난랑비 서'(鸞郞碑 序)는 다음과 같다. "우리나라에는 현묘한 도가 있으니, 풍류(風流)라 이른다. 이는 실로 삼교(三敎)를 포함하여 중생을 교화한다. 집에 들어오면 효도하고 나가면 나라에 충성하는 …그 행함이 없는 일에 처하고 말 없는 가르침을 행하는 것… 모든 악한 일을 하지 않고 착한 일만을 행함…"

신라시대 대표적인 교육인 화랑도(花郞徒)는 초기 민간의 청소년 단체로 출발하여 훗날 반관반민의 조직체로 확대되어 국가적으로 중요한 기관이 되었다. 신라의 화랑도는 신라가 국가의 인재를 양성하기 위해 운영한 고유한 교육제도였다. 화랑도 교육의 특징을 살펴보면 다음과 같다.

첫째, 화랑도의 교육목적은 6세기 말 진평왕 때 원광(圓光)이 제시한 이른바 세속오계(世俗五戒)로 설명된다. 다섯 가지 계율은 사군이충・사친이효・교우이신・임전무퇴・살생유택으로 이는 화랑이 갖추어야 할 충(忠)・효(孝)・신(信)・용(勇)・인(仁)의 다섯 가지 품성을 나타내고 있다. 한편 화랑도의 사상적 기원을 우리 고유의 무교(巫敎)인 소도신앙(蘇塗信仰)에서 찾기도 한다.

둘째, 화랑도의 교육내용은 이성, 정서, 심신단련, 무술 등이며 화랑도의 조직은 맨 위에 국선(國仙)을 총지휘자로 두고 그 아래 문무를 겸비하고 덕망이 있는 자를 화랑으로 추대하였다. 그 밑에 많은 낭도(郎徒)들이 따랐는데 그 수는 수백 또는 수천 명이 되었다.

셋째, 화랑도의 교육방법은 실제적인 다양한 체험교육으로 이루어져 있었다. 평상시 화랑도는 문무를 수양하고, 노래와 음악을 즐기고, 명산과 대천을 찾아다니는 체험활동을 하였다. 세속오계를 수련하고 음악을 즐기고 산천을 노니는 심신의 수련 등이 구체적인 교육방식이라고 할 수 있다.

넷째, 화랑도는 교육이 학교교육으로 형식화되기 이전의 대표적인 비형식적 교육이다. 화랑도는 교육이 제도로 형식화되기 전, 생활 속에서 도덕적 · 지적 · 정서적 · 신체적 수양을 통해 인재를 양성하는 비형식적 교육의 한 전형이라고 할 수 있다.

다섯째, 화랑도는 경당과 비슷한 군사기관이자 교육기관이다. 또한 독일의 후조운동(Wandervogel)과 유사한 교육제도이다.

이상에서 설명한 화랑도는 사설기관이지만 국가가 보호하고 지원하며, 일정한 형식을 가지고 인재를 양성한 국가주의 교육의 한 형태이다. 이는 전란의 위기시 화랑과 낭도가 모인 화랑도가 삼국통일에 큰 공을 세운 점에서 확인된다.

3. 통일신라시대의 교육

혼란한 삼국시대를 통합한 신라는 화랑도와 비공식적 교육제도를 정리하고 통일된 국가의 근간을 이룰 인재 양성과 관리 선발을 위한 다양한 교육제도를 설치 운영한다. 오늘날 대학에 해당되는 국학과 과거제도, 통일신라의 인재양성법인 견당유학생 등은 통일신라시대 교육을 설명하는 중요한 자료이다. 이를 중심으로 통일신라시대의 교육을 살펴보면 다음과 같다.

1) 국학

(1) 설치 배경

통일신라는 삼국통일 이후 확대된 사회와 다양한 제도를 운영하기 위하여 유교적 이념과 교양에 충실한 인재를 필요로 하게 되었고 이들을 양성하기 위하여 당의 국자감을 모방하여 신문왕 2년(682)에 설립되었다.

(2) 국학의 직제

국학은 경(卿) 1인을 두고, 교관인 박사(博士)와 조교(助教), 사무직인 대사(大舍)와 사(史)를 두었다.

(3) 입학과 수학연한

국학의 입학자격은 대사(12등급) 이하의 관리나 관직이 없는 자였다. 연령은 15세에서 30세까지였었다. 수학 연한은 9년이었다.

(4) 교육내용

주역 · 상서 · 모시 · 예기 · 춘추 좌씨전 · 문선 · 논어 · 효경

2) 독서삼품출신과

(1) 설치 배경

통일신라는 원성왕 4년(788)에 독서삼품출신과(讀書三品出身科)라는 일종의 국가시험제도를 시행하게 되었다. 이는 관리 등용을 종래의 골품제에 따르지 않고 국학에서의 학문성적과 시험을 통하여 실시하자는 새로운 제도의 수립이라고 할 수 있다.

(2) 교육내용

좌전 · 예기 · 문선 · 곡례 · 논어 · 효경 · 오경 · 삼사 · 제자백가

(3) 교육적 의의

독서삼품출신과는 학문능력에 의해 관리를 등용한 국가시험제도로써 우리나라 과거제도의 전신이라고 할 수 있다.

3) 견당유학생

(1) 실시 배경

삼국시대에는 중국의 선진문물과 학문을 수용하기 위한 국가적 필요에 의해서 고구려, 백제, 신라는 각기 당에 유학생을 파견하였다. 당시 당은 수도 장안에 국자감을 두고 있었는데, 여기에 주변 여러 나라의 유학생을 받아들였다. 신라는 통일 이전인 선덕여왕 때 유학생을 파견한 후 왕자와 우수한 학생을 선발하여 유학시켰는데 이를 견당유학생(遣唐留學生)이라 한다.

(2) 유학기간

대부분 10년이고, 기간이 만료하면 귀국케 하고 다른 학생을 교환 파견하였다.

(3) 유학생 수

가장 많을 때는 100여 명이고 유학비는 은화 300량을 본국에서 부담하고 숙식은 당의 외국인 외교관서인 홍려사에서 제공하였다.

제2절 고려시대의 교육

1. 고려시대 교육의 개요

후삼국을 통일한 고려는 건국 이후 불교를 바탕으로 국가를 통합하고 민심을 안정시키기 위한 숭불정책을 채택하였으나, 다른 한편으로는 유교를 국가의 통치이념으로 채택했다. 이는 유교가 가진 통치이념적 측면을 적극 활용하기 위함이다. 고려의 교육체제는 유교 통치이념을 정당화하기 위한 내용으로 구성되었다. 이를 위해 고려 성종 때 국자감을 설치하여 유교이념을 교육제도로 흡수하였다. 또한 지방 호족들을 회유하고 국가 기반으로 삼기 위해 지방교육기관으로 향교를 설립하기도 했다. 이와 함께 능력 있는 인재를 등용하기 위한 노력으로 과거제도의 시행 또한 중요한 교육사적 사건이다. 이러한 고려의 교육을 살펴보면 다음과 같다.

2. 고려의 교육기관

1) 국자감

고려의 국자감은 성종 11년에 창설된 것으로 교육내용과 수학 기간은 중국의 제도와 유사하며 오늘날의 제도와 비교하면 대학교육의 수준이라고 볼 수 있다. 국자감은 개경에 설치된 국립대학으로 유학 중심의 특권계급, 즉 최고 교육기관인 동시에 국가의 고급관리를 양성하는 유일한 교육기관이었다. 예종은 유학 진흥에 힘써 국자감을 크게 넓혀 '7재'를 두어 문무교육을 장려하였고 인종 때에 학제가 완비됨에 따라서 국자감의 학제도 완비되었다.

(1) 국자감의 구성

예부에서 관할하였으며 유학과인 국자학, 태학, 사문학, 잡과인 율학, 서학, 산학 등의 육학으로 구성되었다. 국자감을 유지하는 재원은 양현고를 설치하여 조달하였다.

(2) 교육과정

유학학부는 논어와 효경을 필수과목으로 하였고, 주역 · 상서 · 주례 · 예기 · 의례 · 모시 · 춘추좌씨전 · 공양전 · 곡량전 등의 유교경전을 가르쳤다.

(3) 교수진

정 7품 박사, 종 7품 태학박사, 정 8품 사문박사, 종 9품 서학 · 산학박사, 율학 조교를 두었다.

(4) 입학자격

국자학, 태학, 사문학의 순으로 입학자격에 신분의 차등을 두었고, 기술학부는 이보다 낮은 신분의 사람들이 입학할 수 있었다.

(5) 학생 정원

유학학부가 각 300인, 기술학부는 일정치 않았다.

(6) 재학 연한

유학학부는 9년, 기술학부는 6년이었다.

2) 오부학당

오부학당은 수도인 개경에 세운 것으로 국자감에서 교육받지 못하는 학도들을 교육한 기관이었다. 먼저 동서학당은 원종 2년에 설치한 것으로 개경의 동쪽과 서쪽에 각각 하나씩 있었으며, 공양왕 때 정주학의 태두였던 정몽주가 성균관 대사성을 겸하면서 중앙과 남북에 세운 학교였다. 오부학당은 오늘날 시립고등학교의 성격을 띠고 있다.

3) 십이도

우리나라 역사상 가장 유명한 사학인 십이도(十二徒)는 고려의 사립교육기관 12개교를 총칭하는 말이다.

(1) 설립 배경

십이도는 최충(984~1068)에 의해 설립되었다. 최충이 관직에서 물러난 후 교육에 뜻을 두고 구재(九齋)로 나누어 제자들을 가르친 것이 십이도의 시작이다.

(2) 십이도의 구성

최충의 구재가 명성을 얻으면서 이를 본받아 명망 있는 유신(儒臣)들이 11도를 따라 세웠는데, 홍문공도(웅천도) · 시중 정배걸, 광헌공도 · 참정 노단, 남산도 · 제주 김상빈, 서원도 · 복사 김무체, 문충공도 · 시중 은정, 양신공도 · 평장 김의진(낭중 박명보), 정경공도 · 평장 황영, 충평공도 · 유감, 정헌공도 · 시중 문정, 서시랑도 · 시랑 서식, 구산도 · 미상 등이 그것이다.

(3) 십이도의 성격과 공헌

십이도는 사학이었지만 과거에 대한 영향력이 커지고 관학과 경쟁관계에 놓이게 되자 국가가 점차 그 운영에 관여하게 되었다. 십이도는 국학이 부진하고 향교와 학당이 설치되지 않았던 고려 중기에 등장하여 유교교육에 큰 공헌을 했다.

4) 향교

'향교'는 공자를 모시는 문선왕묘를 두고 이것을 중심으로 학문을 닦는 곳으로 지방관리의 자제나 서민의 자제를 위한 지방중등교육기관이었다. 향교는 제례를 담당하는 대성전, 강학을 담당하는 명륜당으로 구성된다.

5) 서당

고려시대 서당은 일반대중의 교육기관이었다. 서당은 지방 일반서민계급의 자제들을 수용하여 교육하던 민간경영의 교육기관으로, 서민교육의 보급과 지방의 민중교화에 끼친 공적이 지대하였다. 그러나 조선시대의 서당과 비교하여 그 역할이 상대적으로 미비하였다.

6) 과거제도

고려의 '과거제도'는 신라에서 유래된 것이나 본격적인 과거법은 고려 광종 9년(958)에 쌍기의 건의를 받아 시작되었다. 과거는 두 과목으로 제술과 명경이 있었고 의복, 지리, 율과 같은 잡업이 있었다. 모든 관리의 등용은 이러한 과거제도에 의하여 매년 시험을 보았으나 정원은 없고 필요에 따라 등용되었다.

(1) 응시자격

과거에는 양인(良人)이라면 누구나 응시할 자격을 갖고 있었다. 그러나 천민이나 승려의 자식은 응시할 수 없다.

(2) 과거의 종류

문장을 시험하는 제술업 · 경서를 시험하는 명경업 · 전문기술과인 잡과가 있었다.

(3) 고시과목

상서 · 주역 · 모시 · 춘추 · 예경

(4) 시험방법

초장·중장·종장으로 나누어 사흘간 시험하였다.

(5) 시험시기

3년에 한 번 시행하는 식년시(式年試)가 원칙이었으나 매년 혹은 수년에 한 번 시행되기도 했다.

제3절 조선시대의 교육

1. 조선시대 교육의 개요

조선은 중국에서 들어온 전통 유교사상을 비판적으로 수용한 성리학이 그 전성기를 이루게 되어 퇴계, 율곡과 같은 위대한 유학자가 배출된 시대이다. 조선의 교육제도를 크게 나누면, 국가에서 장악하고 있는 관학과 국가의 간섭을 받지 않는 사학이 있었다. 관학은 '성균관'과 '사부학당'이 있고, 사학으로는 '서당'과 '서원'을 들 수 있었다. 그리고 조선 말엽에는 서구 문화의 영향을 받아 사실과 실생활을 연구한 실학사상이 대두되어 성리학에 반기를 들었다. 이러한 조선의 교육을 구체적으로 살펴보면 다음과 같다.

2. 조선의 교육기관

1) 성균관

오늘날 국립대학의 성격을 지닌 성균관은 태조 7년 서울에 설립되었다. 성균관은 조선 최고의 고등교육기관이자 공무원 교육기관이었다. 성균관의 다양한 교육적 면모를 살펴보면 다음과 같다.

(1) 성균관의 구성

성균관은 묘학제에 따라 문묘와 학당으로 구성된다. 문묘는 공자를 모시는 대성전(大成殿)과 각 유교선현을 모시는 동무와 서무로 이루어진다. 학당인 명륜당(明倫堂)에서는 수업이 행해졌고, 그 좌우에는 기숙사인 동재(東齋)와 서재(西齋)가 있었다. 기타 부속기관으로는 학생들의 물품 공급과 숙식 제공을 맡았던 양현고(養賢庫)와 성종 6년(1475) 설치된 도서를 보관하는 존경각(尊經閣)이 있다.

(2) 학생정원과 입학자격

학생의 정원은 200명이지만 이후 변화가 있었다. 입학자격은 소과 합격자인 생원과 진사를 기본으로 하고, 인원이 부족한 경우에는 사학의 학생 중에서 선발하였다. 또한 현직 관리를 입학시켜 관리 재교육을 담당하기도 하였다.

(3) 교육내용

대학 · 논어 · 맹자 · 중용 · 시 · 서 · 춘추 · 예기 · 주역

(4) 학칙

성균관 유생들의 생활을 규정한 '학령(學令)'은 전체 11조로 이루어져 있다.

(5) 학생자치활동과 권한

성균관 유생들의 자치회를 재회(齋會)라 하였고, 재회의 장(長)을 장의(掌議)라

하였다. 성균관 유생들의 의사표현은 유소(儒疏), 권당(捲堂), 공재(空齋), 공관(空館) 등이 있다.

2) 사부학당

사부학당은 서울의 네 곳, 즉 북(중학), 동(동학), 서(서학), 남(남학)에 설치한 고려시대 오부학당과 같은 학교이다. 사학은 성균관과 밀접한 관계를 가져 성균관의 부속학교와 같은 성격의 기관이었다. 사학에는 교수 2인과 훈도 2인씩을 두어 교육하게 하고 교수로는 경학에 밝고 덕망이 높은 자를 선발하였고, 현직 관리 중에서 겸직하기도 하였다. 학생의 정원은 각 학 100명이었으나 특히 조선 중기 이후에는 사학이 침체하여 정원이 각 5인으로 대폭 감축되었다. 교육내용은 소학, 효경, 사서 등의 유교경전이 중심이 되었다. 특히 『소학』은 필수과목으로 중요시되었으며 성균관에 진학하기 위한 승보시의 중요한 시험과목이었다. 사학 유생들은 성균관에 입학하는 것과 생원·진사시에 합격하는 데 목표를 두었다.

3) 향교

향교는 향풍순화와 인재양성을 목적으로 고려 때부터 국내에 보급되었던 것인데, 조선 태조가 즉위하던 해부터 적극적으로 개선과 보급에 노력하였다. 각 도 감사에게 명하여 향교의 홍패로 수령의 치적을 평가하게 하였고 각 주에 향교를 세웠으며 그 후 임금마다 장려함으로써 향교는 계속 융성하였다. 그러나 조선 중기 임진왜란으로 인해 기존 교육기관이 황폐해지고 각 지방에 서원이 설립되어 향교가 교육기관으로서의 기능을 잃고 문묘제사의 형식만 남게 되었다.

(1) 향교생의 특전

무상교육, 과거 응시자격 부여, 생진시의 초시 면제, 군역의 면제

(2) 교육내용

소학, 사서삼경, 농업과 잠업 등 지방에 필요한 실업교육을 실시하였다.

(3) 향교 경비

국가에서 학전과 노비를 지급하였다.

(4) 교관

관부의 크기에 따라 6품 이상의 교수관 1인 혹은 7품 이하의 훈도관 1인을 파견하였다.

(5) 기능

향교는 각 지방에 널리 설치되었던 만큼 향촌사회에 유교의 이념을 전파하고 풍속을 순화하는 기능과 향사례(鄕射禮), 향음주례(鄕飮酒禮), 양노례(養老禮) 등의 유교적 행사를 주관하였다.

4) 서원

서원(書院)은 선현존중과 후진양성을 목적으로 16세기 중반부터 각 지방에 세워지기 시작한 사학(私學)이다. 최초의 서원인 백운동서원(白雲洞書院)은 중종 38년(1543) 풍기군수 주세붕(周世鵬)에 의해 세워졌다. 백운동서원은 명종 5년 당시 풍기군수였던 이황(李滉)의 건의로 왕으로부터 '소수서원(紹修書院)'이라는 편액을 하사받음으로써 최초로 사액서원(賜額書院)이 되었다. 18세기 이후에는 국가에서 서원에 대한 통제를 강화하고 철폐조치를 단행하기에 이르렀으며, 조선 말 고종대에는 전국에 산재한 697개의 서원 중 47개만 남기고 모두 철폐하였다.

(1) 교육목적

서원의 교육목적은 유교적 수양을 통한 선현존중과 후진양성이었다.

(2) 교육내용

소학과 가례를 기본교과로 하고, 사서오경을 중심교과로 하였다.

5) 서당

서당은 오늘날 초등교육의 역할을 담당하던 교육기관이다. 서당은 천자문, 동몽선습 등과 같은 기초유학 교재의 학습과 예절교육과 인성교육을 담당하던 교육기관이다. 조선조에 서당이 크게 발달하게 된 이유는 사설교육기관으로서 설립 폐지가 자유롭고 설비나 조직이 간단하여 훈장과 방 한 칸만 있으면 누구나 서당을 경영할 수 있었기 때문이다. 운영주체와 학습자 구분에 따라 나눈 서당의 형태는 다음과 같다.

(1) 서당의 형태

① 훈장자영서당(訓長自營書堂) : 가장 많은 형태로 지방 유학자가 훈장이 되어 생계를 해결할 목적이거나 취미, 후진양성의 뜻으로 운영하는 서당
② 유지독영서당(有志獨營書堂) : 지역의 유지가 자신의 자제를 교육시키기 위하여 훈장을 초빙하여 운영하는 서당
③ 유지조합서당(有志組合書堂) : 마을의 유지 몇 사람이 모여 훈장을 초빙하여 운영하는 서당
④ 동리동족공동서당(洞里同族共同書堂) : 마을 전체나 종친끼리 경비를 공동부담하여 훈장을 초빙하여 운영하는 서당
⑤ 관립서당(官立書堂) : 지방행정관의 관권으로 설립하고 운영하는 서당

(2) 서당의 특징

서당은 소규모 그룹 학습, 수준별 학습, 계절제 수업 등의 다양한 교육방법으로 운영되었다. 이는 소수의 훈장과 다수의 학습자의 불균형, 입학 시기 및 입학 연령의 무제한, 농번기에는 교육을 피하는 것 등을 고려하여 형성된 자연스러운 교육운영이다. 서당의 교육은 오늘날 열린 교육의 한 모델로 적용될 수 있다.

제4절 근대와 일제시대의 교육

1. 근대의 교육

우리나라의 근대학교는 1880년대를 중심으로 구미제국과 통상조약을 맺음으로써 시작되었다. 갑오개혁은 우리나라의 교육제도를 근본적으로 개혁하였다. 1895년에는 관립 한성사범학교와 장동소학교 등이 설립되고, 1899년에 경성 의학교가 설립되었으며, 1906년에는 한성고등학교가 설립되었다. 갑오개혁을 전후한 개항은 우리나라 교육제도를 현대적으로 바꾸는 계기가 된다. 근대 교육은 크게 '국가 주도의 교육', '선교사 주도의 교육', '민족선각자에 의한 교육' 등의 세 가지 형태로 나누어 볼 수 있다.

1) 국가 주도의 교육

갑오경장 전후로 조선 정부는 학무아문(1894)을 설치하고 고종의 교육입국조서(1895)를 통하여 경전중심 교육을 탈피하여 근대 이념의 교육을 국가교육의 근간으로 정립하였다. 1895년에 이를 학부(學部)로 개칭하고 그 해 4월부터 근대적 신교육제도의 수립에 착수했다. 조선 정부는 먼저 1895년 4월 한성사범학교관제를 제정하고 1905년까지 각급학교의 관제와 규칙을 정비하여 근대적 신교육제도를 수립하고자 하였다. 이 시기에 제정된 관제와 법규로는 한성사범학교・외국어학교관제・성균관관제・소학교령・한성사범학교규칙・성균관경학과규칙・소학교규칙대강・의학교규칙・중학교관제・상공학교관제・외국어학교규칙・중학교규칙・광무학교규칙・농상공학교관제・관립농상공학교규칙 등이 있다. 이러한 관제를 중심으로 근대 공립학교의 체계를 확립하였다. 이 시기에 설립된 근대 공립학교의 종류와 성격을 설명하면 다음과 같다.

(1) 통변학교

1883년 묄렌도르프가 설립한 근대 영어학교로 육영공원이 설립되면서 폐지되었다.

(2) 육영공원

조선 최초의 신식 학제를 적용한 학교로 왕립영어학교이다. 국가의 지원으로 세워진 육영공원은 영어를 사용하는 관료양성을 목적으로 귀족자제들이 입학하였다. 이는 갑오개혁으로 폐교되었지만 근대적 학교운영으로 교육사적 의미를 가진다.

(3) 소학교

1895년 소학교령으로 근대적 학교 설치규정이 마련되었다. 소학교령은 학교의 목적, 경비, 편제, 취학, 설치 감독, 직원 등에 관한 규정이 서술되었다.

(4) 중학교

1899년 중학교 관제를 제정하여 심상과 4년과 고등과 3년, 총 7년제의 학제를 마련하고 1899년 한성중학교를 개교하였다.

(5) 사범학교

한성사범학교 관제가 1895년 최초의 근대식 학교제도(학부령 1호)로 발표되고 이어 1895년 한성사범학교가 설치되었다.

2) 선교사 주도의 교육

개항을 전후해 외국에서 들어온 선교단체는 조선의 구교육을 신교육으로 바꾸는 데 크게 기여했다. 우리나라에 들어온 선교사들은 선교와 교육, 의료, 복지사업을 함께 전개했다. 우리나라가 최초로 외국의 신교육을 직접 접하게 된 것은 1884년 개신교 선교사 알렌(H. N. Allen)에 의해서다. 의사이기도 했던 알렌은

1885년 최초의 근대식 국립병원인 광혜원(廣惠院)을 개원하고 이듬해에는 그 부대사업으로 16명의 학생을 뽑아 의학교육을 실시하였다. 광혜원은 이후 고종의 제가하에 제중원으로 명칭이 변경되었다. 대표적인 선교사 주도의 교육기관은 1885년 감리교파의 선교사인 아펜젤러(H. G. Appenzeller)에 의해 설립된 '배재학당', 1886년 감리교파의 선교사로 내한한 스크랜튼(M. Scranton)에 의해 '이화학당', 장로교파의 선교사인 언더우드(H. G. Underwood)에 의해 1886년에 세워진 경신학교, 1887년 벙커(Bunker)에 의해 세워진 '정신여학교' 등이 있었다.

3) 민족선각자 주도에 의한 교육

갑오개혁을 중심으로 서구문물의 홍수 속에 민족선각자들은 개화와 자강을 이루기 위해 학교를 직접 설립・운영하였다. 1883년 덕원부 원산(德源府 元山)의 지방민들에 의해 세워진 원산학사(元山學舍)는 우리나라 최초의 근대 학교이다. 그러나 민간이 주도한 근대 사학이지만 외국 학제의 모방과 답습이 아니라 전통적 우리나라 교육을 개선 발전시킨 근대 학교라는 점에서 의미가 있다.

1896년에 민영환은 서울에 흥화학교(興化學校)를 설립했으며, 1899년 안창호는 강서에 점진학교(漸進學校)를 세웠고, 1905년에는 엄주익이 양정의숙(養正義塾)을, 이용익이 보성학교(普成學校)를, 1907년에는 서북학회가 서북협성학교를, 1908년 기호흥학회는 기호학교를 만들었다. 민족선각자들의 구국운동을 막기 위해 통감부는 1908년 8월 '사립학교령(私立學校令)'을 제정・공포하여 민간사학을 탄압하였다.

2. 일제시대의 교육

일제 36년 간의 교육 양상은 4차의 총독부의 교육령 개정을 통하여 엿볼 수 있는데 이것은 일본제국이 우리나라에 대한 교육정책의 전환과 식민지교육의 실태를 잘 나타내고 있다.

조선교육령(1911), 개정교육령(1922), 교육령개정(1938), 개정교육령(1943) 등 4차에 걸쳐 교육령이 공포되었을 때마다 교육정책의 급격한 변화를 초래했다. 일제는 식민지배 초기 차별적인 교육제도 적용을 실시하다가 이후 유연한 문화적 교육정책을 실시하고, 마지막으로 전쟁이 다급해지자 '내선일체'를 내걸고 한글 폐지에까지 이르는 군국주의적인 교육을 지향하였다. 이러한 황국신민화 교육은 '보통학교'로부터 '심상소학교', 다시금 변경되어 '국민학교'라고 칭하게 된 초등학교의 예를 보면 그 정도를 짐작할 수 있다.

일제시대 교육은 광복과 더불어 청산되어야 하는 역사지만 최근까지도 일제시대 교육의 그림자가 우리의 교육에 영향을 미치고 있음은 매우 우려되는 점이다. 즉 각급학교의 명칭이나 학제, 교실의 구성 등에 있어 일제시대 교육의 잔재는 완벽하게 청산되지 않은 형태로 존재하고 있었다. 최근 다양한 교육관계자들의 노력으로 그 그림자가 거의 청산되고 있지만 해방 이후 반세기가 지난 최근에야 그러한 작업이 이루어졌다는 점에 대한 반성과 성찰이 이루어져야 할 것이다.

제5절 현대의 교육

현대의 교육에서 가장 큰 변화는 교육의 양적 발전, 고등교육의 발전, 의무교육의 확대 등이다. 우리나라 현대교육의 특색을 간추려 보면 다음과 같다.

첫째, 우리나라의 학교제도의 근본구조는 단선형이다.

둘째, 우리나라의 학교제도는 교육적 성격상 3단계로 구분되어 있다. 형식적으로는 '6-3-3-4'제의 이름 그대로 4단계로 되어 있으나, 기초학교 6년, 중간 또는 중계학교 6년(중학교 3년, 고등학교 3년), 종국 또는 종결학교 4년의 각기 교육적 성격을 달리하는 3단계의 학교를 단계별로 올라갈 수 있도록 되어 있다.

셋째, 남녀가 평등하게 교육을 받도록 되어 있다.

넷째, 의무교육제도가 실시되어 초등학교, 중학교(9년)를 무상으로 교육받을 수 있다.

다섯째, 정신박약자, 신체부자유자, 기타 심신장애우를 위한 통합교육이 추진되고 있다.

여섯째, 각종 대학원이 전문대학원 체계로 바뀌면서 의학전문대학원, 법학전문대학원 등 고등교육의 체계가 변화되고 있다.

일곱째, 유치원 공교육화가 진행되고 있으며, 국가의 공보육정책 또한 확대되고 있다.

여덟째, 신자유주의 사상의 영향으로 교육 시장 개방의 물결이 거세지고 있고, 이에 따라 외국 교육기관의 영향에서 자유로울 수 없다.

오늘날 우리나라의 학교제도는 대폭 개선되어 세계적 수준에서 볼 때에도 조금도 손색이 없다. 그러나 이와 같은 제도 속에서도 크고 작은 많은 문제점이 존재하고 있다. 그중 정권교체 때마다 이루어지는 근시안적인 정책 집행과 교육적 안목의 부족에 기인하는 교육정책 남발은 현대 우리나라 교육발전에 가장 큰 저해요소라 하겠다. 일관성 있고 깊이 있는 연구로 개발된 교육정책의 엄정한 집행을 통해 올바른 교육이 이루어져야 할 것이다.

생각해 볼 문제

1. 한국교육의 역사에서 지속적이고 광범위하게 드러난 우리 교육의 가장 심각한 문제점에 대한 자신의 생각을 기술하라.

2. 한국교육의 역사를 바탕으로 엘리트 교육의 역할과 그 한계점을 설명하라.

3. 교육을 통한 자아실현이 얼마나 가능한지를 한국교육사의 특수성을 고려하여 설명하라.

4. 다음 글을 읽고 저자가 주장하는 핵심논리를 추출하고 그 논리를 단서로 현대 교육의 문제점을 논하라.

권문세가 자손들의 '족집게 과외'

대한민국의 입시전쟁과 사교육 문제는 오랜 역사를 자랑한다. 그럴 만한 역사적·구조적 이유가 있다. 이걸 아는 게 중요하다. 입시제도를 바꿔서 해결될 문제가 아니라는 걸 알아야 학생과 학부모들에게 추가적인 고통을 주지 않을 수 있다.

시험의 출세도구화와 사교육의 문제는 이미 조선조 초기부터 극성을 부렸다. 세종실록은 세종 12년 성균관 유생들이 "과거시험에 나올 만한 글이다 싶으면 다 베껴서 차고 다니면서" 열심히 외우지만, "열심히 글을 읽는 사람이 있으면 친구들에게 도리어 멸시를 받을 정도"라고 적고 있다. 세종 15년의 기록도 "글을 배우는 자들이 미리 시험볼 시기를 알고서 한가히 놀면서 공부를 안하고 있다가, 시험 때가 오면 여러 글을 주어 모아 가지고 요행이나 바랍니다"라고 말하고 있다.

그런 과거시험 지향적 학문 풍토로 인해 권문세가 자손들은 개인 과외나 사설 학당에서 과거시험을 준비했다. 오늘날 성행하는 '족집게 과외'의 원조였던 셈이다. 사정이 그와 같았으니, 조선시대 과거 합격자가 극심한 서울 편중 현상을 보인 것도 우연이 아니다. 이원명의 연구에 따르면 1789년 정조 시대에 서울 인구(18만 9,153명)은 전국 인구(740만 3,606명)의 2.55%에 불과했지만, 서울 출신이 문과 급제자의 43%를 차지하였다. 이원명은 "귀족사회였던 고려시대에는 거주지가 큰 의미가 없었으나 관직사회인 조선시대에 들어오면서 서울 중심의 집중화 현상이 뚜렷이 나타나고 있다"고 말했다.

노희찬은 당시 인구조사가 주로 세금을 거두고 군역을 부과하기 위해 실시된 것이라 조세와 군역이 면제되는 유아와 여성, 노령인구의 누락이 적지 않았다는 점을 감안할 때에 18세기 말의 서울 인구는 30만 명이 넘었고, 19세기 중반에는 50만 명에 육박했을 것이라고 추산했다. 산업혁명으로 빠르게 도시화해 근대 자본주의의 세계적인 수도로 일컬어졌던 영국 런던도 18세기 말에 가서야 50만 정도였던 바, 이미 200년 전에도 '서울은 만원'이었다는 것이다.

서울이 만원이 된 건 그만큼 서울이 제공하는 특혜가 많아서였다. 그런 이유 때문이었을까? 다산 정약용(1762–1836)은 자녀들에게 "무슨 일이 있어도 사대문 밖으로 이사가지 말고 버티라"는 유언을 남겼다. "서울을 멀리 벗어나는 순간 기회는 사라지며 사회적으로 재기하기 어렵다"는 경고도 했다.

출처: 강준만(2009). 입시전쟁 잔혹사. 서울: 인물과 사상사, pp.19–20.

CHAPTER

04

교육사회학의 기초

개요

인간은 사회적 존재로 교육을 통해서 사회의 공적 생활양식을 학습한다. 인간이 사회와 독립된 공간에서 홀로 살아갈 수 없고, 다른 구성원들과 더불어 살아가는 법을 학습하는 것은 생존을 위한 필수적인 과정이다. 교육사회학은 인간의 사회화 개념과 사회화 방법, 사회화 기관의 역할 등을 비중 있게 다룬다. 다양한 사회화 이론을 차용하여 사회현상과 교육의 관계를 이해하는 안목을 제공한다. 가장 중요한 교육사회학의 역할은 사회구성원들 간의 교육적 갈등을 조정하고 교육을 통한 이상사회 확립의 단초를 제공한다는 점이다. 본 장은 교육사회학의 기초이론들을 학습하고 이를 바탕으로 사회현상에 대한 교육적 안목을 기르는 것을 목적으로 서술되었다.

학습목표

1. 사회화의 개념과 방법, 사회화 기관의 역할을 이해할 수 있다.
2. 기능주의와 갈등주의 교육관의 차이를 비교 설명할 수 있다.
3. 우리나라 사회구조와 계층 간 갈등의 원인을 이해하고 교육 불평등을 완화할 수 있는 방법에 대해 설명할 수 있다.

제1절 교육과 사회화

1. 사회화의 개념

인간은 자연적 존재로서 탄생하지만 사회 안에서 삶에 필요한 소양을 습득하여 사회적 존재로서 성장해 간다. 칸트는 인간의 출생을 자연적 상태(sein)라 하였고, 루소는 생존적 탄생이라 하였다. 생존적 탄생 이후, 그 사회가 가지고 있는 여러 가지 생활양식이나 문화를 습득하여 인간다운 인간이 되어 간다. 이러한 과정은 반드시 인간사회 안에서 가능하며 사회 구성원 간의 끊임없는 상호작용에 의해서 수동적이든 능동적이든 인간이 되는 과정에 참여하게 된다.

이러한 사례는 오스트리아의 늑대 소년이나 프랑스의 아베이롱의 야생아, 인도의 아말라(Amala)와 카말라(Kamala)에서 찾아볼 수 있다. 다른 야생인들이 사회 적응에 실패했지만 카말라의 경우 인간사회에서 어느 정도 적응할 수 있었다. 즉, 인간에게 발견되기 이전의 생존은 단지 인간사회를 떠난 동물적 존재였던데 비해 인간사회 속에서 인간의 생활양식을 습득하고 최소한의 인간적 면모를 갖추게 되었다.

사람이 생물학적 존재로서 태어나 이상적 인간으로 성장하는 과정을 설명하는 데 중요한 개념은 사회화란 용어이다. 사회화(socialization)란 개인이 여러 가지 가능성을 갖고 태어나 그가 속한 사회집단의 규범이나 문화를 익히고 사회적 공동생활을 영위할 수 있는 현실적 행동을 발달시키는 모든 과정을 말한다. 사람은 다른 사람과의 상호작용을 통하여 사회적 규범이나 역할을 내면화하고 그 사회집단에 적합한 행동양식을 발전시켜 나간다. 결국, 사회화 과정은 사람이 그 사회의 문화를 배워 인간이 되어가는 과정이라고도 볼 수 있다. 이 점에서 사회화를 문화화(enculturation)라고도 한다. 이러한 사회화는 넓게 보아 교육과 개념적으로 유사한 측면이 있다.

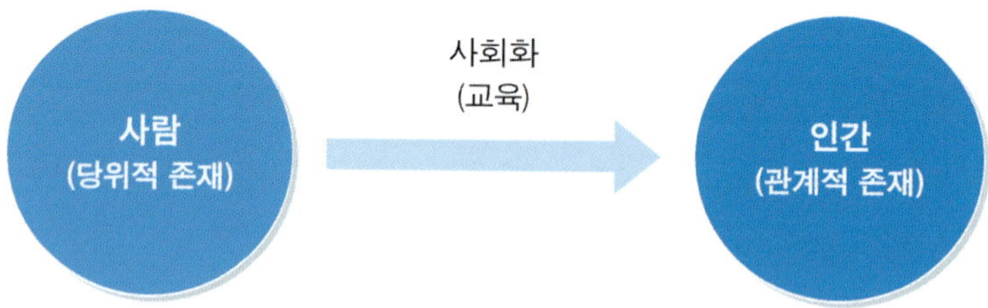

그림 4-1 사회화의 의미

2. 사회화의 목적과 과정

1) 사회화의 목적

사회화의 내용이나 목적은 시대나 지역에 따라 다르게 나타날 수밖에 없지만 포괄적으로 말할 수 있는 것은 그가 속한 문화권 내에서 기본적인 행동 유형을 습득하는 것으로 볼 수 있다. 따라서 사회화의 목적은 사회적 삶을 위해 공동의 생활양식을 학습하는 것이다.

2) 사회화의 과정

사회적 존재로서의 인간은 성장과정에서 여러 집단에 소속되어 그 특정 집단의 행동 유형을 습득해 간다. 즉 사회 내에서 개인이 사회의 특정한 문화와 규범에 따라 행동하며 동화되고, 사회적 상황에 적응하고 사회적 집단의 일원으로 발달하게 된다. 가족집단, 놀이집단, 지역사회, 학교, 직장 등의 집단은 특정한 문화나 집단 규범을 가지고 있어서 개인에게 문화기대나 문화구속을 하게 된다. 이러한 문화기대나 문화구속에 부응하여 사회에 적응하여 가는 과정을 사회화 과정이라고 할 수 있다.

(1) 사회화의 내용

사회화가 사회 규범을 내면화하는 과정이라고 볼 때 그 내용은 사회의 관습, 가치관, 태도, 규범 등이 된다. 또한 사회화가 인류문화의 계승과 발전을 위한 성원의 문화적 기대로 파악된다면 그 사회가 가지고 있는 언어, 역사, 문화, 예술, 종교 등의 습득을 사회화의 내용으로 볼 수 있다. 사회화의 몇 가지 내용을 살펴보면 다음과 같다.

첫째, 언어의 습득을 들 수 있다. 언어는 의사를 표현하고 전달하는 수단이며 매개물이다. 언어는 사회성과 인간의 사고력을 개발해 주고 사상을 명확하게 체계화·논리화해 주는 문화의 기초라고 볼 수 있다. 언어는 인간의 지각과 기억을 풍성하게 하는 사회생활의 중요한 수단이 된다. 이러한 언어는 초기의 사회화 기관인 가족 내에서 익히게 되지만, 이후 또래집단을 통해 발전되고 학교기관을 통하여 체계적인 습득이 이루어진다.

둘째, 성역할을 들 수 있다. 인간은 성장과정에서 모방하는 대상으로부터 역할을 학습하게 된다. 남자아이는 아버지와 동일시하면서 남성의 역할을 배우게 되고, 여자아이는 어머니를 모방하며 여성의 역할을 배우게 된다. 그러나 성역할의 학습이 성적 차별을 초래하는 것은 바람직하지 못하다.

셋째, 도덕적 규범을 들 수 있다. 사회적 존재로서 사회에서 유리되지 않고 사회 구성원으로서의 역할을 수행하려면 그 사회가 가지고 있는 규칙을 습득하지 않으면 안 된다. 그 사회를 유지하고 통제하는 가장 기본적인 규율은 개인의 내면적인 가치관, 도덕률에 의해서 이루어진다. 이 규범적 요소를 습득한다는 것은 결국 훌륭한 성원으로서의 자질이 되며 바람직한 사회를 이루는 중요한 내용인 것이다.

(2) 사회화의 방법

학습의 측면에서 사회화의 방법을 살펴보면 다음과 같은 세 가지 유형으로 나눌 수 있다.

첫째, 모방학습이다. 아동의 사회적 학습은 접촉하는 개인의 행동을 모방함으로써 시작된다. 따라서 모방적 행동은 인간의 학습을 가능케 하는 가장 기본적인 행동이며, 이는 모든 인간에게 공통적으로 나타나는 행동이다. 인간은 자기에게 유리한 타인과 보상받을 수 있는 타인을 모형으로 삼고 칭찬과 보상을 통해 모방 행동을 더욱 강화하고 지속시켜 준다.

둘째, 모형학습을 들 수 있다. 모형이라는 뜻은 모방할 대상자를 선택하는 과정으로 흔히 동일시라고 한다. 한 개인이 다른 사람을 학습의 모형으로 선택하게 하는 것은 반드시 어떠한 이유가 있다. 이런 모형 선택에 영향을 주는 사람은 보상을 주는 사람, 모형으로 선택하지 않으면 사랑을 거절당하거나 벌을 받게 될 가능성이 있는 사람, 지위나 권력이 높은 사람, 자기와 유사한 점이 있고 의사가 잘 통하는 사람 등이다. 과거 교사를 사회화의 모델로 설정하는 사례가 많았으나 최근에는 교사의 영향력이 감소하는 추세이다.

셋째, 역할학습을 들 수 있다. 역할학습이란 어떠한 지위를 차지한 사람이 그 지위에 요구되고 기대되는 행동을 학습하고 수행하는 과정을 의미하며, 개인의 성격, 동기, 능력 등에 따라 역할학습이 촉진되기도 하고 저해되기도 한다. 역할학습은 역할기대가 분명할 때, 한 지위에 요구되는 기대가 일치할 때, 과거에 학습한 역할과 새롭게 학습할 역할이 서로 관련성이 있을 때, 학습한 후에 보상이 따를 때 더욱 촉진될 수 있다.

(3) 억압적 사회화와 참여적 사회화

한 개인의 사회화 과정에서 외부의 자극이나 환경의 영향이 어떠한 것이냐에 따라 억압적 사회화(repressive socialization)와 참여적 사회화(participatory socialization)로 구분할 수 있다.

① 억압적 사회화

억압적 사회화는 잘못한 일에 대해서 벌을 주는 형태이다. 억압적 사회화의 특징은 잘못에 대한 벌, 물질적 보상과 벌, 복종 강요, 비언어적 표현, 명령적 지시, 부모 중심적 사회화 등을 들 수 있다. 억압적 사회화가 이루어지는 가정에서는 부모가 체벌과 질책을 자주 하게 된다. 부모와 자녀 간의 관계에서 상호 교류의 대화는 성립되지 않고 일방적인 명령이 주어지는 경우가 많다. 또한 부모의 지시가 구체적이고 모든 행동이 부모의 감독 아래서 행하여진다. 이러한 억압적 사회화가 학교교육을 통하여 더욱 심화될 수 있다. 즉 억압적 사회화가 이루어지는 학교는 관리, 감독, 통제를 목적으로 교육을 실시하므로 학습자의 수동적·타율적 행동양식이 길러지기 쉽다.

② 참여적 사회화

참여적 사회화에서 나타나는 구체적인 특징은 잘한 일에 대한 칭찬, 상징적 보상과 벌, 자율성 강조, 언어적 표현, 상호작용의 대화, 아동 중심적 사회화, 자녀의 욕구에 대한 부모의 인식 요청, 일반적 행동 결정자로서의 가족 등을 들 수 있다. 참여적 사회화가 이루어지는 기관은 참여적 대화와 민주적 태도, 아동중심의 가치관 등이 지배적인 분위기로 나타난다.

3. 사회화 기관

사회화는 누구에 의해서 이루어지는가 하는 문제가 곧 사회화 기관 또는 사회화 대행자의 문제이다. 즉, 인간이 성장 발달하면서 사회화 과정에 관련되는 매개체를 사회화 기관 또는 사회화 대행자라 하는데, 이의 구체적인 예로서 부모, 친구, 교사, 이웃, 친척, 이성 친구, 배우자, 가정, 학교, 종교기관 등을 들 수 있다. 그리고 인터넷, 영화, TV, 라디오, 신문, 잡지 등 대중매체가 사회화의 촉진기관이 되기도 한다. 이러한 여러 가지의 사회화 기관 중에서 대표적인 가족, 또래집단, 학교, 매스미디어를 살펴보기로 한다.

1) 가족

가족은 인간의 최초 사회화 기관이며 인간 성격의 기본 바탕을 형성하는 데 중요한 기관이다. 인간은 유아기 가소성이 풍부한 시기에 가족 성원과의 인간관계

속에서 언어를 습득하고 행동의 기본양식을 습득한다. 머독은 가족의 일반적인 기능을 '성적 기능', '생식적 기능', '경제적 기능', '교육적 기능'으로 들고 있다. 가족을 교육적 기능 면에서 보면, 성인세대와 자녀세대 간의 접촉을 통해 자녀의 성격이나 가치관의 형성에 결정적인 영향을 끼치게 된다. 즉 부모의 가치관이나 신념, 태도가 자녀에게 내면화된다는 점이다. 가족의 교육적 역할에 있어서 중요한 관건의 하나인 부모의 양육태도를 알아보기로 한다.

(1) 민주적 양육태도

이 양육태도는 자녀를 독립적 인격체로서 존중하고 관심과 이해를 가지며 자애롭게 대우하는 부모의 태도를 말한다. 이러한 부모는 자녀와 의논하고 협동하며, 자녀의 자율적인 행동을 장려한다. 이러한 부모에 의해 양육된 자녀들은 책임감과 협동심이 강하다. 그리고 자율적이고 능동적이며 타인을 존중하고 사교적인 특징을 보인다. 또한 자신의 일에 성실하고 정서적으로 안정되어 있으며 명랑하다.

(2) 과잉보호적 양육태도

이는 외동아이, 허약한 아이, 신체적 결함이 있는 아이 등의 경우 부모가 지나치게 보호하고 애정을 나타내는 양육태도를 말한다. 핵가족화된 오늘날의 가정에서 정상적인 아동을 대상으로 많이 나타나는 유형이기도 하다. 이러한 태도하에서 자란 자녀들은 특히 독립성이 결여되어 의타심이 강하게 나타난다. 그리고 자기중심적인 성격이 강하며 타인에 대한 애정이나 관심이 없어지고 이타심이 부족하게 된다. 소극적으로 행동하기 때문에 위험이나 모험을 허용하지 않고 사회적인 관계 형성에도 어려움을 보인다. 정서적으로 불안감과 초조감이 높으며 자신감이 부족하고 어려움에 처하면 도피적인 태도를 보이기도 한다. 최근 대학을 졸업하고도 부모에게 경제적 · 사회적 · 정서적으로 의지하는 사례를 과잉보호적 양육태도의 한 형태로 볼 수 있다.

(3) 거부적 · 방임적 양육태도

거부적 양육태도는 원치 않은 자녀를 불가피하게 두었을 때나 결혼생활에 대한 불만이나 갈등을 자녀에게 전가하는 태도로 인해서 나타난다. 자녀를 자신에 대한 방해나 장애물로 생각하기 때문에 자녀의 요구에 냉담하거나 무관심한 태도를 보인다. 이러한 유형의 양육태도는 벌, 위협, 협박, 학대 등의 적극적인 거부를 보이거나 무시, 부정, 방임 등의 소극적인 거부를 나타내기도 한다. 이러한 태도의 부모 밑에서 자란 자녀들은 안정감과 자신감이 부족하며 무기력하고 반항적·공격적인 면을 보이기도 하고, 퇴행적 행동을 한다. 오줌싸개, 손톱 깨물기, 거짓말 등을 하는 자녀들의 경우에 부모로부터 거부된 관심과 애정을 충족시키기 위한 수단으로 일탈행동을 나타낸다.

방임적 양육태도는 부모가 자신의 일에만 몰두하며 자녀에게 관심이 없는 경우이다. 자녀를 양육할 시간적인 여유와 경제적 여건이 부족한 경우에 방임적 태도를 취하게 된다. 이러한 양육태도를 겪은 자녀들은 생활의 규범이나 질서를 잃게 되고, 애정을 갈망하게 된다. 그래서 관심이나 애정을 구하려고 사회적으로 용인되지 않는 행동을 하게 된다.

(4) 지배적 양육태도

이는 부모의 열등감이나 허영심 또는 가문이나 부모의 권위 때문에 자녀를 지나치게 통제하고 지시하고 복종을 강요하는 양육태도를 뜻한다. 이런 경우의 자녀들은 겸손하고, 조심성이 있으며 순종적이고 수동적이다. 그러나 자주성과 독창성이 부족하고 이율배반적인 행동을 하기도 한다.

2) 또래집단

또래집단(동료집단 : peer group)이란 연령과 신분이 서로 비슷하며 같이 느끼고 행동하는 같은 동료집단을 뜻하며, 연령, 신분, 흥미, 태도, 성이 비슷하며 가까운 감정이나 행동을 내포하는 집단으로 대체로 자연적으로 형성된다. 이들 집단에는 '우리'라는 감정(we-feeling)이 있고 그들 자신의 규칙을 가지며, 조직이 있고 성원에 대한 그들 자신의 기대가 있다.

(1) 또래집단의 특징

첫째, 유희집단을 들 수 있는데 오락집단(play group)이라고도 한다. 또래집단의 특징 중에서 가장 비형식적이고 자발적으로 생겨나는 유형이다. 이 집단에는 특정한 지도자가 없고, 누구나 지도자가 쉽게 될 수 있으며, 순간적으로 이합 집산한다. 활동을 이어주는 주된 매개체는 놀이다. 이때 구성은 성별의 차이나 계층의 차이와 관계가 없고 연장자의 참여도 허용된다. 이 집단은 연령이 증가함에 따라 집단의 수도 늘어나고 노는 시간도 길어지고 지속성이 강해진다.

둘째, 동인집단(clique)을 들 수 있다. 이 집단은 동일한 사회적 지위를 가진 아동들로 구성되며 친밀성이 강하다. 집단 형성의 조건은 연령이나 성별보다는 사회계층이나 신분을 중요시하고 배타적·폐쇄적 성격을 띠게 된다. 주된 활동은 정서적 활동, 독서, 연주 등의 소비적·향락적 경향으로 흐를 수도 있다. 이 집단은 주로 상류층의 자녀들에게 형성된다. 최근 동인집단은 동일한 수준의 사교육 집단에 소속되는 것과 관련되는 현상을 보인다.

셋째, 도당(gang)을 들 수 있다. 이 집단은 초등학교 3, 4학년에서부터 중학교 3학년 사이에 주로 형성되며, 부모, 교사, 사회인으로부터 관심이 적게 작용할 때 발생한다. 도당은 집단의 결속력은 강하고 구속적이다. 즉 조직이 확고하고, 지도자에 대한 복종, 집단에 대한 충성이 강하게 나타난다. 도당은 주로 성별에 따라 구성되며, 연장자의 참여를 거부하고 그들만이 가지는 은어, 표어, 규약, 서약을 가지며, 역할 분담이 분명하다. 이들은 모험이나 반사회적인 행동도 하게 된다. 도당 발생의 원인을 보면 심리적으로 새로운 경험에 대한 욕구, 공상, 방랑벽 등을 들 수 있다. 그리고 사회적인 원인으로 가족집단의 약화, 학교생활의 비효율, 오락시설의 결핍이나 오용 등을 들 수 있다.

(2) 또래집단의 교육적 의의

① 민주적인 태도와 정신을 배운다.
② 또래 간의 갈등을 통해 지배, 복종, 욕구좌절 등의 인간관계를 학습한다.
③ 지도성을 학습하게 된다.

④ 인간의 사회화 과정이 촉진된다.

⑤ 아동 상호 간의 인정을 통해서 자신감, 자아관념의 형성에 이바지한다.

⑥ 개인의 역할을 발견하고 배운다.

⑦ 문화적 동일성을 형성하고 소속감을 가질 수 있다.

3) 학교

사회화 기관으로서의 학교는 가정이나 또래집단에 비하여 계획적·합리적·의도적인 특징을 보인다. 학생들은 학교를 통하여 일반적인 태도, 가치관, 신념, 기능 등을 습득할 뿐만 아니라 동료들과의 비공식적인 상호작용을 통하거나 교사나 상급생들과의 관계를 통하여 사회적 역할을 배우며 사회화되어 간다. 즉 학교의 전통, 학교풍토, 학교문화, 학교교육의 운영방침에 따라 학생들의 사회화는 많은 영향을 받게 된다. 학교의 사회적 기능은 다음과 같다.

첫째, 인류의 문화유산을 학습하고 계승·발전시키려는 태도와 능력을 길러 준다.

둘째, 학교사회의 집단생활에 필요한 규범이나 행동양식을 가르치는 기능을 한다.

셋째, 장래 직업 세계에서 요구되는 가치관과 기본적인 기능을 습득하게 하는 직업적 사회화의 기능을 가진다.

넷째, 교사는 학생들의 사회화 모델이다. 교사는 다양한 방법을 통하여 학생들의 행동을 수정하게 되는데 가정이나 또래집단, TV 등에서 배운 바람직하지 못한 행동을 수정하여 바람직한 행동으로 인도하는 역할을 담당할 수 있다. 교사가 꼭 긍정적인 사회적 모델 역할을 담당하는 것은 아니다. 교육의 장에서 교사의 태도나 가치관, 언어습관 등을 통해 그릇된 가치관과 행동양식을 학습하는 부정적 기능 또한 존재한다.

4) 대중매체

현대사회의 과학기술의 발달로 인간의 생활양식은 급속한 변화를 맞게 되었다. 인터넷, 컴퓨터, 이동통신매체, TV, 영화, 신문 등의 매스 커뮤니케이션(mass communication) 매체들은 아동의 인격을 형성하는 데 강력한 영향을 미치고 있다. 이들은 교육적으로 유익한 점과 유해한 점을 동시에 가지고 있다. 대중매체들은 직접적인 인간관계에서 경험할 수 없는 여러 가지의 경험을 제공하거나 교양의 폭넓은 전달, 인격 형성에 정의적 측면의 긍정적인 교육기능을 지니고 있다. 그러나 지나치게 오랜 기간 매체에 노출되거나 상업적이고 저속한 매체에 노출될 경우 아동의 발달에 부정적 영향을 미칠 수도 있다.

제2절 교육사회학의 기초

1. 교육의 사회적 기능

1) 문화의 계승과 창조의 기능

교육은 문화의 계승과 창조의 기능을 담당한다. 문화의 계승 기능은 사회화의 기능, 사회적응 기능, 사회유지 기능을 모두 포괄하는 개념이다. 개인적 차원에서 볼 때 아동은 사회 구성원으로서 인정을 받기 위해 그 사회에 적응하여야 하고, 그 사회에 적응하기 위해서는 그 사회가 공인하는 언어, 사고, 감정, 태도, 지식, 가치관, 행동양식을 학습하여 내면화해야 한다. 이러한 학습은 대부분 학교교육을 통해서 이루어진다. 사회적 차원에서 볼 때 사회의 존속을 위해서는 한 사회에서 문화적으로 전승되어 온 지식, 기술, 규범, 태도, 언어, 가치관 등의 여러 가지 생활방식과 행동양식을 사회 구성원들이 계승하도록 해야 한다. 만약에 그렇지 못할 때는 그 사회의 안정이나 질서는 유지되기가 힘들기 때문이다.

결과적으로 사회 구성원은 개인이나 사회를 위해서 사회가 요구하는 여러 가지 생활방식과 행동양식을 내면화하게 되는데, 이는 한 사회의 문화가 개인의 사회화를 통하여 다음 세대로 전달되는 결과가 된다. 학교교육은 바로 이러한 중요한 기능을 맡게 되는데 그 비중이 가정교육이나 사회교육보다 크며 학교교육 중에서도 유아교육, 초등교육, 중등교육의 순으로 더 큰 비중을 차지한다.

2) 사회화의 기능

사회화란 한 개인이 자연적 존재에서 사회적 존재로 되어 가는 과정을 의미한다. 사회는 교육을 통하여 사회집단의 행동양식이나 가치관, 규범 등을 내면화함으로써 개인을 사회화한다. 이는 하나의 사회가 사회로서의 통일성을 가지고 존속·발전하여 나가기 위해서 그 사회를 구성하는 사람들 사이에 일정한 공통된 가치관이나 행동양식을 학습시켜야 하기 때문이다.

3) 사회통합과 통제의 기능

사회통합의 기능이란 사회의 여러 가지 이질적 요소들이 각기 독자성과 고유의 기능을 유지하면서도 전체적으로 조화를 이룰 수 있도록 하는 기능을 뜻한다. 이 기능은 문화계승 기능의 이차적 기능이라고도 하는데, 두 기능이 모두 사회화를 통하여 공인된 태도, 규범, 가치관 등의 생활방식과 행동양식을 육성하여 사회적 존재로 형성한다는 점에서 차이가 없다.

그러나 사회통합 기능은 문화전승 기능보다 강제성을 가지는 사회적 통제 내지 사회적 제재의 기능을 수반한다. 전문적이고 분화되어 있는 이질적 구성요소들을 조정하고 이들 요소들을 중심으로 부분문화 간의 대립과 갈등을 해소하고 조화시키기 위해서는 경우에 따라 강제성을 띤 통제와 제재가 필요하다는 것이다. 학교교육을 통한 통합적 기능은 학교사회 내에서 학생들의 바람직하고 공인된 행동은 권장되지만 비정상적인 행동에 대해서는 제재를 가하게 된다.

4) 사회 구성원의 선택과 분류의 기능

사회는 존속을 위해 수많은 기능을 수행하는데 그 기능에 따라 지위와 역할이 달라지며 거기에 맞는 지식과 기술, 자질을 요구한다. 학교교육은 이러한 여러 가지 다른 요구에 맞게 학생의 능력, 적성, 흥미 등을 기초로 하여 인력을 선발하고 교육시켜 배치하는 기능을 담당한다. 학교는 서로 다른 사회적 지위에 개인을 적절하게 분배한다. 학교가 학생의 능력이나 소질 및 취미 등을 기초로 하여 학생을 선발하고 일정한 기간의 교육을 실시하여 특수한 사회적 지위를 갖게 하는 것을 학교의 선택 및 분류기능이라고 한다.

5) 사회변화와 개혁의 기능

학교의 기본적인 기능은 문화유산의 계승이지만 문화유산의 계승은 사회화를 통하여 현상을 유지하려는 보수적·보존적 기능이다. 학교가 너무 사회화에만 치우칠 경우 사회는 현존하는 현상과 생활양식을 사회의 구성원들에게 따르도록 요구하는 것이기 때문에 보수적이고 침체된 사회분위기를 조성할 우려가 있다. 사회는 적당한 혁신과 변화가 있어야 발전할 수 있는 것이다. 학교는 현존하는 사회규범이나 가치관을 변화시키고 새로운 지식을 발명하여 사회의 변화를 촉진시키는데, 이러한 기능을 변화 및 개혁을 위한 기능이라고 한다.

6) 사회이동 촉진기능

현대사회는 귀속적 지위보다 업적과 능력에 의해 성취된 지위를 더욱 중요하게 생각하기에 개인의 학업성취, 전문적 지식 및 기술의 소유 여부는 사회적 지위 획득에 중요한 요인이 된다. 학교교육을 통하여 전문적 지식이나 기술의 전수가 이루어지고 사회적 지위 향상을 위한 조건을 충족시켜 줌으로써 사회이동을 가능하게 해 준다.

사회이동에는 상하 계층으로 이동하는 수직적 이동과 직종이나 지역적으로 이동하는 수평적 이동이 있다. 학력을 중시하는 사회적 풍토에서 학교교육은 계층 간 이동을 가능하게 하는 통로의 역할을 담당해야 한다. 그러나 현대 한국교육에서 교육이 과연 계층 간 이동을 가능하게 하는지에 대한 깊이 있는 사고가 필요하다.

2. 교육사회학의 기초이론

교육사회학을 대표하는 이론으로 기능주의와 갈등주의 이론을 들 수 있다. 기능주의는 공유된 가치, 즉 합의에 기초한 사회적 통합의 개념으로 사회를 설명하고자 하는 이론으로 구조, 기능, 합의, 안정, 통합의 논리로 설명된다. 이들은 교육과 사회발전을 낙관하는 교육의 순기능을 강조하는 기능주의 패러다임을 수립하였다.

기능주의 교육사회학을 비판하며 대두된 또 하나의 주류이론인 갈등주의는 교육사회학 연구에서 학교교육의 순기능에 대해 비판적으로 접근한다. 갈등주의 패러다임은 기능주의의 기본전제인 사회의 안정성, 상호의존성, 통합성을 부인하고 사회의 속성을 변화, 불일치, 투쟁, 갈등으로 설명한다. 이러한 접근들은 교육사회학을 거시적인 안목으로 파악하는 대표적인 이론으로 볼 수 있다.

반면 교육사회학의 미시적 접근을 대표하는 이론으로 해석학적 입장의 신교육사회학과 대안적 교육사회학으로 상대적 자율성 이론, 포스트모더니즘의 교육론, 학습사회론 등이 존재한다. 본 절은 교육사회학의 기초이론을 설명하는 것으로 거시적 접근을 대표하는 기능주의와 갈등주의 교육사회학 이론을 중점적으로 살펴볼 것이다.

1) 기능주의 교육이론

(1) 기능주의 사회학

기능주의 사회학은 사회를 하나의 전체로 파악하고 그 전체는 여러 부분요소로 구성되어 있으며, 각 부분요소들은 전체의 생존에 기여한다는 뜻에서 그 기능을 수행하는 것으로 설명하고 있다. 즉 사회를 생물유기체와 같은 체계로 보는 관점이다. 생물과 같이 사회를 구성하는 부분요소는 상호의존 관계를 가지고 서로 다르게 기능함으로써 사회 전체가 유지 존속된다는 것이다. 기능주의의 사회 속성을 정리하면 다음과 같다.

첫째, 모든 사회는 비교적 영속적이고 안정성 있는 구조적 요인들이 있다.
둘째, 구조적 요인들은 기능적으로 통합되어 있다.
셋째, 구조적 요인들의 기능은 사회를 유지하는 데 공헌한다.
넷째, 사회구조는 사회 구성원 사이의 가치에 대한 합의에 기초한다.

이러한 속성을 지니는 사회는 하나의 체계로 존재하며 사회의 체계는 기능적 요건과 상호성의 속성을 지닌다. 사회적 체계의 성격은 다음과 같다.

첫째, 사회체계는 질서라는 속성, 그리고 각 체계 간의 상호의존성이라는 속성을 갖는다.

둘째, 사회체계는 자기유지를 위한 질서 또는 균형을 지향한다.

셋째, 사회체계는 정태적일 수도 있고 아니면 질서유지를 위한 변동을 지향할 수도 있다.

넷째, 사회체계의 한 부분의 특성은 다른 부분들이 취할 수 있는 형태의 형성에 영향을 준다.

다섯째, 사회체계는 그 환경과의 경계를 유지한다.

여섯째, 분배와 통합은 사회체계의 균형 상태 유지에 필요한 두 가지 기본적인 과정이다.

일곱째, 사회체계는 자기유지의 경향을 갖는다. 경계의 유지, 부분이 전체에 대해 갖는 관계의 유지, 환경변화에 대한 통제, 체계를 그 내부로부터 변화시키려는 경향의 통제 등이 자기유지 경향을 의미한다.

(2) 기능주의 교육론

기능주의 사회학에 근거한 기능주의 교육론에 따르면 학교는 사회체제의 일부로써 존재한다. 학교는 도덕사회화라는 명분과 함께 산업사회가 요구하는 인력분배의 기능을 담당한다. 또한 학교는 학습자들에게 사회체계의 균형 상태를 유지시켜 줄 수 있는 사회적 가치를 내면화시킨다. 그리고 사회적 선발을 통해 역할관계를 분배함으로써 일탈행동을 축소시켜 여타 다른 사회제도와 구조–기능적 관계를 유지한다. 이러한 기능주의 교육론이 존재할 수 있는 기본적 가정은 다음과 같다.

첫째, 기능주의 교육론은 능력주의를 지지한다. 능력주의는 개인의 능력에 따라 사회적 희소가치가 분배되는 사회를 말한다. 뛰어난 능력과 자질을 갖춘 사람은 많은 사회적 희소가치를 분배받는 것이 정당하다. 따라서 기능주의 교육론은 능력주의 가설을 실현하는 수단으로 교육의 기능을 중요시한다.

둘째, 기능주의 교육론은 전문가 지배사회를 정당화한다. 전문가 지배사회란 근대화에 따라 필수적으로 발생하는 분업화와 전문화에 따라 생겨난 전문가에 의해 지배되는 사회를 말한다. 학교교육은 교육과정을 통하여 학교 성적, 자격증, 졸업장을 개인에게 수여하고 개인이 취득한 학교교육의 결과물들은 능력평가의 기준이 된다. 결국 직업과 사회적 신분이 학교교육에 의해 분배되는 객관적 자료의 활용으로 결정된다는 측면에서 교육은 현대사회를 지배하는 전문가를 양성, 공급하는 기능을 수행한다.

셋째, 기능주의 교육론은 민주사회 패러다임을 상정한다. 기능주의 교육론은 '시민정신이 투철한 사회 구성원 양성'이라는 민주적 제도를 뒷받침할 민주의식을 교육을 통해 전수한다.

기능주의 교육론에 따르면 학교는 합의된 가치와 규범을 후속 세대에게 사회화하는 기능을 담당하는 사회적 제도로 사회의 질서유지와 통합에 기여하고, 고도로 전문화된 사회의 인재를 선발, 분류하여 능력주의 사회와 전문가 지배 사회를 발전시키는 기능을 담당한다. 기능주의 교육관의 주요 입장은 〈표 4-1〉과 같다.

표 4-1 기능주의 교육관의 주요 입장

구분	내용
교육목적	• 시민성 계발 • 시민정신이 투철한 사회 구성원 양성
학생선발	• 재능 있는 사람을 분류 선발하는 합리적 방법 • 능력별 분류에 따른 교육적 성취는 성인사회 직업적 분화에 기여함
교육내용	• 교육내용 구성의 과학성, 객관성, 조직성 강조 • 교육내용, 교육평가, 교육목표의 보편성 강조 • 학습내용의 성취 정도에 대한 객관적 측정을 강조

교육결과	• 학업 성취 정도에 따른 직업, 신분의 배분(능력주의) • 학교 졸업장 = 노동시장의 신용장
학교체제	• 중앙집권적 교육체제는 의무교육의 연장과 교육 기회 확대에 기여 • 현행 학교는 민주사회의 가치에 부합 • 학교의 관료주의적 체제는 합리적인 권위관계에 대한 학습에 유리함 • 교사의 평가, 승진, 선발의 보편적 기준

출처: 송병순 외(2002: 72).

(3) 기능주의 교육론의 비판점

첫째, 사회에 존재하는 개인과 개인, 개인과 집단, 집단과 집단 사이의 갈등과 대립을 간과하고 사회를 지나치게 안정된 측면으로 인식해 변화와 개혁을 저해하고 학교교육을 규격화하였다.

둘째, 교육의 장이 사회적 생존을 위한 경쟁의 이데올로기가 존재하는 장임을 고려하지 못한다.

셋째, 교육적 선발이 특정 계급의 이익을 반영하는 측면을 숨기고 객관적 능력에 의한 것으로 왜곡하고 있다.

넷째, 교육을 사회경제적 구조의 종속변수로 인식하여 교육의 본래적 의미를 제한하였다.

2) 갈등주의 교육이론

(1) 갈등주의 사회학

갈등주의 사회학은 마르크스(Marx)와 베버(Weber)의 사상을 기초로 보울스(Bowles)와 진티스(Gintis), 콜린스(Collins), 라이머(Reimer), 일리치(Illich) 등을 중심으로 전개된 사상이다. 이들은 사회를 기능적·통합적·안정적으로 파악하는 기능주의 사회학의 입장과는 달리 사회의 속성을 의견의 불일치, 갈등, 강압 등으로 파악하였고 사회변화의 주된 동력을 권력투쟁으로 이해하였다. 학교는 미리 정해진 사회적 역할과 질서에 따라 희소가치를 지배집단에 유리하게 배분하므로 사회적 불평등을 재생산하는 사회적 기제이다. 따라서 사회발전과 교육의 낙관적 관계를 비판적으로 접근하는 입장이 갈등주의 사회학이다. 갈등주의 사회학의 기본적 입장을 살펴보면 다음과 같다.

첫째, 희소가치가 있는 자원의 분배가 불평등한 사회일수록 지배집단과 피지배집단 간의 이해관계를 둘러싼 갈등은 심화된다.

둘째, 사회제도와 집단은 서로 다른 목적으로 기능하기에 갈등은 불가피하다.

셋째, 사회란 근본적으로 각 집단의 이익을 쟁취하기 위한 갈등의 장이기에 권력투쟁 과정에서 변화가 이루어진다.

넷째, 갈등과 변화의 과정에서 권력집단이 생겨나고 권력집단은 현상유지를 위한 선전, 교화 및 다른 힘을 동원하여 강압적으로 힘이 약한 집단을 지배한다.

(2) 갈등주의 교육이론

갈등주의 사회학의 영향을 받은 갈등주의 교육론은 학교교육이 인간의 잠재적 능력을 파괴하고 불공정·불평등한 경쟁을 심화시키는 이데올로기적 기능을 담당함을 주장한다. 갈등주의 교육이론의 특징을 살펴보면 다음과 같다.

첫째, 교육은 사회질서를 유지하는 조건을 재생산하기 위한 이데올로기적 기능을 수행한다.

둘째, 교육은 표면적으로는 민주적으로 보이지만 실상은 지배계급의 문화를 기준으로 사회적 선별기능을 담당한다.

셋째, 학교는 자본가와 사회 지배계급의 이익에 봉사하고 계급적 불평등을 강화하고 영속화하는 기능을 담당한다.

넷째, 교육을 통하여 불평등한 생산관계의 책임을 개인에게 돌리는 교화를 실시한다. 즉 학교를 통해 민주주의, 개인 권리, 성취동기 등의 자본주의 사회의 영속화를 위한 내용을 교화시켜 인생의 성패를 좌우하는 능력의 문제를 개인의 문제로 인식시켜 불평등한 사회문제에 대한 책임을 회피한다.

다섯째, 학교는 지배이데올로기를 은폐하고 재생산하는 기능을 담당하고 상류사회의 가치에 대한 자발적 동의를 이끌어 내 계급적 불평등을 정당화하고 있다.

이러한 갈등주의 교육론을 정리하여 제시하면 〈표 4-2〉와 같다.

표 4-2 갈등주의 교육론

구 분	내 용
교육목표	• 인간성 회복 • 평등한 사회
학생선발	• 기능주의의 능력주의는 이론적 허구임 • 인간 능력을 객관적으로 측정할 수 있는 과학적 도구의 미비 • 현행 학생 선발 도구의 내용은 문화적 계층 간 이익이 내재됨
학교체제	• 학교체제의 관료화는 민주적 교육목표 실현에 위배됨 • 학교조직의 관료화는 인종, 계급, 성별에 근거한 불평등을 영속화함 • 중앙집권적, 획일적 학교체제의 운영은 인간을 수동적 존재로 만듦
교육내용	• 학교에서 제공되는 교육내용은 특정 계층의 문화내용으로 구성 • 학교 지식은 학습자, 교사, 학부모, 정책 당국자 사이의 갈등을 유발함 • 사회적 지식을 주입시키는 주지주의 교육은 평등의 실현을 방해함
잠재적 교육과정	• 관료주의적 위계－학습자를 수동적 존재로 취급 • 상벌체계에 의한 통제－복종심 형성 • 권위주의적 억압－유순한 성격 형성 • 경쟁구조－창의성 사고력 말살
교육결과	• 사회계층에 따라 교육의 성취가 다르게 나타남으로써 불평등 재생산 • 자본주의의 생산양식에 필요한 기술적 · 지적 기능 재생산 • 경제적 불평등을 정당화

출처: 송병순(2002: 102).

(3) 갈등주의 교육관의 비판점

첫째, 갈등주의 교육관은 기능주의 교육관을 비판하는 수준을 넘어선 대안을 제시하지 못한다. 즉 문제 제기 수준에서는 훌륭한 내용이지만 구체적인 기능주의 교육관의 문제점을 해결할 대안을 제시하지 못한다.

둘째, 갈등주의 교육관은 사회현상에 대한 지나치게 부정적 입장으로 사회의 순기능에 대한 인식에 문제점을 보인다.

셋째, 갈등주의 교육관이 지적한 계층 간 교육 불평등의 구체적인 요인을 과학적으로 제시하지 못한다.

제3절 우리나라 사회의 계층 구조와 교육 불평등

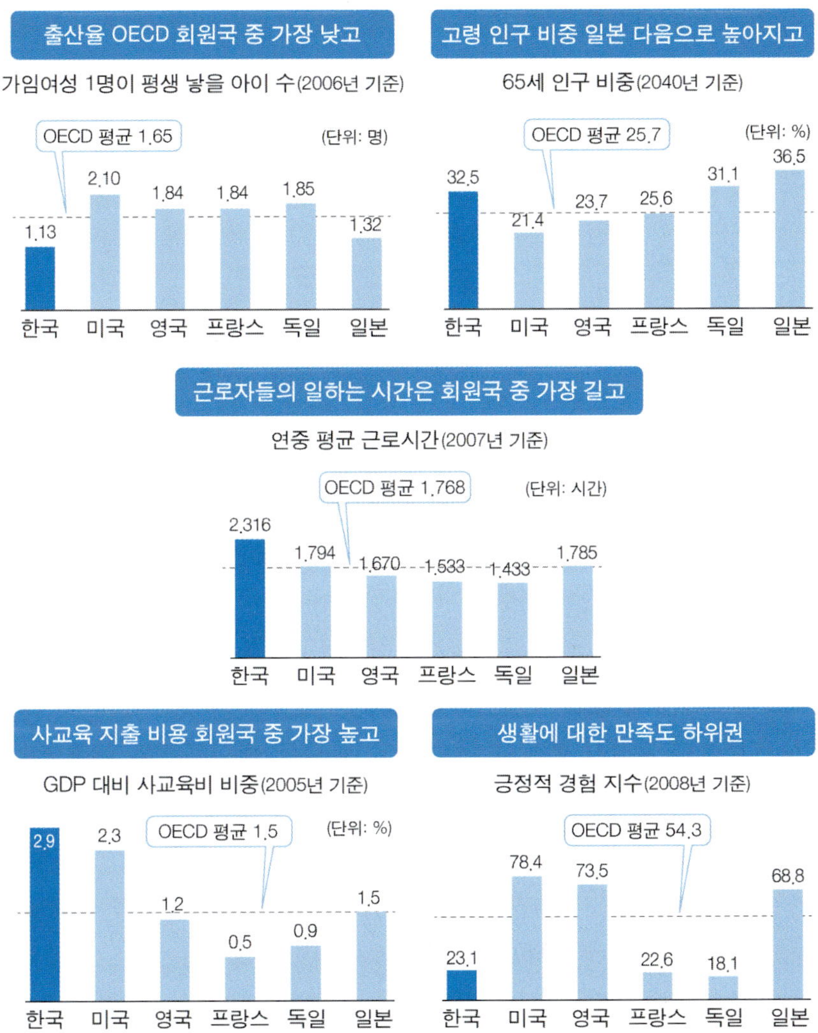

그림 4-2 우리나라 사회구조의 특징

이미지 출처 – http://newslink.media.daum.net/news/20090407025304304

우리나라 사회는 [그림 4-2]에서 나타나듯 '세계 최저의 출산율', '세계 최고의 노령인구비율', '긴 근로시간', '세계 최고 수준의 사교육비 지출', '세계 최저 수준의 생활 만족도' 등을 특징으로 하는 기형적 사회이다. 이러한 사회현상이 대두된 원인은 무엇인가?

교육사회학의 입장에서 볼 때 우리나라 사회의 병리 현상들은 계층구조의 불안정과 이에 따른 교육 불평등을 한 요인으로 꼽는다. 본 장에서는 사회계층의 개념을 살펴보고 우리나라의 학력사회론과 그 결과 초래된 교육 불평등의 문제를 살펴보고자 한다.

1. 사회계층의 개념

1) 계층과 계급

(1) 계층

사람은 누구나 일정한 사회적 지위를 가지고 있으며 생활에 필요한 수입을 얻기 위하여 일을 하는 직업을 갖게 된다. 뿐만 아니라 각 사람이 가지고 있는 능력이나 기술도 모두 다르다. 서로 다른 사회적 지위나 능력 및 기술 때문에 주어지는 보수도 다르고, 사회적으로 내려지는 사회 구성원에 대한 평가도 다르며, 위신과 특권도 다르다. 이러한 특징들은 하나의 위계를 이루고 있다. 다양한 사회적 요소, 즉 직업 · 정치적 위치 · 가족적 배경 · 인종 · 개인의 능력 및 기술에 의하여 사회적 특권 · 위신 · 이익 등의 위계가 존재하고 이는 사회적으로 불평등하게 분배되어 있다. 불평등하게 분배된 집단 중 서로 비슷한 위치에 있는 사람들의 모임을 사회계층이라고 한다. 사회계층은 특히 재산, 교육, 직업, 사회적 지위 등이 유사하여 비슷한 생활습관 · 태도 · 행동 · 가치관을 가지고 있는 사람들의 집단을 말한다.

사회계층이 하층에서 상층으로 또는 상층에서 하층으로 이동 가능한 개방적 구조이다. 다시 말하면 사회계층은 이동이 가능해야 계층으로 인정받을 수 있다. 사회의 구조적 이유로 개인의 노력이나 능력에 의해서도 사회계층 이동이 제한받는다면 이는 사회계층이라 간주될 수 없다.

(2) 계급

인도의 카스트(Caste)제도나 조선시대 계급구조와 같은 출생과 함께 결정되는 폐쇄적이고 세습적인 신분제도를 계급이라 지칭한다. 계급은 생득적인 것으로 한 번 정해진 계급을 벗어나는 일은 결코 쉽지 않다. 따라서 개인의 노력이나 능력 등의 요인으로 변화될 수 없는 것이 계급이다.

2) 사회계층의 결정요인

현대사회에서 사회계층을 결정짓는 요인으로 재산과 수입, 직업, 교육, 자기 자신의 계층의식 등을 들 수 있다. 재산과 수입은 사람의 생활방식과 깊은 관계를 가지고 있다. 물질적인 것이 정신적인 것을 전적으로 변화시키지는 않는다 할지라도 경제적 지위의 향상에 따라서 가치관과 같은 정신적 영역도 변화되는 것을 많이 볼 수 있다. 사회계층의 결정요인을 살펴보면 다음과 같다.

첫째, 재산과 수입은 사회계층의 중요한 결정요인이다. 재산과 수입의 분량뿐만 아니라 그 원천의 종류, 안정성 등도 사회계층과 관련이 있다. 그 원천이 떳떳할수록, 수입이 안정적일수록 높은 사회계층의 위치를 차지할 수 있다. 즉 재산과 수입의 질적인 면이 중요하다는 것을 말하는 것이다. 술집 주인은 돈을 많이 벌지만 그 사회적 지위는 중등학교 교사보다 낮으며, 성직자는 수입이 수십 배나 많은 사채업자보다 더 존경받을 수 있다.

둘째, 직업은 사회계층의 중요한 결정요인이다. 직업은 현대사회의 생활에서 수입이나 생활수준 등과 밀접한 관계를 가지고 있다. 우리는 그 사람의 직업을 알면 그 사람의 교육 정도, 생활수준 등을 짐작할 수 있다. 뿐만 아니라 취미, 독서, 도덕기준 등도 추측할 수 있게 된다. 직업은 그 사람의 생활방식을 알기 위한 좋은 요인이기도 하다. 직업과 관련된 요인으로서는 직업의 종류뿐만 아니라 직업에 따른 수입 정도, 그 직업을 갖기 위한 필수적 훈련이나 교육 정도, 직업의 사회적 중요성, 권위 정도, 직업상의 조건 등 여러 가지가 관련되어 있다. 교육이나 훈련기간이 어렵고 길수록, 사회적 중요성이 클수록, 그리고 권위가 있을수록, 작업조건이 좋을수록, 그 직업은 높이 평가된다.

셋째, 교육은 사회계층의 중요한 결정요인이다. 이것은 개인이 얼마나 많은 학교교육을 받느냐 하는 것이 그 사람의 일생동안의 사회적 지위와 직접적으로 관련되어 있다는 것을 말해 준다. 특히 오늘날과 같이 전문화되어 있는 지식과 기술이 사회적으로 요청되고, 그러한 지식과 기술이 오랫동안 학교교육에서 습득되는 경우에는 학교교육의 중요성은 더해진다. 일반적으로 학위의 종류, 전공 분야, 학교의 수준과 명성, 학업성적 등은 개인의 사회계층을 결정짓는 중요한 요인이 된다.

3) 교육과 계층이동

교육과 사회계층 이동의 관계에서 우리가 고찰하려고 하는 것은 교육, 특히 현대사회의 학교가 사회계층의 이동에 얼마나 공헌할 수 있는가 하는 문제이다. 흔히 농촌의 부모들이 대학이 상승적인 사회이동의 첩경이며, 대학에만 가면 입신출세가 가능한 것으로 생각하고 가산을 팔아 가면서까지 자녀들을 대학에 보내는 것을 본다. 과연 학교교육은 사회이동을 가능하게 하는 것인가? 학교와 사회이동의 관계에 대한 명백한 이해는 자녀교육을 위하여 경제적으로 무리하게 투자하는 것에 대해서 냉정히 반성해 보는 기회를 줄 것이다.

학교가 사회계층 이동에 얼마나 공헌하는가를 경험적으로 측정하는 데는 많은 곤란이 있다. 사회계층의 이동에는 지능, 학교, 부모의 사회경제적 지위, 성취동기, 결혼 등 여러 가지 요소가 작용하고 있으며 이들 요소는 상관관계가 높다. 따라서 어떤 청년이 상류사회로 이동했을 때 그의 입신출세가 어느 정도까지 부모의 덕택인지 또는 높은 성취동기 때문인지, 아니면 결혼에 힘입은 것인지를 현실적으로 분석하기는 매우 어렵다. 왜냐하면 지능이 높으면 좋은 학교를 가고, 좋은 학교에 가기 위해서는 부모의 사회·경제적 영향이 많이 작용하는 상호적 구조이기에 계층이동의 요인을 하나로 단정지을 수는 없다.

2. 우리나라 학력사회론과 계층 간의 교육 불평등

1) 우리나라 사회계층 구조

(1) 전통적 사회계층 구조

농업중심의 전통적인 한국사회는 해방 이후 특히 1960년대에 들어와 자본제적 생산양식을 수용하고 산업화를 추진하였다. 자본주의적 산업화는 직업분화와 경제활동의 중심을 비농업분야로 하며, 대다수의 사회 구성원들을 자본가, 경영자, 노동자라는 근대적인 계층, 계급으로 변화를 가져온다. 또한 합리성과 효율성을 증진시키기 위하여 사회 전반에 관료제화가 확대하여 새로운 중간층과 도시자영업자들을 양산한다. 한국사회도 지난 30여 년 동안 산업사회에 독특한 사회적 불평등 현상인 계층, 계급의 구조화가 진행되어 왔다. 한국사회의 계층, 계급구조를 인구센서스 결과를 중심으로 살펴보면 한국사회에 자본주의적 계급분화가 얼마나 빨리 진행되었는가를 알 수 있다. 전체적인 양적 구성의 변화는 농어민층의 급격한 감소와 이들의 노동계급, 비영농자영층, 신중간층으로의 변화가 골격을 이룬다.

농어민층의 급격한 감소와 노동자계급의 급격한 증가는 한편에서 한국사회의 급격한 산업화 과정 속에 필요한 노동력의 대량창출에서 기인한다. 자본가계급도 일정한 성장을 보이는데, 일제시대 자본을 형성하지 못했던 자본가계급은 해방 후 일제하의 귀속재산 불하처리 과정에서 자본가계급으로 형성되고 이후 산업화 과정에서 자본을 축적하여 핵심 지배계층이 된다. 한편 해방 이후 한국사회의 시급한 과제였던 반봉건제의 해체는 농지개혁을 통해 이루어진다. 농지개혁은 1949년에 시작되어 지지부진하다 1957년에 일단락되었는데, 농지개혁이 농민들의 의사가 반영되지 못하고 그 내용이 유상분배 원칙으로 이루어져 대다수 농민들이 소규모의 토지를 소유한 자작겸 소작의 영세농이 주류를 이루게 되었다.

(2) 1950년대의 사회계층 구조

1950년대에 이루어진 일제하 귀속재산과 농지개혁 등의 반봉건제의 해소와 한국 자본주의의 재편성을 통해 한국사회는 근대적 계층, 계급구조가 정착되어간다. 귀속재산으로 형성된 산업자본 형태의 자본가계급은 국가자본과 미국 원조로 이루어진 대부자본 형태의 국가자본이 사적 자본으로의 전환을 통해 사적 독점자본으로 되어가면서 독점자본가계급을 형성한다. 한편 1950년대 말에는 노동인구가 10%선에 육박할 정도로 일정한 양적 성장이 이루어진다. 그러나 1950년대 경제구조의 취약성은 농촌과 도시에 방대한 산업예비군을 누적시켰다. 국가주도의 축적과정에서 독점자본은 비약적으로 성장하여 1970년대 초를 거치면서 국민경제에 대해 배타적인 지배력을 행사하는 재벌의 틀을 갖추게 된다. 반면 빈곤과 잠재적 실업상태에 있던 대다수의 농민층은 한국사회의 공업화 과정에서 지속적으로 도시로 이주하여 노동자계급으로 되거나 또는 구중간계급인 비영농자영층, 도시빈민으로 전환되었다.

(3) 1970년대 사회계층 구조

1970년대에 들어서 산업노동자는 급속한 성장을 이루어 노동인구의 24.1%를 차지한 반면, 농어민층은 1960년대의 노동인구의 2/3에서 1970년대에 1/2로 저하한다. 이 과정에서 도시와 농촌의 산업예비군들도 비율에 있어서는 일정한 저하를 보이며, 신·구 중간계층은 지속적인 성장을 한다. 1970년대에 고도축적을 통하여 노동자계급은 1985년에는 노동인구 45%를 점하게 되어 전체 노동인구의 가장 큰 범주가 되며, 농어민층은 1/4 수준으로 축소된다. 화이트칼라층의 확대에 따른 신중간계층도 지속적인 성장을 하여 8% 수준을 상회하고, 도시의 소부르주아적 및 반프롤레타리아적 자영업자도 꾸준히 증가하여 21.6%를 차지하는데 특히 소부르주아적 부분이 빠른 성장을 보인다. 현재의 계급구조의 기본 형태는 1970년대 후반에 갖춰졌다.

(4) 1980년대 이후의 사회계층 구조

1980년대 말까지 비약적으로 성장한 독점자본은 지배력을 더욱 심화시켜 한국사회의 핵심지배계층을 이루었으며, 노동자계급은 인구의 절반에 달하여 크게 성장한 민중운동의 중심적 위치를 차지하고 있다. 1990년대 말 이후 한국사회는 정보기술의 발전과 경제위기의 영향으로 새로운 지식산업이 창출되는 반면 기존의 직업은 퇴조하였다. 이에 따라 기존에 중간계층으로 분류되었던 사람들 중에서 테크노크라시로의 이동현상이 나타나고 있으며, 비임금근로자인 신중간계층의 증대 현상과 임시직과 일용직으로의 사회이동이 이루어지고 있다.

지난 30여 년간 정부주도의 근대화정책은 경제성장을 이룩하고 자본주의적인 근대적 계층·계급구조를 정착시켰다. 그러나 정부의 인위적인 산업화 추진과 계급구조 형성은 소수 지배계층과 대다수 피지배층 간의 계급 간 갈등을 심화시키고 국민들 간의 위화감을 조성시키기도 하였다. 앞으로의 자본주의적 산업화의 심화에 따른 노동자계급의 성장은 사회계급 간 갈등의 심화를 가져올 가능성이 크기 때문에 이것을 해결할 수 있는 갈등의 제도화 장치뿐 아니라 산업화 과정에서 소외되었던 노동계급을 비롯한 피지배계층에 대한 균형적인 사회 정책적 대책 마련이 시급하다(http://100.naver.com).

2) 한국의 학력사회론과 계층

우리나라의 교육이 계층 간의 불평등을 완화시키고 새로운 계층 형성에 긍정적으로 기여한다고 보기에는 어려움이 있다. 오히려 교육을 통한 계층의 고착화를 유도하고 교육이 사회 불평등을 심화시키는 역할을 담당하는 측면이 있다. 이러한 사회적 현상의 근저에는 학력사회론이라 불리는 뿌리 깊은 사회적 현상과 관련이 있다. 김부태(1995)는 다음과 같이 한국의 학력사회론을 정리한다.

첫째, 한국사회의 학력사회화 현상은 부분적이거나 우연적인 혹은 일시적인 것이 아니라, 사회구조적 연관성과 역사성을 갖는 것이다. 한국사회의 학력사회화 현상은 사회의 정치·경제·사회·문화적 조건과 결부된 총체적 현상이며, 구체적으로는 이들 조건에 상응하는 학력에 대한 사회적 인식을 통해 표출되는 것이다.

둘째, 한국사회의 학력사회화는 시대적 전환기였던 구한말의 소위 '근대화' 과정에 그 기원을 두고 있다. 학력사회화의 시작을 알리는 구체적 표현으로서의 학력제도 성립은 외부 조건의 강제성과 함께 민족사회의 내재적 발전 요구가 작용한 구조적 산물이었다.

셋째, 해방 이후 한국사회의 역사적 발전과정을 학력사회화의 시각으로 조망할 때 그 과정은 학력을 사회 구성의 지표로 수용 혹은 비공식적으로 인정하는 과정이었으며, 이에 따른 교육 모순의 심화를 시사하는 것이었다. 이 과정은 국가와 내외 자본의 정치, 경제, 이데올로기적 요구가 강하게 작용하여 교육개념의 준거를 왜곡시키고, 교육의 문화사상적 토대를 허물어 버리는 교육 파손의 과정이었다.

넷째, 이러한 역사적 전개과정을 거친 한국사회는 학력사회로 규정될 수 있는 조건들이 내재하게 되었다. 이 학력사회성은 학력에 대한 접근 기회가 존재조건 변인에 따라 불평등하게 배분되고, 국가와 자본에 의해 주도되는 학력 산출 과정을 거쳐 구성된 학력이 차별적 보상의 핵심적 지표가 됨으로써, 사회 불평등의 재생산으로 이어질 수 있는 '체계적인 모순 구조'를 이루고 있다.

다섯째, 학력사회로서의 한국사회가 갖는 객관적 조건에 상응하는 교육 이데올로기는 업적주의, 국가주의, 학력제일주의 등을 핵심적 요소로 하는 구조를 이루고 있다. 이것은 교육의 원칙을 소외시키고 교육주체들을 탈정치화하는 등의 모순을 발생시키는 구조로 작용한다. 교육주체들은 '학력－학－학력－사회진출－국가발전'이라는 학력사회에 내재하는 전형적인 가치교육 도식의 유일성을 불가피하게 받아들이고 있다. 학력주의적 교육이데올로기는 비록 교육주체들이 극심한 모순들을 인지하고 개혁의 필요성을 언명으로 표출하고 있지만, 개인적 대응으로는 불가항력적인 따라서 자신들의 개인적 불리함을 당하지 않기 위해 현실적으로 '적응'을 선택하지 않을 수 없게 하는 '문화구조'로 작용하고 있다.

한국의 교육을 왜곡시킨 사회적 구조 이면에는 학력사회론이 내재해 있다. 소위 근대화 과정에서 왜곡되기 시작한 한국의 학력에 대한 인식은 모든 사람들이 모순이라 인정하고 잘못된 구조임을 알면서도 아무도 이의를 제기하지 않고 자신의 생존을 위해, 자신의 삶을 위해 현실적으로 받아들이는 사회적 현상이다. 모든 한국교육의 불평등 구조는 학력사회론에서 출발하며 학력사회론을 통하여 왜곡된 교육 현상이 그 명맥을 유지하고 있는 것이다.

사회의 객관적 조건과 교육 모순 양상들의 분석을 통해 드러난 학력주의 사회의 교육이데올로기 구조는 '탈사회적'이고 '탈정치적'이며 '탈교육적'이라 할 만하다. 이런 구조를 가진 사회는 학습자를 교육주체로 인식하는 것이 아니라 객체적 존재로 강제할 수밖에 없다. 그리고 교육의 책무성에 대한 사회적 책임 근거를 찾기 어렵게 된다. 이러한 구조의 학력사회에서는 학력 경쟁이 심화되고 그 경쟁에서 탈락되는 사람이 필연적으로 생기게 된다. 이때 경쟁의 탈락자는 상류계층의 사람들보다 하층민이나 상대적으로 낮은 계층의 사람이 될 확률이 높다. 학력사회 구조에서 한 번 탈락되면 다시 자신의 학력과 이에 수반되는 계층을 만회하기 어렵다. 따라서 자신의 계층을 유지하고 자신의 학력에 수반되는 이득을 지키기 위해 학력사회론은 지속적으로 강화되기 마련이다.

3) 한국의 교육과 계층 간 불평등

한국사회의 발전에 의해 사회적 수준과 경제적 발전을 이루었지만 학력사회론과 계층 간의 불평등 구조가 개선되는 단서를 찾기는 더욱 힘들다. 한국이 경제 발전을 이루던 1960년대와 1970년대 1980년대에는 소수이기는 하지만 교육을 통한 계층 상승을 이룬 사례를 찾을 수 있었다. 부모의 계층이 사회적 약자인 하류계층에 해당된다 하더라도 개인의 노력으로 좋은 사회적 지위를 획득해 자신의 계층을 상승시키는 소위 '자수성가'의 사례를 찾아 볼 수 있었다.

그러나 '교육이 계층 이동을 촉진할 수 있다는 기준'에 의거해 세계 상위권의 경제적 발전과 사회발전을 이룬 최근 교육상황과 경제개발을 이루던 20~30년 전의 상황을 비교하여 보면 오히려 퇴보하고 있음을 알 수 있다. 즉 경제개발의 시기에는 소수를 대상으로 하지만 교육이 계층 상승과 계층 이동의 통로가 될 수 있었지만, 최근의 교육상황은 교육이 계층 이동을 가로막는 하나의 신분적 벽으로 기능하고 있음을 알 수 있다. 이에 대한 실증적 자료를 살펴보자.

사례

- 자립형 사립고등학교인 민족사관고와 부산 해운대고 재학생 986명을 대상으로 조사한 2008년 통계를 분석한 결과 부모의 직업에 있어, 의료인 197명(20%), 법조인 20명(2%), 회사원 312명(31.6%), 사업 231명(23.4%), 교육자 212명(21.5%)으로 나타났다. 특이한 점은 부산과 강원도에 소재한 학교인데도, 농·수·임·광산업 종사자는 한 명도

없었다. 부모 학력은 아버지가 대학원 졸업 이상인 경우가 380명으로 38.5%, 어머니 190명(19.3%)이 대학원 졸업 이상의 고학력자였다.

- 2008년 서울지역 6개 외고, 전체 학생 6,711명을 분석한 결과 부모의 직업이 의료인 5.6%(377명), 법조인 3.7%(251명), 교육자 13%(873명), 사업 21%(1,408명) 등인 것으로 집계 조사되었고 기초생활수급자는 15명으로 0.2%에 불과했다(국회 안민석 의원 자료).

한 국회의원의 국정자료에 의하면 최근 교육에서 각광을 받고 있는 자립형 사립고등학교에 진학하는 학생의 부모 직업군을 분석한 결과 소위 사회 지도층의 자제들로 편중되어 있음을 알 수 있다. 중요한 것은 사회 상류층의 계층 비율인데 우리나라 사회에서 전체 계층 대비 상류층의 비율과 자제들의 특목고 진학 비율은 일치하지 않는다. 이는 부모의 경제적·사회적 지위가 자식의 학업성취와 좋은 학교 진학에 정적인 상관관계를 보인다는 것을 의미한다.

부모 직업에 따른 자녀의 대학 진학 유형

(단위: %)

	미진학	전문대	지방 4년제	서울 4년제
공무원·고위임원·전문직	9.4	13.2	44.3	33.1
준전문가·사무직	18.7	27.1	36.1	18.1
서비스·판매근로자	30.0	29.7	29.8	10.5
농·어업 숙련기술자	34.9	35.8	22.0	7.3
단순노동자	42.0	32.0	17.3	8.7

자료: 한국교육개발원

계층 간 사교육비 지출 추이

(단위: 원)

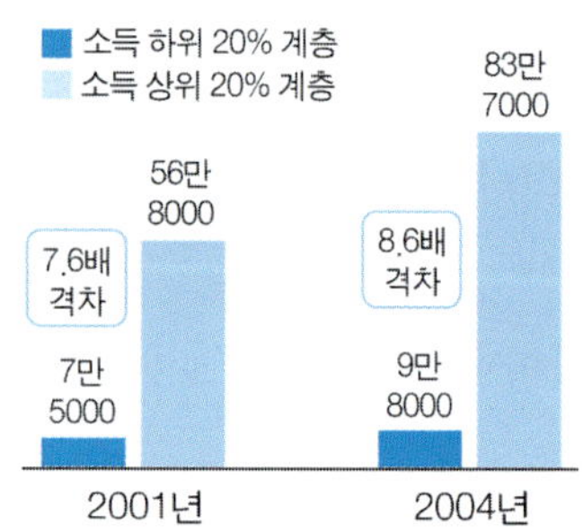

자료: 한국노동연구원

그림 4-3 부모 직업에 따른 자녀의 대학 진학 현황과 계층 간 사교육비 지출 추이

출처: http://blog.naver.com/andymaster/40040398893

부모 직업에 따른 자녀의 대학 진학 유형 분석에 따르면 부모의 사회적 지위가 높을수록 4년제 대학 진학률이 높으며, 특히 서울 4년제 대학 진학률이 높음을 알 수 있다. 이러한 수치는 계층 간 사교육비 지출 추이에서도 차이를 보이는데, 소득 상위 20% 계층과 하위 20% 계층 간의 사교육비 지출은 7~8배 이상의 격차

를 보인다. 이는 단순한 소득 수준에 따른 교육비 지출의 차이만을 시사하는 것이 아니라 한 번 벌어진 계층 간의 차이는 지속적으로 격차를 보일 뿐 그 차이를 만회할 기회가 없어진다는 것을 의미한다. 즉 부모의 사회적 지위는 사교육의 차이를 부르고 사교육의 차이를 통해 상위 대학의 진학률의 차이를 초래하고 이 차이는 학습자의 사회적 지위를 결정하고 그 순환 구조가 그 자식에게 물려지는 '불평등의 악순환'을 초래한다는 것이다.

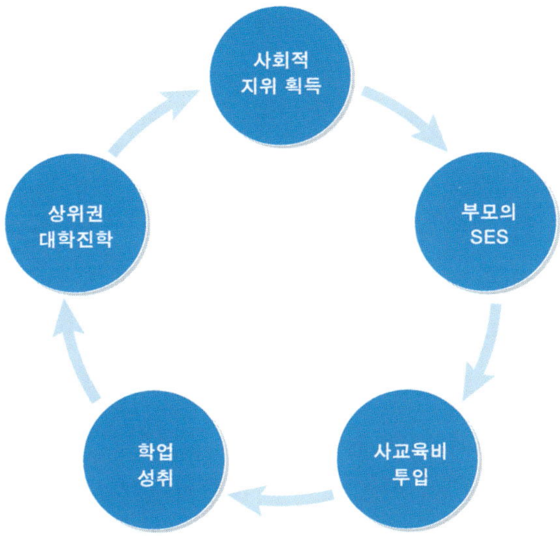

그림 4-4 한국의 사회계층 재생산 구조

이러한 '불평등의 악순환'에 근본적 원인은 불평등한 부의 재생산에 있다. 한국일보의 2015년 10월 25일자 보도에 따르면 최근 우리나라에 '금수저'와 '흙수저'라는 신조어가 유행하고 있다고 한다. 이는 개인의 노력보다 부모의 배경에 따라 장래가 결정된다는, 젊은이들의 자조적인 생각을 표현한 것이다. 2015년 12월 21일자 경향신문 보도에 나타난 동국대학교 김낙연 교수의 주장에 따르면 한국 사회에서 부의 형성에 부모로부터 받은 상속 증여가 기여한 비중은 1980년대 27%에서 2000년대 42%로 상승했다. 이는 부의 축적에 있어 노력에 의한 것보다 상속에 의한 부의 축적이 더욱 증가한다는 것이다. 개인의 노력에 의한 것보다 수저

론과 같은 말들이 공공연히 수용되는 사회의 구조적 요인이 근본적으로 해결되어야 한다.

이러한 사회적 구조에서 교육은 학습자의 자아실현이라는 이상과 점점 멀어지고 상류계층이 아닌 대다수의 사회 구성원들의 신뢰를 잃게 된다. '소수 1%가 99%를 먹여 살린다'라는 엘리트식 교육관이 공공연하게 주장되는 사회적 상황은 이러한 불평등 구조와 무관하지 않다.

이러한 불평등한 교육구조는 단순한 불만 수준을 넘어서 다수의 학습자를 무기력하게 하고 포기하게 하는 원인으로 작용한다. 노력으로 이룰 수 없는 세계에 대한 포기와 무기력 그리고 그 포기된 에너지가 잠재적으로 사회불안의 요인으로 작용할 수 있다. 현대사회에 만연하는 사회부적응과 이유 없는 사회 불만 표출의 기저에 교육의 책임이 과연 없다고 말할 수 있을까? 소수를 위해 다수를 포기하는 사회구조를 용인할 것인가? 이에 대한 교육당사자들의 숙고와 고민이 새로운 교육을 이끄는 원동력이 될 수 있을 것으로 기대한다.

한국사회의 교육을 통한 계층 불평등은 표면적인 사회현상이 아니며 구한말과 일제시대를 거치면서 우리 사회에 정착하기 시작한 학력사회론과 밀접한 관련이 있음을 살펴보았다. 그리고 현재 우리나라 교육을 이끄는 지배적인 담론이 희망을 가진 소수의 교육과 대다수의 낙오자를 대상으로 한 교육이라면 이는 분명 개선되어야 한다. 교육사회학의 책무는 교육의 사회적 현상을 분석하고 이에 대한 해결점을 제시하는 것이다. 개론 수준에서 다룰 수는 없지만 분명 교육의 문제가 개입된 사회문제에 대한 인식과 개선 노력은 사회구조 변화의 첫걸음이라 할 수 있다.

생각해 볼 문제

1. 사회화의 개념을 설명하라.

2. 교육의 사회적 기능을 순기능과 역기능으로 구분하여 설명하라.

3. 한국사회에서 교육을 통한 계층이동은 가능한가?

CHAPTER

05

교육심리학의 기초

개요

교육심리학은 교육에 있어 개인의 내적 변인과 이를 둘러싼 외부적 환경 변인 간의 상관관계를 연구하는 분야이다. 교육심리학은 인간발달, 학습이론, 학습동기, 성격, 정신건강, 지능, 기억과 망각 등과 같은 영역을 심도 있게 연구하여 교육에 적용하는 교육학의 한 영역이다. 본 장에서는 교육심리학의 기초 개념과 인간발달과 교육이론, 학습이론을 간략하게 살펴볼 것이다. 본 장을 통해 학습자는 기본적인 교육심리학이론, 각종 발달이론과 교육의 관계, 다양한 학습이론의 교육적 가치 등에 대한 기본적 지식을 획득할 수 있을 것이다.

학습목표

1. 교육심리학의 기초이론을 이해할 수 있다.
2. 인간발달의 인지적 · 사회적 · 정서적 · 도덕적 측면을 이해하고 교육과의 관련성을 설명할 수 있다.
3. 다양한 학습이론을 이해할 수 있다.

제1절 교육심리학의 기초

1. 교육심리학의 정의

교육학이나 심리학 모두 인간을 이해하기 위한 학문으로서 인간을 연구의 대상으로 하는 학문이다. 그러므로 두 학문 모두 연구의 내용과 방법에 있어 인간적인 면을 고려해서 구성되어 있다. 교육학은 복합학문의 성격을 지니며 교육의 목적은 철학으로부터, 방법은 심리학으로부터 원리와 지침을 가져와서 이루어진 학문이다. 교육심리학은 교육학과 심리학을 묶어서 만들어진 통합학문의 성격을 지닌다. 이런 이해를 바탕으로 교육심리학의 정의를 살펴보자.

스키너에 의하면 "교육심리학이란 모든 종류의 교육문제에 대해서 이미 확립된 심리학적인 원리를 응용하는 것"이다. 굳은 "교육심리학이란 교육의 심리학적 문제의 연구와 함께 교육에 있어 심리학적 원리의 실제적 응용이다"라고 정의하고 있으며, 교육학사전(1970)에 따르면 교육심리학은 "항상 일어나는 개인 및 집단의 문제를 심리학적인 방법과 절차에 따라서 교육목적에 맞도록 해결하는 원리와 기술을 찾으려는 심리학의 한 분야이다"로 정의되고 있다. 이러한 내용들을 요약해서 교육심리학을 정의해 본다면 "교육심리학은 교육적 문제의 해결을 심리학적 원리와 방법을 이용해서 하고자 하는 학문"으로 정의할 수 있다.

2. 교육심리학의 분야

교육심리학의 주요 관심영역은 학습자의 발달과정과 학습과정의 이해에 대한 연구가 주류를 이루고 있다. 교육심리학의 기초에 해당하는 분야는 크게 발달심리학적 분야, 사회심리학적 분야, 학습심리학적 분야, 인성심리학적 분야, 그리고 심리측정과 평가와 같은 다섯 가지 분야로 나눌 수 있다. 교육심리학의 구체적인 분야들은 다음과 같다.

1) 발달심리학
2) 동기와 학습
3) 학습심리학
4) 지능과 학습
5) 기억과 망각
6) 성격심리학
7) 정신건강
8) 수업 모델 및 교수이론
9) 교사심리학
10) 학습부진아
11) 상담심리학

제2절 인간발달과 교육

1. 발달심리학과 교육

인간은 생명이 시작되면서부터 발달적인 변화를 경험하게 된다. 교실 내의 학생들 역시 시간의 흐름에 따라 지속적인 변화를 거듭하고 있으며 그 결과 모든 학생들은 다른 특성(개인차)을 지니고 있다. 이러한 발달적 변화와 개인차는 유전과 환경의 상호작용의 결과로 형성된 것이다. 교사는 학생들의 연령에 따른 변화를 이해하고 지능, 성격, 그리고 인지양식과 같은 특성에서의 개인차 변인을 고려할 수 있는 능력을 갖추어야 효과적으로 학생의 바람직한 변화를 이끌어 낼 수 있다. 뿐만 아니라 장애학생을 일반학교에서 통합교육으로 수용하고 있는 현실을 감안할 때 이들 학생에 대한 이해를 바탕으로 효과적인 변화를 이끌어 내기 위해서도 교사의 발달적 특성과 개인차에 대한 이해가 매우 유용한 교사의 자질에 포함되어야 한다.

교육의 목적이 인간이 지닌 잠재력을 개발하여 올바른 방향으로 변화를 유도하는 것이기 때문에 발달에 관한 지식은 학습자를 이해하는 데 있어서 가장 우선되어야 할 부분이다. 즉 발달에 대한 이해를 기초로 교육 경험의 선정 및 조직, 그리고 교육방법의 적용 등이 이루어질 수 있어야 하며, 결과에 대한 평가를 위한 기준으로서도 발달의 이해가 필요하다.

용어 구분

- 성장

  성장(growth)이란 양적인 변화로서 외적인 자극이 없어도 자연히 일어나는 비교적 환경의 영향을 적게 받는 변화를 말한다. 그러나 발달은 양적으로만이 아니라 구조나 기능이 세분화되고 통합되는 것을 의미한다.

- 성숙

  성숙(maturation)은 성장을 기초로 하여 나타나는 질적인 변화를 뜻한다. 신체가 성장해서 생리적으로 성생활이 가능하게 되면 성적으로 성숙했다고 하고 사회생활에 아무런 장애 없이 잘 적응하는 것을 사회적으로 성숙했다고 한다. 성숙은 학습의 요인과 관련 없이 생득적 요인에 의해 이루어지는 경우가 대부분이다.

- 학습

  학습(learning)이란 연습이나 특별한 훈련에 의해서 생겨나는 행동변화를 의미하는 것으로, 성숙이 이루어져 있어야 학습이 촉진되지만, 학습을 통해 성숙이 이루어지는 것은 아니다.

2. 발달의 일반적인 원리

1) 발달은 일정한 순서와 방향성을 지닌다

유아는 머리와 몸통에서부터 팔, 다리 혹은 발 등의 순서로 발달한다. 그리고 큰 운동에서 미세한 운동으로 발달하여 분화와 통합의 과정을 이루어 나간다. 이러한 발달의 방향성은 구조적 변화와 기능적 변화 모두에 적용된다. 예를 들면, 유아는 방바닥의 어떤 물건을 집기 위해서 초기에는 온몸을 움직이다가 점차 엄지와 집게를 이용해서 물건을 잡을 수 있게 된다. 모든 발달에는 일정한 순서와 방향성이 있다.

2) 발달은 유전과 환경과의 상호작용의 산물이다

개인의 발달은 유전과 환경의 역동적인 상호작용을 통해 이루어진다.

3) 발달은 계속적이고 점진적인 과정이다. 그러나 그 속도는 일정하지 않다

발달은 낮은 단계에서 높은 단계로 서서히 그리고 계속적으로 일어난다. 물론 발달의 속도는 일정하지 않다. 언어나 어휘는 유아기에 급격히 증가하며, 신장과 체중은 유아기와 사춘기에 많이 자란다. 발달과 성장은 모든 부분이 같은 속도로 진행되지는 않는다. 어떤 부분의 발달이 일정 기간 동안 급격히 변화하는 경우를 발달의 '결정적 시기(critical period)'라 한다. 결정적 시기에 관한 대표적인 연구는 로렌쯔(Lorenz)의 '각인이론'이 있다.

4) 발달은 분화와 통합의 과정을 밟는다

신체의 각 부분들은 각각 고유한 기능을 수행하기에 편리하도록 분화되고 또 각각의 부분들은 유기체 전체와 관련되어 움직여서 반응을 효과적으로 수행한다.

그러므로 발달과정은 전체적인 움직임에서 세부적이고 구체적인 움직임으로 분화를 하는 과정과 세부적인 발달을 거친 각 부분들은 또한 전체적인 움직임으로 통합되기도 한다.

5) 발달에는 개인차가 있다

모든 발달은 정도와 속도에 있어 개인차가 있다. 예를 들어 동시에 출생한 쌍생아라 할지라도 '말하기', '걷기', '사고', '성격' 등의 다양한 발달 변인에 있어 차이를 보인다. 특정 시기의 발달이 반드시 최종적인 결과를 예측하는 변인이 되지는 않는다.

3. 발달이론

1) Piaget의 인지발달이론

피아제(Jean Piaget, 1896~1980)는 스위스 출생으로 뇌샤텔대학 교수, 제네바대학 교수, 로잔 대학 교수를 역임한 인지심리학의 대가이다. 그는 인간의 인지적 사고과정에 관심을 두고 독특한 생물학적 유기체 이론을 인지이론과 접목시켰다. 그의 이론의 특이한 점은 자신의 자녀들을 대상으로 질적 연구를 실시했다는 점이다. 질적 연구의 문제점인 일반화의 문제는 피아제에게도 적용되었다. 그러나 그의 이론이 교육학에 기여한 바는 충분히 비판을 피할 수 있는 것이다. 피아제는 발생적 인식론(genetic epistemology)을 도입하여 지식의 형성에 대한 문제를 다루었다. 인간의 정신문제에서 낮은 수준에서 높은 수준으로 나가는 형식적 틀을 발생적 인식론으로 파악하였다. 그는 지식이란 개인의 적극적인 사유에 의해 구성되는 것이라 보고 환경과의 상호작용에 의해 평형화를 유지하는 것이 중요한 인지적 과업이라고 보았다. 그의 사상과 교육적 기여를 살펴보면 다음과 같다.

(1) 피아제 이론의 기본개념

피아제 이론에서 지적 능력이란 유기체인 한 인간이 주어진 환경 속에서 상호작용하여 적절하게 적응할 수 있는 능력을 말한다. 이러한 지적 능력의 배경에는 유기체가 환경과의 상호작용을 통해 자신이 가지고 있는 인지구조를 적절하게 변경시켜 재구성하는 것을 포함한다. 이 과정에서 전제로 하는 것은 유기체의 능동적인 역할과 그 역할을 통한 내적 표상의 형성과 내적 사고의 발달이다.

피아제에 의하면 인지발달은 생득적 요인인 성숙과 물리적·사회적 요인인 환경적 요인이 함께 작용한다. 그의 이론의 기본적인 개념을 살펴보도록 하자.

① 인지구조

인간의 지적 활동의 기본적인 구조가 인지구조(cognitive structure)이다. 인지구조를 직접 관찰할 수 있는 것은 아니지만 표현되는 지적 행동을 통해 그 특징을 추론할 수 있다. 인지구조는 도식으로 구성되기에 도식의 집합체이다. 도식(schema)이란 기본적인 인지구조로 특정 물체나 사물이 가지고 있는 내재적 표상의 기본적인 것들을 말한다. 예를 들어, 개를 구분할 때 다리가 네 개, 털, 짖지킴 등으로 구분되는데 이들 각각이 도식이다. 인지구조는 이러한 도식들이 모여 상호 관련지어 형성되는 내재적 표상이 바로 개가 된다. 사람들은 어떤 사물이나 현상에 대한 도식의 보유가 다를 수 있다. 즉 하나의 도식을 가질 수도 있고 여러 개의 도식을 가질 수도 있다. 이러한 도식을 바탕으로 사물이나 사건, 현상에 대한 자신만의 내재적 표상을 형성하게 된다. 이러한 도식들의 집합체가 인지구조이다.

② 평형화

환경으로부터 들어오는 자극과 자신이 가지고 있는 자극 간의 불일치를 인지적 갈등(cognitive conflict)이라고 한다. 인지적 갈등은 능동적 학습자인 인간에게 인지적 불평등을 경험하게 하므로 이것을 적극적으로 해결하고자 한다. 이러한 노력은 곧 들어오는 자극인 도식을 받아들이거나 혹은 자신의 도식을 수정하여 불일치를 해소하는 방향으로 나아가는데 이것을 평형화라고 한다. 평형화에는 두 가지 인지적 과정이 있다. 동화(assimilation)와 조절(accommodation)이다.

- 동화

동화는 이미 자신이 가지고 있는 도식 또는 인지구조 속에 새로 들어오는 도식을 받아들이는 인지과정이다.

예 유아가 기존에 알고 있던 개(푸들)에 대한 도식을 기반으로 새롭게 목격한 개(시추)를 기본 개의 도식에 흡수 적응하는 과정

- 조절

조절은 자신이 가지고 있던 인지구조의 부적합성으로 인해 인지갈등이 나타나고 이로 인해 불평등을 경험하면 이를 해소하고자 자신의 인지구조를 수정하는 인지과정이다.

예 개에 대한 인지적 도식을 가진 유아가 고양이를 처음 보고 고양이의 인지도식을 새롭게 만들어 적응하는 과정

(2) 발달의 단계

표 5-1 피아제의 인지발달 단계

단 계	연 령	특 징
감각운동기	0~2세	• 감각적 행동, 반사적 행동 • 대상영속성(object permanence) 개념의 획득 • 모방을 통한 학습 • 생득적 반사에서 목표지향적 행동으로 변화
전조작기	2~7세	• 급격한 언어발달 • 비논리적 사고 • 자아중심성(egocentrism) : 자신과 다른 관점은 인정하지 않고 자신의 관점에서만 세상을 관조함 • 직관적 사고(intuitional thinking) : 합리적인 사고를 거치지 않은 직관적 · 즉시적 사고 • 물활론적 사고 : 모든 사물에 생명을 부여하는 사고(예 인형과 대화하는 행동) • 꿈의 실재론 : 꿈과 현실을 구분하지 못함
구체적 조작기	8~11세	• 체계적 · 논리적 사고 • 가역적 사고 • 보존개념의 획득 • 탈자기중심화

형식적 조작기	12~15세	• 가설-연역적 사고 • 추상적 사고

(3) 피아제 이론의 교육적 의의

환경으로부터 들어오는 자극과 적극적인 상호작용을 통해 도식을 확장시켜 인지적 발달을 이루는 이론적 설명으로 인해 상호작용론이라고도 불린 피아제의 이론은 우리나라에 소개된 이후 교육에 많은 영향을 미쳤다.

첫째, 학습자에 대한 이해의 폭을 확대했다. 학습자들의 다양한 특성에 대한 이해를 제공하고, 이를 통해 교사들은 학습자에게 접근하는 새로운 방식을 터득하게 되었다.

둘째, 학습자의 발달 단계에 적합한 교육을 제공할 것을 시사한다. 학습자는 발달의 과정에 있으며 그 발달은 학습에 선행한다. 발달은 그 자체로 교육의 목적이다. 따라서 학습자의 발달에 적합한 교육이 필요하다.

셋째, 피아제 이론이 학습자에게 미친 영향 가운데 특징적인 것의 하나는 발견학습이다. 피아제는 학습자의 인지적 성숙을 위해서 그들의 내재적 흥미나 호기심을 바탕으로 하는 능동적 학습태도를 존중함으로써 학습방법에의 변화를 가지고 왔다.

넷째, 피아제 이론에서 지적 발달은 개별적인 요소가 발달하는 것이 아니라 구조가 발달하는 것이다. 교사는 인지적 갈등을 자극하여 학습자의 적극적인 탐구를 유도해야 한다. 인지적 갈등을 통한 탐구과정에서 획득된 평형화는 학습자의 발달을 이끄는 것이다.

피아제의 개인과 환경과의 상호작용을 통한 인지발달론은 발달적 구성주의(developmental constructionism)라 불리기도 한다. 그의 연합주의적 심리학은 인간의 인지를 자극과 반응의 누적으로 보지 않고 환경에 의해 구조적으로 내면화된 문제임을 주장하는 것이다. 그는 인간의 인식체제 안에서 개인의 적응과정을 통한 인지적 발달을 조망한 대표적인 심리학자라 하겠다.

그러나 그에 대한 비판이 없는 것은 아니다. 인지발달이론이 너무 지적인 면에 편중하고 있다는 점과 인간을 너무 논리적으로만 묘사하여 정의적 측면 등이 무시되었다는 점, 그리고 사회·문화적인 맥락에 따라 발달과 학습은 다를 수 있다는 점을 무시하고 있는 것이 주된 비판점들이다.

2) Vygotsky의 인지발달이론

비고츠키(Lev S. Vygotsky, 1896~1934)는 러시아의 심리학자이다. 아동이 생활의 장에서 직면하는 문제 사태에 대한 호기심이 많다는 점에서 피아제가 말한 인지적 갈등의 개념과 유사하다. 그러나 자기주도적 학습(self-regulated learning)의 중요성과 인지발달에 미치는 사회·문화적 환경의 영향력에 대해서는 피아제보다 더 관심을 가졌다. 비고츠키에 의하면 아동이 행하는 학습과 성장에 필요한 인지적인 자극은 혼자놀이를 통해 획득되는 것이 아니라 교사나 부모 혹은 또래 집단을 통한 체험과 언어적 환경에 노출됨으로써 가능한 것이다. 이러한 이론을 주장한 비고츠키의 사상과 교육관을 서술하면 다음과 같다.

(1) 비고츠키의 기본원리

교육적 측면에서 비고츠키 이론을 바라보면 사회적 상황에서의 협력적 학습을 기본적으로 가정하고 있다. 본질적으로 인간은 그 자체가 사회적 특성을 가지고 있기 때문에 사회 속에서 인간은 정신을 발달시켜 나가는 것이 당연하며 그러한 인간 정신의 사회적 및 역사적 기원을 언급하고 있다. 사회적 상호작용을 통해 인간은 능동적 학습자로서의 역할을 하여 자신만의 독특한 정신구조를 형성하게 되고, 이러한 정신은 내면화라는 과정을 통해 더욱 정교화되고 복잡해져 간다. 언어는 이 과정에서 중요한 역할을 한다. 이러한 비고츠키의 사회·문화적 이론은 다음과 같이 몇 가지 원리로 정리가 가능하다.

첫째, 지식은 사회·문화적 맥락 속에서 구성된다. 이때 구성의 주체는 학습자 자신이다.

둘째, 학습은 발달을 이끈다.

셋째, 발달은 사회적 맥락과 분리될 수 없다.

넷째, 언어는 정신발달에 핵심적인 역할을 한다.

인간이 정신사회의 어떤 문화에서 의사소통하느냐가 우리의 인지구조 형성에 많은 영향을 미친다. 문화적 경험은 인간의 인지구조상의 이해구조, 논리의 구성, 해결방법 등에 많은 영향을 미치므로 사회·문화적 맥락은 중요하다. 사실 사회적 맥락은 사회적 정신이 공유되어 있는 부분이기도 하다. 공유되어 있는 사회적 정신은 개인의 정신으로 내면화되어 한 개인의 정신기능으로 자리잡게 된다. 그러므로 인간의 정신기능의 발달은 개인에게 국한된 내면화 과정이 아니라 사회의 정신이 시대와 역사에 걸쳐 한 개인에게 내면화되는 것이라 할 수 있다.

비고츠키의 이론에서는 발달을 통한 학습보다는 학습과 발달의 상호보완적인 측면을 강조하고 있다. 물론 발달은 학습을 이끌기도 하지만 학습이 발달을 이끌 수도 있다는 점이 강조되고 있다. 학습을 위한 필요 전제조건으로서의 인지적 성숙이나 성장보다 중요한 요인으로 다음을 들고 있다.

① 근접발달영역(Zone of Proximal Development)

비고츠키는 행동의 발달은 근접발달지대의 경계가 되는 두 수준 사이에서 나타난다고 하는데, 그것을 근접발달영역(ZPD: Zone of Proximal Development)이라고 한다. 근접발달영역은 실제발달 수준과 잠재발달 수준 사이의 영역이다. 이는 이미 알고 있는 내용으로 구성된 실제적 발달수준(ADL: Actual Developmental Level)과 주변의 영향으로 미래에 획득될 내용으로 구성된 잠재적 발달수준(PDL: Potential Developmental Level)이다. 두 수준의 간극을 줄이는 것이 교육적으로 중요한 과업이다.

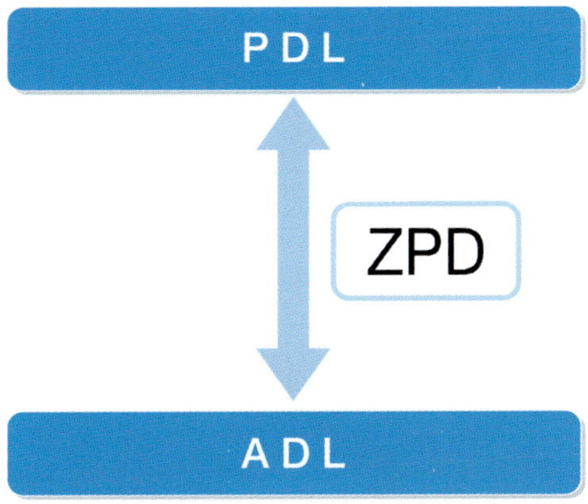

그림 5-1 근접발달영역

② **비계설정(Scaffolding)**

비계는 비고츠키의 후학들이 사용한 개념이다. 비계는 건축물의 건축에 사용되는 지지대를 의미하는 것으로 주된 건축물은 아니지만 건축과정에 이것이 없으면 건축 자체가 힘든 보조발판을 말한다. 유아가 능동적으로 그 자신을 구성해 나가는 하나의 건물이라고 본다면 유아 주변의 사회적 환경은 유아가 앞으로 나아가고 계속 새로운 능력을 구축하게 하는 필수적인 지원체제이자 비계(scaffolding)이다. 비계설정에 결정적인 역할을 담당하는 것은 교사, 동료 등이 있다.

(2) 비고츠키 사상의 교육적 의의

구성주의의 중심 이론인 비고츠키의 사회·문화 발달이론은 유아들의 학습과 발달에 많은 시사점을 제공하고 있다. 또래와의 상호작용을 통한 상호학습으로 유아들은 많은 정보를 내면화하게 되어 고차적인 정신기능이 발달하게 된다는 것이 핵심인 비고츠키의 사회·문화 발달이론이 유아교육의 구성에 영향을 미친 점들은 다음과 같다.

첫째, 학습에 있어서의 과정을 강조한다. 전통적인 수업활동에서 이루어지는 교사중심의 수업활동보다는 유아들의 흥미나 호기심을 바탕으로 지식을 찾아가는 학습과정을 강조한다. 이것은 교사중심적인 수업활동 전개보다는 아동중심적인 교육과정의 전개를 의미하고 유아가 수업활동의 주인이 됨을 의미한다.

둘째, 유아들의 능동적 상호작용을 바탕으로 하는 협력적 참여와 안내된 참여가 학습에서 강조된다. 또래들과의 협력을 통한 상호 문제의 해결은 유아가 능동적 해결자임을 알려 주는 동시에 지식을 쌓아가는 구성자로서의 역할을 함을 보여준다. 상호 협력과 안내된 참여를 통해 유아는 자신의 고등정신 기능을 발달시켜 간다.

셋째, 비고츠키 이론에서 교사의 역할이란 계획자이고 상호작용자이며 촉진자이다. 계획자란 유아의 관찰을 통해 어떤 활동을 준비해 두어야 하는지를 의미하고, 그러한 계획을 통해 어떻게 상호작용을 하며 유아들을 자극하고 촉진시킬 것인지를 계획하게 된다.

이상의 비고츠키의 사상과 교육이론을 고려하여 중요한 교육적 시사점을 찾는다면, 바로 교사가 수업의 수준을 조절하는 부분이라 할 수 있다. 비고츠키의 교육학에서 수업은 근접발달영역을 고려해야 한다. 이는 좋은 수업이란 아동의 실제발달 수준보다 약간 앞선 수준에서 진행할 것, 즉 실제발달 수준보다는 어렵고 잠재발달 수준보다는 쉬운 내용으로 구성할 것을 제안한다. 아동이 알고 있는 것과 알아야 할 것 사이의 간격을 조절하여 수업에 임하는 것은 아동에게 인지적 자극을 주는 것이다. 따라서 근접발달영역을 고려하여 아동의 발달을 촉진하는 방향으로 교육이 이루어져야 한다. 비고츠키 이론은 교육이 발달에 선행함을 시사한다.

그러나 비고츠키 이론에서 근접발달영역을 측정하는 도구나 구체적인 수업방법을 제시하지 않았다는 점은 한계점이다.

3) Erikson의 사회성 발달이론

사회화란 한 개인이 집단 속에 태어나 그 집단이 가지는 가치관·규범·사회적 역할·행동양식을 습득하여 그 사회의 한 성인으로서 자격을 갖추어 가는 과정으로, 이것은 주로 인간관계를 통하여 이루어진다. 에릭슨은 문화적·사회적 맥락을 강조하고 인간의 성장·발달을 개인적 욕구 및 능력과 사회적 기대 및 요구 사이의 상호작용의 산물로 보았다. 이 때문에 에릭슨의 발달이론을 심리사회적 발달 이론이라고 한다. 에릭슨이 구분하고 있는 발달단계는 변화하는 욕구를 충족시키고자 환경과 접촉하는 과정에서 개인의 자아양식이 위기를 경험하고 그 위기를 수용하는 것으로 특징지어진다. 일생을 통하여 개인은 욕구가 충족되는 긍정적 경험과 좌절되는 부정적 경험 사이에서 자아양식은 일종의 위기를 경험하게 되고, 이 위기의 극복과정을 통하여 자아가 발달하게 된다.

(1) 에릭슨의 사회성 발달의 기본전제

에릭슨의 사회성 발달의 기본적 전제는 다음과 같다.

첫째, 전 생애에 걸쳐 개인은 각 단계마다 특수한 발달과업이 있는 명확한 발달단계를 거치게 된다.

둘째, 발달은 부분적으로는 성숙에 의하여, 부분적으로는 개인이 성장한 사회에 의하여 규정된다.

셋째, 학습자가 각 단계의 심리적 위기를 성공적으로 극복하는 것은 학습자와 부모 혹은 교사와의 상호작용에 달려 있다.

넷째, 한 단계의 심리적 위기를 성공적으로 해결하지 못하면 다음 단계의 위기를 해결하기 어렵다.

(2) 사회성 발달단계

표 5-2 에릭슨의 사회성 발달단계

단 계	시 기	특 징	관계 대상
기본적 신뢰감 대 불신감 (basic trust vs. mistrust)	0~1세	• 부모로부터 일관성 있는 보살핌을 받은 영아는 자신과 주변에 대해 신뢰감을 형성하고, 이를 바탕으로 다른 대상과도 긍정적인 관계를 맺게 된다. • 욕구좌절을 경험한 영아들은 타인과 주변세계에 불신감・두려움・의심 등을 갖게 된다. 이 시기에 형성된 신뢰감은 일생을 통해 계속되며, 이는 성인이 된 후 정체감의 기본이 된다.	어머니

자율성 대 수치심 및 회의감 (autonomy vs. shame & doubt)	2~3세	• 유아는 보행·배설 등 신체적·생리적으로 성장을 보이며 자율적인 자기조절이 가능해진다. • 부모가 유아의 자발적인 행동을 칭찬하거나 신뢰를 표현하여 용기를 주면 유아들은 자신감을 갖게 된다. • 지나친 부모의 규제나 실패의 계속적 경험은 유아에게 수치심과 자신의 능력에 대하여 회의를 갖게 한다. 이러한 자율성과 수치심 사이의 인식은 지속적인 자기 통제력의 기초가 된다.	부모
주도성 대 죄의식 (initiative vs. guilty)	4~5세	• 유아를 자율적으로 새로운 것을 계획하고 목표를 설명하여 이를 달성하려고 노력한다. 목표를 적절히 달성하면 주도성을 확립하게 된다. • 부모나 주변에서 유아를 비난하거나 질책하면 유아들은 위축되고 자기주도적인 활동에 대해 죄의식을 갖게 된다.	가족
근면성 대 열등감 (industry vs. inferiority)	6~11세	• 아동은 친구나 학교생활을 통하여 여러 가지 지식과 기능을 열심히 배우고 작업하는 과정에서 성공을 경험하면 근면성을 획득하게 된다. • 반면 자신의 일에 성취감을 갖지 못하면 열등감을 갖게 된다.	학교
정체감 대 역할혼미 (identity vs. role confusion)	12~ 18세	• 이 시기에 청소년이 직면하는 중요한 발달과업은 정체성 확립이다. • 만일 청소년이 정체감 확립의 문제를 적절히 해결하지 못하면 회의와 방황을 하게 되고 역할혼미를 경험하게 된다.	또래집단, 교사, 선후배
친밀성 대 고립감 (intimacy vs. isolation)	19~ 24세	• 타인과 자신의 정체감을 통합하여 친밀감을 나눌 수 있는 관계를 형성하는 것이다. 친밀성은 청소년기의 자아정체성 확립의 기초가 된다. • 자신에 대한 정체감이 확립되지 못하면 타인을 수용할 수 없게 되고 이러한 경향은 다른 사람과의 관계에서 고립감을 느끼게 되고 방황하게 된다.	친구, 배우자
생산성 대 침체감 (generativity vs. stagnation)	25~ 54세	• 인생의 모든 부문에서 생산적·창조적으로 다음 세대를 지도하고 안내하는 일이다. • 부모의 역할이나 집단의 지도자 역할수행을 적절히 해내지 못하면 인생을 단조롭게 느끼고 침체감을 경험한다.	직장동료, 자녀
자아통정성 대 절망감 (ego integrity vs. despair)	55세 이후	• 삶의 긍정적 수용을 통해 자아통정감을 획득할 수 있다. • 삶을 부정적으로 수용할 때 절망감을 느낀다.	인생

4) Freud의 정서발달이론

프로이드는 정신분석학을 주장한 심리학자로 인간의 정서발달을 연구하였다. 그가 주장한 정서의 구조는 다음과 같다.

(1) 정서의 구조

① 원초아(id)

원초아란 신생아 때부터 존재하는 정신에너지(libido)의 원천적 저장고로서, 쾌락의 원리를 따른다.

② 자아(ego)

원초아의 욕구를 충족시키거나 긴장을 해소시키기 위해서는 현실과의 타협이 필요한데, 이 필요에 대처하는 것이 자아의 역할이다. 그러므로 자아는 현실원리에 따른다. 즉 자아는 현실에 비추어 적절한 환경이 마련될 때까지 원초아의 욕구충족과 욕구방출을 보류하며, 현실적으로 합당한 방법으로 만족을 얻을 수 있는 방도를 모색하고 계획한다.

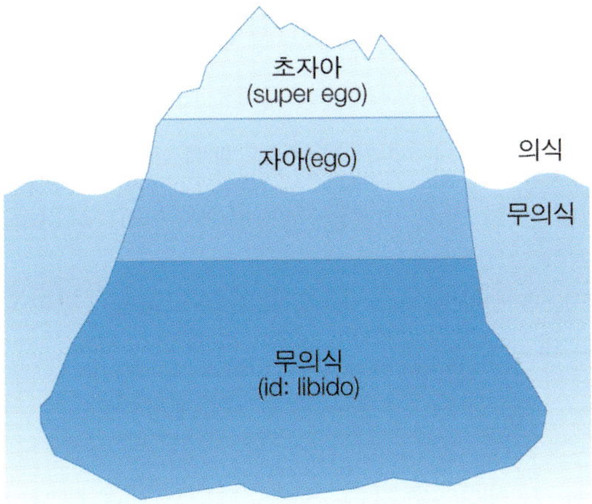

그림 5-2 Freud의 정서구조(빙산에 비유)

③ 초자아(super ego)

자아는 현실적인 사회의 가치와 도덕이 개인에게 내면화된 것이다. 초자아는 도덕적인 힘으로 현실보다는 이상을, 쾌락보다는 완전성을 추구하며, 도덕성의 원리를 따른다.

(2) 방어기제

원초아의 욕구는 어떤 방식으로든 표출되고 해소되어야 하는 강력한 힘이기에 자아가 원초아의 힘을 억제하거나 보류하는 힘이 약해진다면 자아는 불안 및 갈등에 빠지게 된다. 자아가 합리적 방법으로 자신이 느끼는 불안감과 대적하지 못할 때는 자신이 의식하지 못하는 가운데 비현실적인 방법으로 불안감을 제거하려고 한다. 이러한 무의식적인 심리적 기제를 방어기제라고 한다. 방어기제에는 다음과 같은 형태들이 있다.

- 억압(repression) : 수치스럽다고 느껴지는 생각, 죄의식이 드는 기억, 괴로운 경험 등을 의식으로부터 무의식으로 밀어내는 것으로 주로 내성적인 사람에게 많이 나타난다.
  예 사회적으로 용인될 수 없는 욕구를 참는 것
- 합리화(rationalization) : 정당하지 못한 자기 행동에 스스로 이유를 붙여 자기 행동을 정당화하거나 불안의식을 제거하려는 방식을 말한다.
  예 애인에게 버림받은 후 먼저 이별을 통보하려 했다고 생각하는 것
- 투사(projection) : 사회적으로 인정받을 수 없는 행동과 생각을 마치 다른 사람의 것인 양 생각하고 책임을 전가하는 것을 말한다.
  예 목수가 연장 탓을 하는 것
- 퇴행(regression) : 생의 초기에 성공적으로 사용했던 생각이나 감정과 행동에 의지하여 자기 자신의 불안이나 위협을 해소하려는 과정을 말한다.
  예 맞선자리에서 긴장하여 손가락을 빠는 것

- 전이(transference) : 감정을 다른 대상에게 표출하는 것을 말한다.

  예 한강에서 뺨 맞고 종로에서 화풀이하는 것

- 보상(compensation) : 어떠한 분야에서 탁월하여 인정을 받음으로써 다른 분야에서의 실패나 약점을 보충하여 자존심을 고양시키는 기제를 말한다.

  예 키가 작은 학생이 농구를 열심히 하는 것

- 동일시(identification) : 자기가 좋아하거나 존경하는 대상과 자기를 동일하게 생각함으로써 만족을 얻는 기제를 말한다.

  예 잘된 친구와 자신과 동일시하는 것

(3) 정서 발달단계

프로이드는 인간의 행동에 있어서 본능의 역할을 강조하였다. 그는 성적 본능의 에너지인 리비도(libido)가 일생을 통하여 정해진 일정한 순서에 따라 상이한 신체부위에 집중된다고 보았다. 이 리비도가 집중적으로 모이는 신체부위를 성감대라고 하는데, 성감대의 이동에 따라 다음과 같이 발달단계를 구분할 수 있다.

① 구강기(oral stage)

생후 약 1세(1.5세)까지 주된 성감대는 구강이다. 즉 수유를 통해 얻는 구강의 쾌락이 심리적 안정을 이끈다. 성감의 과소 충족에 의한 욕구불만이나 과잉 충족에 의한 몰두경향은 다음 단계로의 발달을 방해하는 현상이 나타나게 되는데, 이 시기에 고착되면 입술이나 손가락 빨기, 과식이나 과음, 과도한 흡연과 같은 구강기 고착의 현상이 나타난다.

② 항문기(anal stage)

1세에서 약 3세까지의 시기로 배설하는 데에서 쾌감을 얻는다. 이 시기에는 일반적으로 대·소변가리기 훈련이 시작되는데, 만일 지나치게 억압적이거나 혹은 자유롭게 훈련하게 되면 성인이 된 뒤에도 고착 현상이 일어난다. 항문기적 성격의 고착은 결벽성 혹은 완벽주의나 문란한 성생활에 이르기까지 다양한 종류가 있다.

③ **남근기(phallic stage)**

3세에서 5세까지의 시기로 성감대가 항문에서 성기로 옮겨온다. 이 시기에 남아는 자기 어머니에게 성적으로 애착을 느끼게 되며 아버지를 경쟁자로 여긴다. 아이는 경쟁자인 아버지를 자신이 이길 수 없음을 깨닫고, 또한 아버지가 경쟁자인 자신을 해칠 것이라고 생각한다. 이때 아버지는 자기에게 가장 중요한 부분인 성기를 없애버릴 것이라고 상상하는데, 이러한 공포를 거세불안이라고 한다. 아이는 이러한 감정들을 극복하기 위하여 자신과 아버지를 동일시하여 부모의 태도, 사고, 가치 등을 자기 것으로 내면화하고자 하며, 이로써 양심과 자아를 발달시켜 나가게 된다. 이러한 과정을 통해 아동은 어머니에 대한 욕구를 간접적으로 해결하며, 아버지에 대한 불안도 동시에 해결하게 된다. 이것이 오이디푸스 콤플렉스(Oedipus complex)이다. 한편 이와 같은 심리적 현상은 여아들에게도 나타나는데, 딸이 아버지에 대해 가지는 애착을 엘렉트라 콤플렉스(Electra complex)라고 한다.

④ **잠복기(latency stage)**

대략 5세에서 11세까지 시기로 아동들이 학교에 입학하는 시기이다. 이때 성적인 에너지는 지적 탐색이나 놀이로 전환되어 발휘됨으로써 성적 욕구가 잠시 잠재되어 있는 듯 보인다.

⑤ **생식기(genital stage)**

사춘기가 시작되면서 억압되었던 성적 에너지가 다시 분출되기 시작한다. 그리고 전까지는 주로 자신에 대한 관심이 주류를 이루었지만, 이때부터는 타인에 대한 관심으로 전환된다. 생식기적 과정을 통하여 건강한 성인으로 성숙하게 된다.

(4) 비판점

첫째, 프로이드는 인간을 성적인 욕구와 과거의 경험에 의해 지배되는 수동적 존재로 파악하였다는 점에서 비판의 대상이 된다.

둘째, 프로이드의 발달이론은 신경증 환자들의 임상자료를 정상인의 성격발달에 적용시킨 것으로 자료의 적용에 있어 문제가 있다.

셋째, 성격발달에 영향을 미치는 다양한 사회 문화적 요인을 간과하고 정신분석적 요인만을 부각시킨 점이 비판의 대상이 된다.

넷째, 인간의 전 생애적 발달을 간과하고 초기 경험만을 부각시킨 점은 비판의 대상이다.

5) Kohlberg의 도덕성 발달이론

(1) 하인츠의 딜레마

콜버그는 하인츠를 주인공으로 하는 도덕적 딜레마 상황을 가정하고 그 상황을 판단하는 이유를 추론하여 도덕성 단계를 유추하였다. 하인츠의 딜레마는 다음과 같다.

하인츠의 딜레마

한 부인이 특별한 병에 걸려 죽음 직전에 있다. 그녀를 살릴 수 있는 약은 존재한다. 그러나 그 약은 매우 비싸고 구하기 힘든 것으로 형편이 어려운 남편 하인츠의 능력으로 구할 수 없는 것이다. 부인의 남편인 하인츠는 약을 구하기 위해 돈을 구하고 약국을 찾아 다니며 호소했지만 약을 구하는 데 실패했다. 그는 약을 소유하고 있는 약사에게 자기 아내가 죽어가고 있다는 것을 알리고 약을 싸게 팔거나 아니면 외상으로 제공해 달라고 부탁했다. 그러나 하인츠의 부탁을 약사는 거절하였다. 다른 방법을 찾을 수 없었던 하인츠는 아내의 생명을 살리기 위해 약을 훔쳐왔다.
아내의 생명을 구하기 위해 약을 훔친 하인츠는 처벌을 받아야 할 것인가? 처벌을 받아야 한다면 그 이유는 무엇인가? 처벌의 대상이 되지 않는다면 그 이유는 무엇인가?

콜버그는 이러한 질문들에 대한 대답을 기초로 하여 도덕성을 3수준 6단계로 나누어 도덕성 발달이론을 확립하였다.

(2) 도덕성 발달단계

① 1수준 : 전 인습적 수준(pre-conventional morality)

- 도덕적 판단의 기준은 외부에서 부과된 기준이다.
- 처벌을 회피하고 보상을 얻기 위해 권위에 복종한다.

• 대다수 아동과 일부 청소년, 도덕성 수준이 낮은 성인들이 대상이다.

• 1단계 : 처벌과 복종 지향의 단계

이 단계는 벌과 복종에 의한 도덕성을 발달시키는 단계로서 구체적이고 외부적인 결과만으로 도덕적 판단을 하며, 벌이나 고통을 피하기 위해서 도덕적 행위를 하는 단계이다.

• 2단계 : 쾌락주의 지향 단계

이 단계는 욕구충족 수단으로서의 도덕성을 발달시키는 단계로 자신의 욕구를 만족시킬 수 있는지 없는지 여부가 도덕적 판단의 근거가 된다.

② **2수준 : 인습적 수준**(conventional morality)

• 선한 행동 또는 사회적인 질서를 유지한 데 대한 칭찬과 인정을 받기 위해 부모, 또래, 사회집단으로부터 제시된 규칙을 따르려고 노력한다. 마치 착한 소년·소녀가 부모의 말을 따르는 것과 유사한 수준의 도덕성 단계이다.

• 3단계 : 상호성의 단계

이 단계는 대인관계의 조화를 위한 도덕성을 발달시키는 단계로서 다른 사람의 인정을 받고 비난을 피하기 위해서 도덕적 행동을 한다. 착한 소년·소녀 단계로 불리기도 한다.

• 4단계 : 법과 사회적 규칙의 준수 단계

이 단계는 법과 질서를 준수하는 단계로 도덕성 발달은 법과 질서의 권위를 존중하고 준수하는 데서 나온다. 따라서 법과 사회적 질서에 어긋나지 않도록 행동하는 것이 중요한 도덕판단 기준이다.

③ **3수준 : 후 인습적 수준**(post-conventional morality)

• 개인이나 집단의 권위와 상관없이 도덕적 기준이 내면화되어 자신의 것이 된다.

• 도덕성의 최고 단계이다.

- 5단계 : 공공복지의 단계

  이 단계는 법을 사회계약의 대상으로 판단하여 사회적 유용성이나 사회적 합의에 의해 법의 판단을 수정할 수 있다. 이때 객관적 법 판단보다 보편적인 인간 가치가 가치판단의 기준이 될 수 있다.

- 6단계 : 보편적 도덕원리의 단계

  이 단계는 인간의 존엄성을 가장 우선시하는 도덕판단 단계로서 사회의 법과 질서를 준수할 뿐 아니라 스스로 선택한 양심의 결정을 도덕적 판단의 기준으로 삼는다. 공자가 주장한 종심(從心) 혹은 지천명(持天命)의 단계와 유사하다.

(2) 교육적 적용

① 학습자들은 도덕성의 덕목과 원리를 이해하기 어려우므로 말보다도 행동을 통해서 지도해야 한다.

② 학습자들을 지도할 때는 아동에게 왜 그렇게 행동하도록 요구하는지 직접적으로 설명하고 아동의 자존심에 호소하는 귀납적 방법으로 훈육한다.

③ 타인을 잘 이해하고 보살펴주는 성인들을 관찰하고, 착한 친구와 사귈 수 있는 기회를 제공한다.

④ 어린 아동일수록 도덕적 판단을 해야 하는 상황에서 일관성 있게 지도하여 가치판단의 혼란을 줄여 준다.

(3) 콜버그 이론의 한계

① 콜버그의 도덕추론은 개인의 실제 도덕적 행위가 아니라 주어진 상황에 대한 개인의 인지적 반응, 즉 도덕적 추리 능력을 통해서 발달단계를 구분하였다는 비판을 받고 있다.

② 실제적으로 도덕 발달단계에서 전 단계로 후퇴하는 도덕적 퇴행이 존재할 수 있다.

③ 도덕성 최고 단계는 이론적 수준일 뿐 실제 생활에서 도달하기 어렵다.

제3절 학습이론

1. 학습이론의 기초

일반적으로 학습(learning)은 공부(study)라고 이해되는 경우가 많다. 그러나 학습은 심리학에서 보다 광범위한 의미로 사용되며 "경험, 또는 연습의 결과로 생기는 비교적 영속적인 행동의 변화"로 정의된다(Morgan & King, 1971). 가네(1985)는 "학습이란 일정기간 이상 인간의 성향이나 능력에 변화를 가져오는 현상을 말한다"라고 정의했다. 이러한 정의에 따르면 학습이란 학교에서의 공부도 포함되지만 자동차 운전이나 운동을 배우는 것 또한 학습의 한 유형인 것이다. 따라서 학습이란 인간이 다양하게 변화하는 환경에 맞추어서 자신의 행동을 변화시키는 모든 과정과 여기에 비롯되는 모든 행동상의 변화를 포함하는 것이 된다.

학습에서 관심을 가져야 할 중요한 문제는 인간 혹은 유기체가 어떻게 학습을 할 수 있도록 하는가 하는 문제이며, 이러한 학습의 과정을 설명하고자 하는 것이 학습의 이론이다. 즉 교육을 통해서 얻고자 하는 바람직한 방향으로 행동의 변화를 이끌어 내기 위해서는 반드시 필요한 것이 학습이론이다. 본 장에서는 여러 학습이론들의 개요와 학습이론들의 교육적 적용에 대해서 살펴본다.

2. 행동주의 학습이론

행동주의에서는 인간의 이해를 위해서 인간의 외현적 행동만을 연구과제로 설정하는 심리학의 한 분야이다. 행동주의는 인간의 행동이 자극에 대한 반응으로 야기된다고 주장하며 정신과정은 주요한 의미를 갖지 않는다고 주장한다. 이들의 관심은 어떻게 하면 자극과 반응의 연합(조건형성)이 가능한가 하는 것이다. 조건화를 설명하는 이론에는 고전적 조건화 이론과 조작적 조건화 이론이 있다.

1) 고전적 조건화(Classical conditioning) 이론

이 이론을 주장한 대표적인 학자는 러시아의 파블로브이다. 그는 원래 생리학자로서 개의 타액 분비에 관심을 가졌다. 개의 침샘의 분비에 관해 연구하던 중에 개가 음식물을 제공하기도 전에 먹이를 주는 조교의 발소리만 듣고도 타액을 분비하는 사실을 발견하였다. 여기서 그의 의문은 어떤 과정을 통해서 개가 발소리라는 자극에 대해서 타액 분비라는 행동을 하게 되었을까 하는 점이다. 그는 이러한 개의 행동을 조건화 이론으로 설명하였다.

실험의 방법은 [그림 5-3]과 같이 개의 타액선에 튜브를 삽입하여 타액의 분비 정도를 측정할 수 있는 장치를 설치하였다.

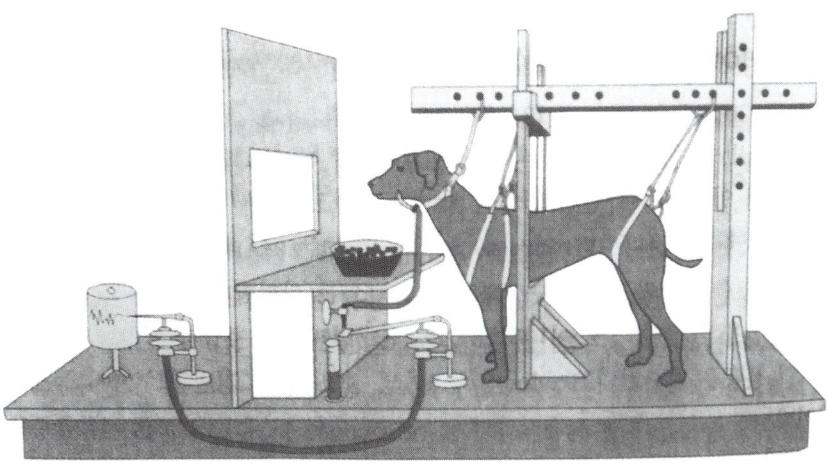

그림 5-3 파블로브의 조건화이론에 사용된 장치

실험의 첫 순서는 종을 울려서 원래 개가 소리에 대해서 관심을 가지는 것을 확인한 직후에 먹이를 제공하는 것을 반복해 보는 것이었다.

연구자의 관심은 과연 개가 소리만 들려 줘도 이것이 조건화되었을 때 타액을 분비하는 행동을 할 수 있는가 하는 것이다. 연구 결과 개에게 소리를 들려주면 이것이 먹이의 출현을 신호한다는 것을 학습하여 먹이가 제공되지 않더라도 개가 타액을 분비하는 조건화가 가능하였다. 이후의 행동주의자들의 관심은 과연 언제 소리를 들려 줘야 하며 어느 정도로 소리를 들려 주는 것을 반복하여야 하는가 하는 것이었다. 또한 이렇게 조건화된 행동이 더 넓은 범위로 일반화되는 과정과 다른 소리와의 변별이 가능할 것인가의 문제였다. 이러한 실험을 통하여 다음과 같은 조건형성의 기본원리를 파악할 수 있었다.

첫째, 시간의 원리이다. 이는 조건형성의 과정에서 자극을 제시하는 시간을 뜻하는 것으로 조건자극은 무조건자극의 제시와 거의 동시에 이루어지거나 간격이 짧은 선행자극으로 제시되어야 한다.

예 종소리와 밥 주는 시간 간격은 매우 가까워야 한다.

둘째, 강도의 원리이다. 무조건자극의 강도와 감각반응과의 관계로서 자극의 강도가 감각반응을 이끌 수 있어야 한다.

예 배부른 상태에서 먹이를 제공하는 것은 무의미하다.

셋째, 일관성의 원리이다. 동일한 조건자극을 통해 일관성 있게 강화해 주어야 조건반응이 쉽게 이루어진다.

예 자극을 하나의 종소리로 일관되게 진행하여야 한다.

표 5-3 조건형성의 제 양상

조건형성의 제 양상	
소거	소멸이라고도 하며, 조건형성이 된 후 무조건자극의 제시 없이 일정기간 계속 조건자극만 주어질 때 조건반응이 일어나지 않는 현상을 말한다.
제지	금지라고도 하며, 조건형성이 된 후 최초의 조건자극이 아닌 다른 유사한 자극이 주어졌을 때 조건반응이 약화되는 현상을 말한다.
자발적 회복	소거된 조건반응이 일정기간이 지난 후 저절로 재생되는 현상이다.
일반화	초기 조건형성 과정에서 처음 제시된 조건자극과 유사한 자극에도 반응을 보이는 현상으로 조건자극과 유사한 정도가 높을수록 일반화가 더 잘 진행된다.

분화, 변별	일반화의 상태에서 강화를 계속하면 점차 최초의 조건자극과 그 이외의 유사 자극을 구분하여 전자의 것에만 반응을 보이게 되는데, 이를 변별이라 하며 그 과정을 분화라 한다.
이차적 조건화	조건형성이 된 후 조건자극을 무조건자극에 대치시켜 다른 자극과 조건화를 이루는 경우를 말하며, 이를 이차적 조건화라고도 한다.

행동주의 학습이론의 교육적 시사점은 다음과 같다.

첫째, 시간의 원리를 시사한다. 새로운 두 사상(事象) 간의 연결, 즉 조건형성이 일어나기 위해서는 두 가지 요소가 근접해 있어야 하고, 동시적으로 반복해서 제시되어야 한다는 것이다.

둘째, 강도의 원리를 시사한다. 학습의 효과를 높이기 위해서는 가르치고자 하는 내용이 학생들에게 매력적인 것이 되도록 동기를 유발해 내야 하므로, 교사는 동기유발에 대해 각별히 유념해야 한다.

셋째, 일관성의 원리를 시사한다. 교사의 교과 지도 및 학급관리를 효율적으로 하기 위해 교사의 태도는 좋은 방향에서의 일관성을 보여야 한다.

2) 조작적 조건화(Operant conditioning) 이론

고전적 조건화 이론은 개체의 어떤 행위보다는 환경적인 조건에 의해서 개체가 수동적인 상태로 환경에 예속되는 행동을 설명하고 있지만 이것이 개체의 모든 행동을 지배한다고 보기는 어렵다. 미국의 스키너에 의해서 능동적인 행동의 유발이 앞서는 조건화 과정에 대한 새로운 이론이 확립되었다. 스키너의 실험은 다음과 같은 형태로 이루어졌다.

[그림 5-4]와 같이 굶주린 쥐(다시 말해서, 환경에 대해서 어떠한 조작이라도 가해 보려는 것으로 동기화가 잘 되어 있는 쥐)를 상자 속에 집어넣는다. 그리고 이 상자의 한 쪽에는 지렛대가 설치되어 있으며 여기에는 자동적으로 행동의 빈도를 측정 기록하게 되어 있는 장치가 연결되어 있고 먹이통도 같이 연결되어 있다. 만일 쥐가 지렛대를 누르게 되면 먹이통으로 먹이가 자동적으로 떨어지게 되어 있었다. 쥐가 처음 상자 안에 들어가게 되면 쥐는 여러 가지 행동을 하게 된다.

그러다가 어느 순간에 지렛대를 눌렀을 때 먹이가 나오게 된다.

그림 5-4 스키너의 조작적 조건화 실험장치

여기서 먹이가 중요한 학습을 일으키는 요소가 되며 이를 스키너는 '강화'라고 하였다. 쥐에게 강화가 주어지는 행동을 반복하게 되면서 쥐는 자연스럽게 지렛대를 누르는 행동을 학습하게 되는 것이다. 여기서 쥐의 행동, 즉 지렛대를 누르는 행동이 바로 실험상자라는 조건에서 먹이라는 자극에 대해서 쥐가 반응을 형성하게 되는 행동이다. 우리는 이러한 행동을 '조작적 조건화'라 지칭한다.

이러한 조작적 조건화 이론은 학교 장면, 생활 장면, 그리고 동물들의 훈련 등에서 폭넓게 활용된다. 예를 들어서 정신병원의 환자를 정상인으로 만드는 과정을 한 번 생각해 보자. 이들 환자들은 행동이 거칠거나 비규범적일 수 있다. 이들이 병원에 수용된 상태에서는 수많은 강화물들이 존재한다. 대표적인 예로 외출의 허가, 식사 제공, 면회 허락, 그리고 자유 활동의 기회 제공 등이 있다. 환자에게 이러한 강화물을 이용해서 충분히 조건화가 가능하며 이것이 한 번 혹은 몇 번의 기회로 어려울 경우에는 쉬운 행동부터 시작해서 어려운 행동의 조건형성으로 서서히 진행하는 조형(shaping) 등의 방법을 사용하는 것도 가능하다.

(1) 강화와 강화물

강화물은 강화를 일으키는 물건 또는 자극을 일컬으며, 강화란 강화물이 주는 효과를 말한다. 정적 강화물이란 이것이 주어졌을 때 반응의 확률을 높여 주는 강화물(예 칭찬, 상, 보상)을 말하고, 부적 강화물이란 어떤 상황에서 어떤 바람직한 수행을 했을 때 예정된 처벌적인 요소를 제거 또는 면제시켜 주는 자극 강화물(예 전기 쇼크, 굉음, 체벌) 등을 말한다.

(2) 일차적 강화물과 이차적 강화물

일차적 강화물은 학습에 의하지 않고도 강화의 효과를 갖는 자극을 말한다. 이차적 강화물은 원래는 중성자극이던 것이 강화하는 능력을 갖고 있는 다른 자극과 반복되어 짝지어짐으로써 강화능력을 갖게 된 자극이다. 이차적 강화물은 학습된 강화물이며, 다른 말로 일반화된 강화물이라고도 한다.

(3) 처벌

처벌은 강화에서의 부적 강화와 다른 개념이다. 정적 강화나 부적 강화는 반응을 지속적으로 증대시키지만, 처벌은 반응의 확률을 감소시키는 효과를 갖는다. 즉 강화는 행동을 증진시키기 위한 것이고, 처벌은 행동을 감소시키기 위한 것이다.

(4) 강화계획

강화계획이란 강화가 잘 일어나도록 취하는 조치를 말하는 데, 여기에는 시간을 기준으로 하는 것과 비율을 기준으로 하는 것이 있다.

- **고정간격 강화** : 일정한 시간이 경과할 때마다 강화가 주어진다.
- **변동간격 강화** : 시간을 기준으로 강화가 주어지나, 그 시간 간격이 평균시간을 전·후로 하여 불규칙성을 보이는 것이 특징이다.
- **고정비율 강화** : 일정 수의 반응을 나타낼 때마다 보상을 받게 된다.
- **변동비율 강화** : 강화가 반응의 빈도를 기준으로 하여 주어지나, 그 빈도의 기준이 불규칙적이다.

강화를 이용해서 바람직한 방향으로 행동을 유도할 수 있지만 바람직하지 못한 행동의 변화가 어려운 경우도 흔히 접할 수 있다. 이런 경우에는 처벌의 방법을 사용하기도 한다. 즉 유기체에게 혐오적인 어떤 것을 제공하여 어떤 행동이 자신에게 불편하도록 하여 부정적 행동을 제거할 수도 있다. 그러나 강화나 처벌을 잘못 사용하여 학생들이 학교를 싫어하게 하는 하나의 원인을 제공할 수도 있다. 교육전문가에 의해 철저하게 계획된 강화계획으로 바람직한 교육적 효과를 이끌어야 할 것이다.

3. 인지주의 학습이론

인지주의 학습이론은 행동주의가 외현적 행동만을 통해서 인간을 연구하고 인간을 수동적인 존재로 간주하는 것을 비판하고 인간의 사고과정을 주요한 연구의 과제로 간주하고 있다. 다시 말해서 인간 행동의 결정인자는 사고라는 것이다. 학교 장면을 통해서 다시 말해 보면, 행동주의에 입각한 교육은 학생의 보다 나은 학습을 위해서 환경적인 조건(예를 들어 강화의 원리 이용, 수업기자재의 활용 등)의 변화를 강조하지만, 인지주의 학습이론은 학생의 사고방식, 학습동기, 의지 등을 강조한다.

1) 통찰학습

통찰설(insight theory)이라 불리는 이 학습이론은 독일의 형태심리학자 퀼러가 침팬지 실험을 통해 제시한 것이다. 어떤 방에 상자를 올려놓고 막대기를 놓은 다음 천장에 줄을 매달아 그 끝에 바나나를 매어 놓는다. 그 높이는 침팬지가 뛰어도 닿지 않는 높이다. 처음 상황에 직면한 침팬지는 여러 번의 시행착오를 겪다가 실험실에 있던 상자를 바나나 밑에 놓고 그 위에 올라가 바나나를 따먹었다. 침팬지는 일련의 사고과정을 통하여 문제해결에 필요한 단서를 통찰을 통해 학습한 것이다. 형태주의의 형태(gestalt)라는 말은 배치, 조직을 뜻한다. 인지주의 학습이론은 사물을 분리된 요소로 보는 것이 아니라 유의미한 배치, 즉 형태들로 모여진 자극으로 본다. 통찰학습에서의 통찰은 유기체의 인지적 구조에 의해 장의 재구조화가 이루어질 때 즉시 나타난다.

(1) 통찰의 특징

① 통찰은 문제 장면의 배열에 의존한다.
② 한 번 통찰에 의해 문제가 해결되면 그것은 곧 반복될 수 있다.
③ 통찰에 의해 달성된 해결방법은 새로운 장면에 적용될 수 있다.

(2) 교육에의 적용

① 학습의 중요한 조건은 학습자에게 제시하는 문제 장면의 지각적 특성이다. 그러므로 학습문제는 본질적인 특징을 학습자가 탐색할 수 있도록 공개적으로 구성되고 제시되어야 한다.
② 지식의 구조화(organization of knowledge)가 교사나 교육입안자들의 본질적인 관심이 되어야 한다.
③ 이해로서의 학습이 기계적 학습보다 더 영속성이 있고 전이도 잘 된다.
④ 인지적 송환(cognitive feedback)은 지식을 교정해 주고 잘못된 학습의 수정을 용이하게 한다.
⑤ 학습자에 의한 목표설정이 학습을 위한 동기로서 매우 중요하며, 그의 성공과 실패는 다음 목표를 어떻게 설정하는지를 결정하는 요인이 된다.
⑥ 문제의 창의적 해결을 유도하는 발산적 사고가 논리적인 정답을 유도하는 수렴적 사고와 함께 길러져야 한다.

2) 정보처리 학습이론

(1) 정보처리 학습이론의 정의

기억은 과거 경험의 흔적으로 정의된다. 우리들은 경험을 통하여 학습을 하며 이는 머리에 기억이 되어 있기 때문에 우리의 행동에 영향을 미치는 것이 가능하다. 또한 과거의 기억이 있기에 과거에 대한 회상이 우리의 머리에 존재할 수 있는 것이다.

교육학에서 기억이 관심의 대상이 되는 것은 학생이 학습하였지만 그 내용이 기억저장고 속에 저장이 되어 있지 못한다면 학생의 노력이 무의미해 질 수 있기 때문이다. 따라서 기억을 좌우하는 개인적 요인과 기억의 지속 유지의 문제는 교육적인 관심의 대상이 될 수 있다.

(2) 기억의 과정

기억의 과정이란 정보를 어떻게 머리에 집어넣고, 어떻게 이를 저장하며, 그리고 어떻게 이를 머리에서 출력하는가의 문제, 즉 다시 말해서 정보의 흐름이 어떻게 이루어지는가를 말한다. 여기에는 약호화, 저장, 인출의 과정이 포함된다.

① 약호화(Encoding)

외부의 어떤 정보를 머리에 기억하기 위해서 우선적으로 필요한 과정이 약호화 과정이다. 정보를 기억에 저장하기 위해서는 외부의 정보를 저장 가능한 형태로 변환하여야 한다. 저장 가능한 형태의 정보는 음성적 · 심상적 · 의미적 정보 등이 있다.

이 과정에서 중요한 것은 어떤 요인이 약호화에 영향을 미칠 수 있는가 하는 것이다. 약호화에 영향을 미치는 요인에는 각성, 정신집중, 선택적 주의, 정보의 묶음화, 반복, 암송, 정교화 등의 방법이 있다.

② 저장(Storage)

약호화한 정보가 머리에 보관되어 있는 상태를 저장이라 한다. 이는 창고에 물건을 보관해 두는 것과 같은 것이다. 창고 속의 물건과 마찬가지로 정보를 잘 정리해 두면 정보를 찾기도 쉬울 것이다. 여기서의 관심은 찾아내는 것보다는 어떻게 하면 보관을 오랫동안 할 수 있는가 하는 것이며 여기에 관계된 인간의 생리적, 심리적 기제(mechanism)가 무엇인가 하는 것이다. 여기에 대해서 밝혀진 것은 별로 없다. 단지 정보의 유지나 저장이 뇌의 단백질 합성과 관계가 있다는 정도만이 보고되어 있을 뿐이다. 다만 개인에게 유의미한 정보가 오랜 기간 저장된다는 것은 사실이다.

③ 인출(Retrieval)

기억된 정보를 인출하는 것을 말한다. 인출의 형태는 두 가지가 있다. 첫 번째는 재생(recall)이다. 재생이란 정보를 회상해 내는 것으로서 논술식 시험이나 구두면접과 같은 경우 특정한 질문의 해답과 관계된 정보를 찾아내는 형태를 말한다. 두 번째는 재인(recognition)이다. 재인이란 이미 주어진 어떤 형태의 정보가 기억 속의 정보와 일치하는지의 여부를 판단하는, 다시 말해서 재인식하는 것을 말한다. 객관식 시험의 정답을 찾아내는 것이나 어떤 인물의 얼굴이 이전에 알고 있던 사람인가 아닌가를 판단(얼굴 재인: face recognition)하는 것과 같은 형태의 인출과정을 말한다.

(3) 기억의 유형

기억의 유형이란 머리에 저장된 정보가 어떤 저장 형태로 보관되어 있는가를 말하는 것으로서 창고가 일시보관소, 장기보관소 등의 형태로 나뉘는 것과 같은 의미이다. 저장고의 형태는 감각기억, 단기기억 혹은 작업기억, 장기기억의 형태가 있다.

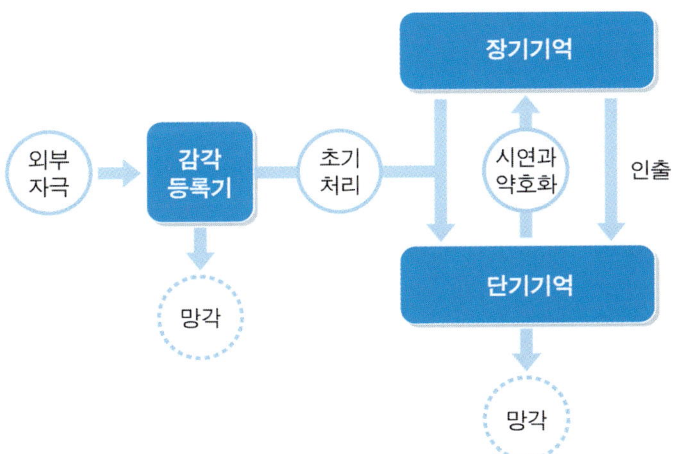

그림 5-5 기억의 유형과 정보처리과정(김영채 외, 1988)

① **감각기억**(Sensory storage)

감각기억이란 우리의 감각기관을 통해서 수없이 많은 정보가 머리에 들어왔을 때 이 많은 정보를 일시적으로 저장하는 형태의 저장고이다. 이때 정보의 유지시간은 0.5초 정도로 짧다. 이 저장고의 역할은 수많은 정보들이 우리의 감각기관을 자극하고 이내 없어지지만 약간의 시간동안 이들 정보를 보관하여서 추가적인 처리를 필요로 할 때 이들 정보를 활용 가능하도록 하여 준다. 여기에 저장된 정보는 정보처리자가 이들 정보 중에 주의집중을 하게 되면 이것은 다음 저장 단계인 단기기억 속으로 들어가게 된다. 여기서의 정보의 형태는 감각된 형태와 유사한 감각적 형태로 저장된다. 예를 들면, 시각적 잔상과 같은 형태이다.

② **단기기억**(Short-term memory)

단기기억이란 작업기억(working memory)이라고도 불리는 기억저장고로서 우리들이 머리에서 무엇인가를 생각하는 상태, 즉 작업을 하는 상태에서 정보를 보관하고 있는 형태의 기억저장고이다. 예를 들어 우연히 길에서 오랜 친구를 만났을 경우에 친구가 알려 준 친구의 전화번호를 잊어버리지 않기 위해서 머리에 이를 계속 생각하고 있는 상태의 기억저장고이다. 정보의 유지시간은 15~20초 정도이다. 이때 정보를 시연 반복하지 않으면 정보를 이내 잊어버리게 된다. 정보의 저장용량은 상당히 제한적이다. 밀러(Miller)에 의하면 5~9개의 덩어리(chunk) 정도의 저장용량이다. 여기에 보관된 정보는 정교화(elaboration) 시연을 통해서 장기기억 속으로 들어갈 수 있다.

③ **장기기억**(Long-term memory)

장기기억이란 우리들이 머리에 오랫동안 기억하고 있는 정보를 저장하는 곳을 말하며 과거의 기억이라고 하면 흔히 여기에 기록된 정보를 단기기억 속으로 가져와서 이를 회상 혹은 재인하는 상태를 말한다. 장기기억 속의 정보의 형태는 의미론적(semantic)이다. 저장량은 무한하며 지속시간 역시 영구적이다. 문제는 장기기억 속에 정보가 분명히 들어 있지만 이를 찾아내지 못하는 경우가 있다는 것이다. 그리고 재미있는 현상은 분명히 정보를 기억하고 있지만 이를 정확히 기억해 내지 못하는 경우도 흔하게 있다는 점이다. 한 가지 예가 생각이 밖으로 표현이 잘 되지 않아서 혀끝에 맴도는 경우이다. 이를 설단 현상이라 한다.

생각해 볼 문제

1. 교육심리학의 연구영역을 설명하라.

2. 다양한 발달이론과 교육의 관련성을 논의하라.

3. 심리학 이론을 교육적으로 적용할 때 발생할 수 있는 문제점들에 대해 생각해 보라.

4. 영화 「식스센스(The Sixth Sense, 1999)」를 보고 영화에 나타난 아동심리학자의 역할과 한계에 대한 자신의 생각을 서술하라.

CHAPTER

06

교육과정의 이해

개요

교육과정은 국가수준의 공적인 '교육과정'과 학교생활의 경험 전반을 의미하는 '교육과정'으로 나누어 이해될 수 있다. 교육과정은 교육목표를 달성하기 위한 구체적인 내용과 방법을 결정하고 배열하는 교육학 영역으로 교육의 실제적 성패를 결정하는 중요한 교인이다. 본 장에서는 교육과정의 구성 근거를 살펴보고 우리나라 교육과정의 특징을 살펴볼 것이다.

학습 목표

1. 교육과정의 의미를 설명할 수 있다.
2. 교육과정 구성의 변인을 이해할 수 있다.
3. 현대 교육과정의 종류를 구분하고 각각의 특성을 설명할 수 있다.
4. 우리나라 교육과정 구성의 근거와 논리를 이해할 수 있다.

제1절 교육과정의 기초

1. 교육과정의 의미

교육과정이라는 의미의 'Curriculum'은 라틴어의 'Curere'에서 유래한 용어이다. 'Curere'는 경주로(course of race)라는 의미로 정해진 출발점에서 종착점까지 달려가는 과정을 의미한다. 교육과정은 최단거리나 효율적인 과정과는 다소간 거리가 있다. 즉 A라는 지점에서 B라는 지점을 달리는 과정에 지름길이나 최단거리가 존재할 수도 있지만 교육과정은 꼭 거쳐야 하는 모든 길을 직접 경험해야 하기에 비효율적인 과정으로 보일 수도 있다. 예를 들어 대학교 4년간 배우도록 구성된 교육과정을 주말과 방학을 이용해서 2년 만에 모두 학습했다고 해서 졸업이 가능하지는 않다는 것이다. 대학교의 교육과정이 4년을 전제로 계획되어 있다면 정해진 교육과정에 따라 교과목을 이수해야 하는 것이다. 교육과정은 그 계획과 설계에 있어 주어진 사회의 이념과 문화에 적합해야 하고 다양한 철학적·사회적·심리적 기초를 고려해 교육 가능한 수준으로 구성되어야 한다.

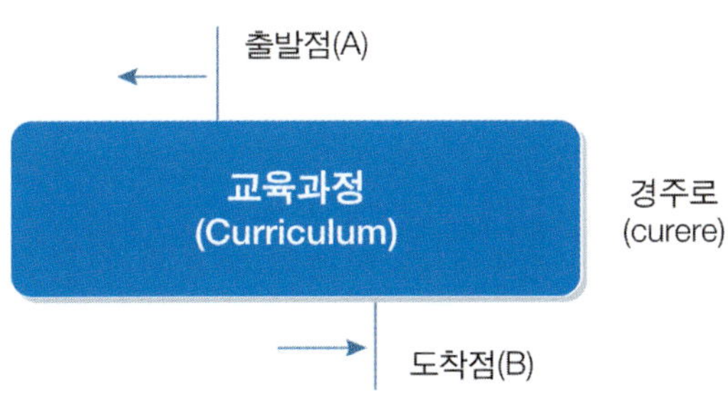

그림 6-1 교육과정의 개념

좁은 의미에서 교육과정은 학교를 비롯한 교육기관에서 사전에 계획된 교육일정에 따라 정해진 교과목을 학생들에게 교육하는 활동을 지칭한다. 이러한 관점에서 교육과정은 국가수준의 교육과정을 의미하고 더욱 좁게는 국어 · 수학 · 영어 등의 교과의 나열을 의미하기도 한다.

광의의 의미에서 교육과정은 학생들이 학습상황에서 가지게 되는 모든 학습내용, 생활경험, 인간관계 등을 통칭한다. 이때 교육과정은 국가수준의 교육과정이나 교과만이 아니라 다양한 교육적 활동, 즉 현장학습 · 교과 외 활동 · 수학여행 · 방과 후 활동 등의 생활경험이 모두 포함된다.

다양한 의미와 해석의 여지를 가지고 있는 교육과정은 일반적으로 다음과 같은 의미로 설명될 수 있다.

1) 교수요목으로서의 교육과정

교육과정의 가장 고전적 견해로 교육과정이란 교수요목과 동일한 의미라는 견해이다. 이는 교육과정을 교과들의 목록이나 교과별, 학년별 교수내용의 체계라고 보는 것으로 가장 일반적인 수준에서 교육과정을 파악하는 입장이다. 교육과정은 문서에 명기된 교육목표, 교육내용, 교수－학습 방법, 교육평가, 교육운영 등의 지침을 포함한다. 이러한 관점으로 교육과정을 파악하게 되면 교육과정의 주요 쟁점은 교과의 종류, 교과의 편제, 시수 배당, 필수 · 선택과목 여부 등이다. 이러한 교육과정은 문서상의 내용과 의미가 명확하지만 실제 교육과정 운영에 있어 문서로 명시되지 않은 교육내용에 대해 소홀할 수도 있다.

2) 교육적 경험의 총체로서 교육과정

학교에서 교사의 지도하에 겪게 되는 학생의 교육적 경험의 총체를 교육과정이라고 보는 견해이다. 이 견해에 따른 교육과정은 학습자의 경험, 탐구, 문제해결 과정 자체를 의미한다. 따라서 교수요목으로 교육과정이 간과하기 쉬운 교과내용의 전수 상황에서 교수자－학습자의 상호작용, 학습자－학습자의 상호작용, 교육환경의 중요성 등이 주요한 변수가 된다. 만일 학습자가 재학 중 겪게 되는 모든 경험을 교육과정으로 인정하게 되면 학교를 벗어나 일어나는 학습자 개인적 경험 또한 교육과정의 변수가 될 것이다. 그렇다면 교육과정의 변수와 통제요소가 너무나 광범위해지기에 자칫 그릇된 방향으로 교육과정이 전개될 수도 있다. 따라서 학교에서 교사의 지도하에서 이루어지는 교육적 경험의 총체로 교육과정을 정의하여, 지나친 방만함과 통제 불가성을 줄이고자 노력한 교육과정 개념이다.

3) 교육의 결과로서 교육과정

이 견해는 교육과정을 학교에서 계획된 교수-학습의 결과로 보는 것이다. 이 정의에 의하면 교육과정은 수업을 통해 도달해야 할 학습결과의 의도되고 계획된 측면을 의미한다. 동일한 조건에서 계획된 교육계획과 교육적 경험의 과정을 거쳐 달성된 결과로서 교육과정은 학습자의 심리, 사회문화적 환경, 경제적 조건 등 수많은 요인에 영향을 받을 수 있다.

2. 교육과정의 구분

1) 표면적 교육과정

표면적 교육과정은 국가 교육과정처럼 계획, 교육내용, 평가 등의 요인들이 명시적이고 설명 가능한 수준의 것이다. 교육부 장관 명으로 고시되는 '초·중등교육과정'이 대표적인 표면적 교육과정이라 할 수 있다. 표면적 교육과정에서는 교육과정 구성방향, 교육과정 편성 운영지침, 학교별·학급별 교육목표, 교과편제 시간배정 등의 총론과 교과의 성격, 목표, 내용, 교수-학습방법, 평가 등의 각론이 모두 포함되어 있다. 표면적 교육과정은 국가, 지역, 학교 단위에서 진행될 교육과정을 구체적으로 제시한 문서의 형태로 존재하며 일반적인 의미의 교육과정을 말한다.

2) 잠재적 교육과정

잠재적 교육과정은 학교의 물리적 조건, 제도 및 행정조직, 사회적·심리적 상황을 통하여 학교에서는 계획한 바 없으나, 학교생활을 하는 동안에 학생들이 은연중에 가지게 되는 경험을 말한다. 여기에서 학교에서 의도하는 바와 관련되어 있지 않은 경험이란 학교에서 의도는 되었으나 의도한 바와 다른 학습 결과가 나타나거나 또는 학교생활에서 학생 행동에 중요한 변화를 일으키는 경험 내용을 말한다. 잠재적 교육과정을 표시하는 용어는 숨어 있는(hidden), '비가시적인'(invisible), '내현적'(covert), '내적'(internal), '비공식적인'(unofficial), '비형식적'(unformal), '비구조적'(unstructure), '비조직적'(unorganized), '기대되지 않은'(unexpective) 등의 다양한 의미를 지닌다.

학교교육에서 학생은 형식적 교육과정을 통하여 의도적인 사회화를 경험하게 된다. 그러나 학생은 이런 의도적이고 형식적인 교육경험 이외에도 많은 비형식적인 교육경험을 하게 된다. 즉 학생은 표면적 교육과정뿐 아니라 학교의 물리적 조건, 제도 및 행정조직 그리고 사회 및 심리적 상황을 통하여 교과에서 의도한 바와 관련되지 않은 수많은 경험을 겪게 된다. 이러한 의도하지 않은 경험이란 주로 학교의 문화풍토나 교사의 인격감화를 통해 학습되는 비인지적·정의적 학습내용이다.

표면적 교육과정은 의도적이고 지적인 것이며 교과, 단기적 학습, 교사의 지적 영향, 학교교육의 순기능과 관련이 있지만 잠재적 교육과정은 비의도적이고 비지적인 것, 문화풍토와 관련이 있다. 잠재적 교육과정과 표면적 교육과정의 차이를 살펴보면 다음과 같다.

첫째, 표면적 교육과정은 학교에 의하여 의도적으로 조직되고 가르쳐지는 반면에 잠재적 교육과정은 학교에 의하여 의도되지 않았지만 학교생활을 하는 동안에 은연중에 배우게 된다.

둘째, 표면적 교육과정이 주로 지적인 것과 관련이 있다면, 잠재적 교육과정은 주로 비지적인 정의적 영역과 관련이 있다. 이와 같이 잠재적 교육과정은 학생들의 흥미, 태도, 가치관, 신념과 같은 정의적 영역의 발달과 관련을 맺는다.

셋째, 표면적 교육과정이 주로 교과와 관련이 있다면, 잠재적 교육과정은 주로 학교의 문화 풍토와 관련이 있다. 식물이 아무 곳에서나 정착하여 잘 자랄 수는 없듯이 각 식물의 특성에 적합한 풍토가 조성되어야 생존할 수 있다. 이와 동일하게 교육이 행해지는 풍토에 따라 교육의 결과가 달라질 수 있다.

넷째, 표면적 교육과정은 단기적으로 배우며 어느 정도 일시적인 경향이 있는데 반하여 잠재적 교육과정은 장기적·반복적으로 배우며 보다 항구적 특성을 지니고 있다. 사실 이 교육적 과정은 여러 가지 면에서 표면적 교육과정보다 효과가 있는 것 같다. 이것을 통해 배운 내용은 오랫동안 잊어버리지 않는다. 왜냐하면 이것은 학교에 다니는 동안 그 영향력이 지속적이고 항구적이기 때문이다. 학생들은 매일 그것을 경험하며 모르는 사이에 학습하게 된다.

다섯째, 표면적 교육과정은 주로 교사의 지적, 기능적인 영향을 받으나 잠재적 교육과정은 주로 교사의 인격적인 감화를 받는다. 표면적인 교육과정이 교과, 지적인 것과 관련이 있기 때문에 교사의 지적인 기능적인 영향을 받는 것은 당연하다. 그러나 잠재적 교육과정에 있어서는 학생들이 교사를 동일시 대상으로 삼고 강한 영향을 받는다고 간주한다.

여섯째, 표면적 교육과정이 주로 바람직한 내용인데 반하여 잠재적 교육과정은 바람직한 것뿐만 아니라 바람직하지 못한 것도 포함된다. 잠재적 교육과정을 통하여 아동들이 얼마나 바람직한 것을 배우느냐 못 배우느냐 하는 것은 전적으로 그 학교의 잠재적 교육과정의 장에 의하여 결정되는 문제이다. 학교에서 아동들이 욕설이나 일탈행위를 배울 수도 있지만 친구들에게 봉사하는 것을 배울 수도 있다.

일곱째, 표면적 교육과정과 잠재적 교육과정이 서로 조화되고 상보적인 관계에 있을 때 학생 행동에 강력한 영향을 미칠 수 있다.

3) 영 교육과정

영(零) 교육과정(null curriculum)은 학생들에게 꼭 가르칠 가치가 있는 중요한 내용이 교육과정 운영상 생략되거나 배제되는 것을 의미한다. 중요한 교육내용은 교육과정 설계 때부터 반영되어 표면적 교육과정에 명시적으로 반영되어 있다. 그러나 의도적이든 무의도적이든 학생들에게 교수되지 않는 경우가 종종 발생한다. 이러한 영 교육과정의 영향으로 학습자들은 그 내용에 대해 무지하거나 깊이 있는 사고력을 개발하지 못하게 된다. 그 결과 학습자는 비판적 사고의 결여, 편견 등을 가질 수 있다.

제2절 교육과정의 구성

교육과정은 일련의 교육계획, 교육실행, 교육평가의 과정으로 파악할 수 있다. 따라서 교육과정을 구성하고 있는 요소들은 교육목표 설정, 교육내용 선정, 교육내용 조직, 교육평가로 세분해 살펴볼 수 있다. 각각의 특징을 살펴보자.

1. 교육목표 설정

교육활동을 구성하는 교육과정 구성의 기본 전제는 교육목표의 설정이다. 즉 모든 교육활동은 교육목표의 달성을 위한 수단이라 할 수 있다. 교육목표는 사회의 상황을 반영하고 교과전문가를 중심으로 학습자의 특성을 고려해 설정되어야 한다.

1) 교육목표 설정의 기본원리

교육목표 설정에 필요한 기본원리를 제시하면 다음과 같다.

첫째, 교육목표는 구체적이며 명확한 용어로 진술되어야 한다.

둘째, 교육목표는 실현 가능하고 일관성 있는 내용으로 설정되어야 한다.

셋째, 교육목표는 모든 교육활동 속에 내면화되어야 한다.

넷째, 교육목표의 타당성은 교육행위를 통해 검증되어야 하고 언제나 수정 가능해야 한다.

2) 교육목표의 수준

(1) 일반목표

- 국가 및 사회 수준의 목표
- 교과 수준의 목표

(2) 특수목표

- 단원 및 수업 수준의 목표

2. 교육내용의 선정

교육목표가 정해지면 그 교육목적에 합당한 교육내용을 선정해야 한다. 일반적으로 교육내용은 교육목적을 달성하기 위한 교과내용 혹은 학습경험을 결정하는 일과 학생들의 학습경험을 유도할 수 있는 외적 조건을 형성하는 일로 구성된다. 교육내용을 교과내용으로 보는 관점은 전통적인 교과중심의 교육과정에서 기인하는 것으로 인류의 문화적 경험을 누적시켜 총체적으로 정리해 놓은 것을 교과라 하고 이를 학습하는 것이 교육내용의 학습을 의미한다. 반면 교육내용을 학습경험으로 보는 입장은 최근의 교육관으로 교육목표의 달성에 학습자의 경험을 통한 사고의 향상, 태도 성향의 발전, 가치관의 형성 등이 모두 포함된다는 견해이다. 이러한 입장에서 중요한 것은 어떤 교과를 학습자에게 제공할 것인가의 문제가 아니라 어떤 학습경험을 제공할 것인가의 문제이다. 교육내용 선정의 일반적인 원리를 살펴보면 다음과 같다.

1) 기회의 원리

학습자가 목표달성에 필요한 경험을 할 수 있는 기회가 제공되어야 한다.

2) 유의미성의 원리

교육내용은 교육목적의 기준에서 유의미한 것으로 선정되어야 한다. 즉 교육내용은 교육목표를 달성하기 위해 일관성과 가치지향성을 고려하여 선정되어야 한다.

3) 가능성의 원리

교육내용은 학습자의 현재 학업성취 능력, 발달단계 등에 부합하는 수준에서 설정되어야 한다.

4) 일 목표 다 경험의 원리

하나의 교육목표를 달성하는 데 여러 가지 교육내용이 활용될 수 있다. 즉 특정한 교육목표를 달성하기 위한 교육내용은 다양할 수 있고, 제시된 다양한 내용 중 학습자 수준에 적합한 내용을 선택해 학습효과를 극대화시킬 수 있다.

5) 일 경험 다 목표의 원리

하나의 교육내용이 꼭 한 가지 교육목표만을 달성하지는 않는다. 하나의 경험을 통해 다양한 교육목표를 성취할 수 있다. 따라서 동일한 학습경험을 했더라도 교육의 결과는 달라질 수 있다.

3. 교육내용의 조직

선정된 교육내용은 효과적으로 조직되어 최대한 교육목표의 달성에 도움이 되어야 한다. 하나의 교육경험이 교육적 효과를 나타내기 위해서는 계획적·구조적으로 조직되어야 한다. 이때 고려해야 할 가장 기본적인 사항은 교육내용의 범위(scope)와 계열(sequence)이다. 범위는 교육내용의 폭과 깊이를 결정하는 것으로 수평적 조직의 문제이다. 일반적으로 학년이 올라갈수록 교육내용의 범위는 깊어지고 넓어진다. 따라서 교육내용의 조직에 있어 학년이나 발달에 따른 범위의 조절은 중요한 변수이다. 계열은 시간에 따른 조직의 문제로 수직적 조직과 관련된 것이다. 이는 학습내용의 시간적 배열의 문제로 어떤 내용을 학습시킬 것인가, 먼저 배워야 할 것과 나중에 배워야 할 것의 결정 등과 관련된 문제이다.

일반적인 교육내용 조직의 원리를 살펴보면 다음과 같다.

1) 연속성(continuity)의 원리

교육내용 조직의 연속성 혹은 계속성의 유지와 관련된 원리이다. 즉 교과의 학습에 있어 그 교과와 관련된 자료를 숙지하는 것이 일차적 목적이라 가정한다면, 자료를 연마하고 개발할 수 있는 기회가 계속적이고 반복적으로 주어져야 한다는 것이다.

2) 연계성(sequence)의 원리

교육내용의 연계성은 계열성과 유사한 의미로 교육내용의 논리적 계열과 학습자의 발달단계, 사회·문화적 계열 등을 고려하여 단계적으로 넓고 깊게 접근하는 방법을 의미한다.

예 유치원 교육과정과 초등 교육과정의 연계성

3) 통합성(integration)의 원리

통합성의 원리는 교육과정 요소의 수평적 연관과 관련된 것으로 교육내용들 간의 연계를 의미한다. 즉 여러 가지 교육적 상황에서 획득된 지식들이 연결되고 통합되는 과정을 통하여 사물을 종합적으로 이해하는 안목을 기를 수 있고 나아가 학습내용과 행동을 통합시킬 수도 있다.

예 수학의 학습내용이 물리학의 학습과 관련되어 통합적으로 이해되는 것

4. 교육평가

교육평가는 계획된 수업목표와 선정·조직된 학습경험이 실제로 실행되는지 또는 의도된 성과를 거두고 있는지를 확인하는 작업으로 교육과정의 필수적 요소이다. 교육평가의 과정을 통하여 교육프로그램의 설계, 구체적인 방법론의 장·단점을 확인하고 이를 개선할 아이디어를 판별할 수 있다. 모든 평가의 준거는 교육목적이며 교육목적이 교육과정이나 학습지도에 의하여 어느 정도 학습자 행동의 변화를 이루고 있는지의 문제가 평가의 세부 항목이 된다.

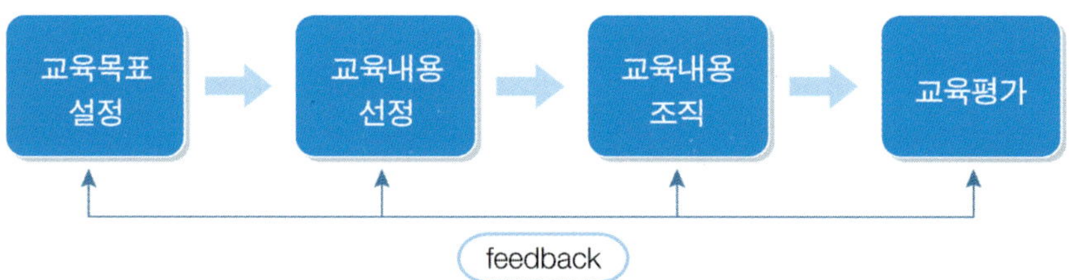

그림 6-2 교육과정 구성의 개념도

제3절 현대교육과정

1. 교과중심 교육과정

1) 기본입장

교과중심 교육과정은 역사적으로 가장 오랜 전통을 가지고 동서양을 지배해온 교육과정 이론이다. 교과란 인류의 문화유산을 논리적으로 조직한 것이며, 그 조직은 각 교과의 전문가에 의해서 이루어진다. 교사는 교과를 가르치고 아동은 교과를 중심으로 학습하게 된다. 이러한 교육과정의 이론적 기초는 형식도야이론에서 찾을 수 있다. 교과중심 교육과정은 교육이란 선세대의 문화유산이나 정보를 후세대에게 전달할 것을 목적으로 하고 인간의 감성보다 이성을 중시하는 교육목표를 지향하였다. 학교의 교육과정은 교수요목 또는 교과별로 작성되기 때문에 이를 학과과정 또는 교과과정이라고도 한다.

2) 교과중심 교육과정의 특징

첫째, 오랜 역사적 전통의 논리적·체계적인 문화유산을 교과로 본다. 역사적으로 가장 긴 전통을 갖고 있고, 그 연원은 서양은 7자유과, 동양은 고대 중국의 6예이다. 교과중심 교육과정에서는 문화유산의 핵심을 체계적으로 조직한 것을 교과로 보고, 이들의 목록인 교수요목을 교육과정으로 본다. 따라서 교육과정은 논리적이고 체계적인 특성을 지닌다.

둘째, 교사중심의 교육과정 운영이다. 교과의 전수가 교육의 목적이 될 때 교사는 해당 교과에 정통한 사람이 되어야 한다. 해당 교과에 정통한 교사는 배우는 학생보다 월등히 많은 지식을 소유하고 있으므로 교사중심의 교육이 된다.

셋째, 강의법 위주의 교수법을 사용한다. 교과중심 교육과정에서는 해당 교과에 정통한 교사가 논리적이고 체계적인 교과를 전문지식이 없는 학생들에게 강의를 통하여 전달하는 형식으로 교육이 이루어진다.

3) 교과중심 교육과정의 장 · 단점

(1) 장점

첫째, 객관적으로 가치가 있다고 생각되는 것에 대한 논리적이고 체계적인 조직으로 학습계획의 표준화와 관리가 용이하다.

둘째, 학생들의 지적 성장을 위한 필수내용을 제공할 수 있다.

셋째, 국가나 감독기관에 의한 교육과정의 통제와 개정이 쉽다.

넷째, 교육과정 전반의 객관화를 통한 측정과 평가가 용이하다.

(2) 단점

첫째, 어려운 교과내용을 학습하고 일상적인 문제를 경시하여 학생들의 흥미부족을 초래할 수 있다.

둘째, 수동적인 교사의 강의법을 교육방법으로 채택하여 창의적 · 능동적 사고력 함양에 어려움이 있다.

셋째, 교육과정이 분과중심으로 구성되어 통합적 교과운영이 어렵다.

2. 경험중심 교육과정

1) 기본입장

경험중심 교육과정은 미국에서 1930년대를 전후로 교과중심 교육과정에 회의를 느끼기 시작하면서 나타났다. 이 시기는 듀이의 진보주의 교육사조가 대두됨에 따라 교과중심 교육과정으로는 학생들이 급변하는 사회에 적응할 수 없으며 현실생활과는 거리가 멀다는 비판이 일어났다. 이러한 비판은 당시 미국의 사회・경제적 상황과 부합되어 쉽게 받아들여질 수 있었다. 따라서 교과중심 교육과정에 대한 개정작업이 활발하게 진행되었는데, 이때에 나타난 것이 경험중심 교육과정이다.

경험중심 교육과정에서는 '경험의 계열'을 존중하는 교육과정으로서 학교의 지도 아래 학생이 가지게 되는 모든 경험을 교육과정으로 본다. 이것은 교육과정을 교과로 보는 교과중심 교육과정과 큰 차이가 있다. 즉 교과중심 교육과정이 모든 학생들에게 제공하는 공통된 문서를 의미한다면 경험중심 교육과정은 학생 개개인에 따라서 다르게 나타나는 경험 자체를 의미한다.

경험중심 교육과정은 학생들의 직접적인 흥미, 필요, 목적에 기반을 두고 교육과정을 구성하며 학습자의 자발적인 활동으로 전인적인 발달을 기하는 데 목적이 있다. 따라서 학생들에게는 교과서를 주는 대신에 실재적인 생활의 장을 부여하고 거기서 학생들의 문제를 중심으로 구안적인 단원을 구성하는 교육과정이다.

2) 경험중심 교육과정의 특징

첫째, 경험중심 교육과정은 아동중심, 활동중심, 생활중심의 교육과정 등으로 표현되는데, 학습자의 흥미, 활동, 생활, 경험 등에 근거한 새로운 교육과정 운동으로 발전하였다.

둘째, 경험중심 교육과정은 학습자의 흥미와 필요를 가장 중요한 교육요소로 간주한다. 따라서 경험중심 교육과정은 학습자중심 교육과정과 상통한다.

3) 경험중심 교육과정의 장・단점

(1) 장점

첫째, 학습자의 흥미와 욕구를 기반으로 교육과정을 구성하므로 자발적인 참여가 가능하다.

둘째, 생활중심 교육과정으로 일상적인 삶의 상황에서 문제해결에 유용한 지식의 학습이 가능하다.

셋째, 다양한 경험을 중심으로 통합적인 교육과정 운영이 가능하다.

(2) 단점

첫째, 교육과정의 학문적 구조화가 어렵다. 또한 기본적인 지식과 문화적 전통의 학습에 난점이 있다.

둘째, 교육과정 계획, 운영, 평가의 체계적 관리가 어렵다.

셋째, 교사의 능력에 따라 교육과정 운영의 전반적인 성패가 결정되므로 교사의 중요성이 교과중심 교육과정보다 더 강조된다.

넷째, 학습자의 흥미가 실제적, 즉시적인 것에 한정될 때 추상적 · 과학적 지식의 학습에 어려움이 있다.

표 6-1 교과중심 교육과정과 경험중심 교육과정의 비교

교과중심 교육과정	경험중심 교육과정
교과목 중심	학습자의 경험 중심
교사에 의한 교재의 심화 학습	학습자의 전인적 발달
미래를 위한 준비로서 교육	현재 삶 자체의 가치를 지향하는 교육
구조적 · 체계적 조직 관리의 유용성	비구조화된 경험의 통합적 접근

3. 학문중심 교육과정

1) 기본입장

1957년 구 소련에서 인공위성 '스푸트닉 1호'를 인류 최초로 발사한 사건을 계기로 미국의 과학교육에 대한 비판과 반성이 거세게 일어났고, 이를 배경으로 대두된 교육과정이 학문중심 교육과정이다. 1959년 미국의 'Woods Hole'에서 과학

자와 교육전문가들이 모여 경험중심 교육관의 문제점을 비판하고 브루너를 중심으로 작성한 보고서 《교육의 과정(The Process of Education)》을 통하여 학문중심 교육과정의 실체가 드러났다. 경험중심 교육과정이 그 구성방식에 있어서 지식의 체계성에 소홀함을 보였고, 학문적이고 체계적인 사고와 연구에 필요한 능력을 간과했음을 지적하고 이를 개선하기 위한 운동의 일환으로 전개되었다.

학문중심 교육과정은 생활경험을 강조하는 경험중심 교육과정에 대한 반발에서 출발하였으나 지식의 체계를 전달하려는 교과중심 교육과정과는 달리 그 교과의 개념이나 법칙과 관련된 원리와 사고체계를 학습자들이 스스로 발견하는 것을 중요시하고 있다.

교과의 내용 면에서는 체계적인 개념과 법칙, 즉 '지식의 구조'를 강조하고, 교육방법에는 발견학습(discovery learning)과 탐구학습(inquiry learning)을 강조하였다. 1960~1970년대에 걸쳐 가장 번성하였던 이 이론은 전 세계에 영향을 주었고, 한국에도 소개되어 1971년의 3차 교육과정 개정에 반영되었다.

2) 학문중심 교육과정의 특징

첫째, 지식의 구조를 핵심으로 교과내용을 조직한 교육과정이다. 각 교과 전문가들이 참여하여 학문의 기저를 이루고 있는 일반적인 아이디어, 기본개념 등으로 교과내용을 체계화해 놓은 지식의 구조를 중시한 교육과정이다.

둘째, 학문중심 교육과정에서는 교과의 구조와 학습방법에서는 탐구학습을 중요시한다.

셋째, 교육내용의 조직 원리로서 나선형 조직을 권장하는 교육과정이다. 이것은 아동의 발달단계에 따라 학습에 내재해 있는 지식의 구조, 즉 핵심개념, 기본원리, 일반 아이디어를 잘 조직하면 아동, 학생의 사고방식에 알맞게 효과적으로 가르칠 수 있으며, 학년의 진전에 따라 점차 심화, 확대해 가는 교육과정이다.

예 유치원에서 탐구하는 기초 물리학 놀이와 대학원에서 탐구하는 물리학은 본질적으로 동일한 지식을 수준을 달리해 심화·확대한 것이다.

넷째, 학습동기 유발방법으로 내적 보상을 권장하고 있는 교육과정이다. 아동·

학생이 학습의 문제해결에서 만족할 경우 희열을 맛보는 내적 보상이 외적 보상보다 지속적이어서 학습자로 하여금 학습자료 자체에 흥미를 가지도록 해 주고 학습내용을 학습자의 사고 형태에 맞도록 적절히 조성하는 것을 권장하고 있다.

3) 학문중심 교육과정의 장 · 단점

(1) 장점

첫째, 학문중심 교육과정은 교과의 전체적인 이해와 본질적인 핵심에 대한 접근이 쉽고 원리의 이해에서 오는 장기간의 기억, 초급지식과 고급지식의 간격 축소가 용이하다.

둘째, 기본개념과 원리를 학습하여 새로운 지식으로의 전이가 쉽다.

셋째, 자발적인 탐구학습을 통하여 추상적 사고의 확대 등에서 초래되는 학문적 즐거움을 느낄 수 있다.

(2) 단점

첫째, 교육내용으로 조직해야 할 개념과 법칙의 선정 및 조직에 어려움이 있고 교육과정 개발이 특정 교과에 치중됨으로써 교과 간에 분절 현상이 일어날 수 있다.

둘째, 학문중심 교육과정은 학습자의 정서적 성장을 간과하여 전인적 발달에 부정적 영향을 미쳤다. 학문중심 교육과정이 지나치게 학문적이고 지적인 교육에 치중하여 학습자의 인성, 정서, 생활교육 등을 소홀하게 하였다.

셋째, 학습능력이 상위권에 있는 학습자에게 유리한 소수 정예주의 교육과정이라는 지적을 받고 있다. 따라서 일정 수준 이하의 학습자의 교육은 고려하지 않고 비인간화 교육의 가능성이 존재한다.

넷째, 학문의 구조라는 순수 지식만을 협소하게 강조함으로써 학교 밖의 실생활과 유리되어 실용성이 적다는 것이 또 하나의 문제가 되고 있다. 학문중심 교육과정은 교육이 마땅히 관심을 가져야 할 사회적 문제를 무시하고 추상적 지식에 치중하여 일반적인 시민교육에는 부적합하다.

다섯째, 교육과정 개발에서 과학과 수학 교과에 우선 순위를 둠으로써 교육과정 전반의 균형을 유지하기가 어렵다.

여섯째, 교사의 준비 부족, 학습 자료의 개발 미흡, 학생의 충분한 이해 부족 등의 문제가 해결되지 않는 상태에서는 심화된 지식의 습득을 달성하기 어렵다.

표 6-2 교과중심 · 경험중심 · 학문중심 교육과정의 비교

구 분	교과중심 교육과정	경험중심 교육과정	학문중심 교육과정
목적	교과지식의 습득	전인적 성장	지식의 구조 획득
교육내용	교과(문화유산)	생활경험	구조화된 지식
교사의 역할	주도적	보조적	주도적
교과조직	분과형	통합형	나선형

4. 인간중심 교육과정

1) 기본입장

인간중심 교육과정은 지적인 성숙을 위하여 질적으로 우수한 교육을 추구하던 학문중심 교육과정이 비인간화와 비민주화라는 비판에 직면하자 1970년대에 들어서 새롭게 강조되기 시작하였다. 이 교육과정은 현대산업사회의 기계문명과 거대한 사회조직에 의해 인간의 자유와 자율적인 행위의 가능성이 제약당하고 있다고 진단한다. 이로 인한 인간성 상실과 비인간화, 수단적 기능적 학교교육 등의 문제가 발생하였고, 이는 학습자의 전인적 성장을 저해한다. 이러한 문제를 반성하는 인본주의 심리학의 새로운 인간 인식 등의 영향으로 교육의 인간화를 강조하는 인간중심 교육과정이 전개되었다.

2) 인간중심 교육과정의 특징

첫째, 인간의 자아실현을 목표로 인간의 존엄성을 존중한다. 타인과의 경쟁을

통한 상급학교의 진학이 목표가 아니라 한 개인의 발전을 가장 존중한다. 따라서 상대평가보다는 자기지향평가를, 금지와 처벌보다는 권장과 칭찬을 장려함으로써 인간적인 분위기를 형성하기 위하여 노력한다.

둘째, 잠재적 교육과정의 영향력을 중요시한다. 인지적 요소를 강조하는 표면적 교육과정과 달리 인간의 정서적·사회맥락적 요소를 강조하는 잠재적 교육과정은 인간중심 교육과정의 중요한 요인이다. 즉 의도된 교육과정의 실행에 내재된 잠재적 교육과정을 고려하여 학습자의 올바른 정서적·인성적 발달을 중요한 가치로 설정한다.

셋째, 학교의 인간화를 위하여 노력한다. 인간중심 교육과정은 기존 학교의 인적·물적 환경의 비인간적 측면에 주목한다. 즉 대규모 학교, 과밀 학급, 학습자의 체격에 맞지 않는 시설, 학교 내의 차별, 인간소외, 서열화, 계급화 등의 문제가 기존 학교환경에 존재하고 이는 비인간화를 초래한다. 이러한 비인간적인 학교환경의 인간화가 인간중심 교육과정의 이상을 달성할 수 있는 기본적 여건이다.

3) 인간중심 교육과정의 장·단점

(1) 장점

첫째, 교육의 인간화에 기여했다. 교육에서 학습자의 긍정적 자기인식과 인간적 가치를 인정하고 수단적 교육관을 거부하였다.

둘째, 경쟁을 통한 선발을 중요시하는 결과론적 교육관을 부정하고 교육과정 자체의 가치를 인정하는 과정적 교육관을 지지하였다.

셋째, 학교의 인간화를 시도하였다. 기존 학교의 비인간적 측면을 비판하고 새로운 대안적 학교체제를 운영하여 학교의 인간화를 시도하였다. 이때 인간화는 학교제도, 조직, 시설, 운영, 인식 등 학교 전반을 모두 고려한 것이다.

(2) 단점

첫째, 인간중심 교육과정의 기본개념과 실천의 기준을 찾기 어렵다.

둘째, 교육과정에서 학습자의 자율성을 지나치게 강조하여 기존 교육과정과의 병행이 어렵다.

셋째, 학습자 개인의 경험을 구체화할 교육과정의 운영이 어렵다.

표 6-3 교과중심 · 경험중심 · 학문중심 · 인간중심 교육과정 비교

구 분	교과중심 교육과정	경험중심 교육과정	학문중심 교육과정	인간중심 교육과정
목적	교과지식의 습득	전인적 성장	지식의 구조 획득	자아실현
교육내용	교과(문화유산)	생활경험	구조화된 지식	인간관계
교사의 역할	주도적	보조적	주도적	보조적
교과조직	분과형	통합형	나선형	분과형, 통합형

제4절 한국의 교육과정

1. 1차 교육과정

제 1차 교육과정기는 최초로 국가수준의 교육과정이 정립된 시기이다. 이 시기는 6 · 25 이후 혼란한 사회를 바로잡고 우리나라 교육의 계통을 확립하고자 노력한 시기이다. 이 시기 영향을 미친 교육사조는 미국의 진보주의 영향을 받은 아동중심 교육사상이다. 교육과정 구성을 교수요목의 나열이 아닌 아동의 경험영역으로 파악하고자 시도하였다. 1차 교육과정을 통하여 법적으로 '교육과정'이라는 용어를 최초로 사용하게 된다.

교육과정 운영에서는 지식의 주입을 주로 하여 인격적 교육이 실시될 수 없었고, 경험중심 교육과정을 교과중심으로 운영하는 모순점도 발견되었다. 1차 교육

과정의 교육사적 의의는 국가수준의 정규 교육과정이 확립되었다는 점이다.

2. 2차 교육과정

제 1차 교육과정에 대한 비판과 변화의 요구가 거세지자 문교부에서는 교육과정 개편을 위한 여론 조사를 통하여 새로운 교육과정을 발표하였다. 1963년 발표된 제 2차 교육과정의 실제적 적용은 교과서 검·인정 문제 등의 사유로 1966년부터였다. 2차 교육과정의 특징은 다음과 같다.

첫째, 1차 교육과정의 '시간배당 기준표'와 '교육과정'을 통합하여 '교육과정'이라 지칭한다. 즉 1차 교육과정에서 각 교과마다 다른 시간배당 기준표와 교육과정이 따로 존재하였다. 이를 통합하여 교육과정으로 지칭하였다. 이는 교육과정을 정상적으로 이해하기 시작했음을 의미한다.

둘째, 교육내용으로 생활경험을 상정한다. 1차 교육과정에서 경험중심 교육과정을 시도하였으나 실제 운영은 교과중심 교육과정과 차이가 없었다. 따라서 교육과정을 '학생들이 학교의 지도하에서 경험하는 모든 학습활동의 총화'로 규정하고 생활중심 교육과정 운영을 실시하였다.

셋째, 학습내용의 분량, 난이도의 조절을 실시했다. 2차 교육과정은 시간당 배당 시수만을 기술한 것이 아니라, 재학기간 중 이수해야 하는 단위 수를 제시하고 이에 따라 학교별로 교육운영을 실시하도록 한다. 1단위는 매주 50분 수업을 기준한 것이다. 단위제를 기반으로 학습내용의 분량 조절, 난이도의 조절 또한 겸비하였다.

3. 3차 교육과정

제 3차 교육과정은 기존 생활중심 교육과정을 지양하고 미국의 학문중심 교육과정의 사상적 흐름을 수용하였다. 따라서 제 3차 교육과정의 중심 목표는 '지식 기술 교육의 쇄신', '기본개념의 파악 · 지식의 구조를 이루는 기본개념과 그 관계를 이해하고 지적인 탐구방법을 익힐 수 있는 지도내용' 등의 내용에서 알 수 있다. 제 3차 교육과정기의 교육적 특징을 설명하면 다음과 같다.

첫째, 국민교육헌장을 중심으로 교육이념을 정립하였다. 1968년 선포된 국립교육헌장은 우리나라 고유의 '국적 있는 교육'을 실시하자는 의미에서 반포되었다. 그러나 교육헌장에 나타난 국가주의적 성격이 비판의 대상이 되기도 하였다.

둘째, 학문중심 교육과정이 중요한 사상적 배경이 되었다. 스푸트닉 쇼크 이후 미국 교육계 전반을 좌우한 학문중심 교육과정의 다양한 교육원리가 제 3차 교육과정에 적용되었다. 제 3차 교육과정은 각 교과의 기초 개념과 원리를 중심으로 '지식의 구조'를 학습하고 이를 학년이 올라갈수록 심화 확대하는 '나선형 교육과정'의 체계를 가진다. 따라서 발견학습, 탐구학습이 중요한 교육방법으로 대두되었다.

셋째, 교과 간의 통합과 신설이 실시되었다. 이전 교육과정에서 독립교과 영역이던 '반공 · 도덕'을 '도덕'으로 통합하였다. 또한 중학교 교육과정에서 '국사'를 독립된 교과로 신설하였다.

이상의 특징을 지닌 제 3차 교육과정은 국민교육헌장을 중심으로 정부의 유신체제 확립에 교육적 지지를 보낸 점에서 비판받는다. 또한 학문중심 교육과정 운영으로 특정 교과에 대한 편중된 심화학습으로 학습자의 흥미를 간과한 점은 전인교육의 이상에 위배된다.

4. 4차 교육과정

1980년 새로운 공화국 출범과 함께 교육의 혁신을 위한 7·30 교육개혁을 단행하였다. 또한 각급학교 교육과정 개발에 관한 사항이 한국교육개발원으로 이관되었다. 이러한 시대적 배경 아래 제 4차 교육과정은 학문중심 교육과정에서 탈피하여 인간중심적 교육과정의 특징을 지닌다. 이는 기초교육, 일반교육, 전인교육, 인간교육을 표방하는 것에서 알 수 있다. 4차 교육과정의 특징은 다음과 같다.

첫째, 종합적이고 복합적인 교육과정이다. 4차 교육과정은 특정한 교육사조에 의존하지 않고 인간교육을 이상으로 다양한 교육과정을 종합하여 운영하였다.

둘째, 통합교과 운영이 실시되었다. 즉 도덕, 국어, 사회는 '바른생활'로, 산수, 자연은 '슬기로운 생활'로, 미술, 음악, 체육은 '즐거운 생활'로 통합되었다.

셋째, 자유선택 과목을 신설하였다. 자유선택 과목은 학교장의 재량에 따라 학생들의 희망과 지역사회의 요구를 수용하여 학교단위로 교육내용을 선정 운영할 수 있도록 하는 것이다. 그러나 각급학교에 배정된 최저 시간이 '0'으로 실질적인 운영은 미약했다.

이상의 제 1차에서 제 4차에 이르는 교육과정 개편은 미국 중심의 교육이론을 적용하여 교육과정을 구성하려 한 특징이 있고, 교육과정 개발 주기가 대략 10년에 걸쳐 있다. 그러나 교육과정 개발 의도와 실제 적용 간의 괴리는 비판의 여지가 있다.

5. 5차 교육과정

제 5차 교육과정은 제 4차의 내용을 유지하면서 부분적인 개선을 유도한 것이다. 제 5차 교육과정은 교육과정의 내실화, 적정화, 지역화를 개정 방침으로 하고 지속성, 점진성 등을 개정 전략으로 보았다. 이 중 교육의 지역화는 제 5차의 중요한 특징으로 교육과정 운영에 있어 각 시·도 교육위원회나 단위학교의 특수성에 적합한 교육내용을 운영할 수 있는 여지를 열어둔 것이다. 제 5차 교육과정의 특징은 다음과 같다.

첫째, 제 4차 교육과정의 통합교과 운영을 보완하였다. 즉 제 4차 교육과정은 실제 교육과정상으로 분리되고 교과서만 통합하였다. 그러나 교육과정에 있어 실제 통합교육과정 운영을 실시하였다. '국어', '산수'가 독립된 교과로 나왔고, 초등학교 1학년에는 '우리들은 1학년'이라는 교과가 추가되었다.

둘째, 지역성을 강조하였다. 즉 초등학교 4학년 '사회'과 교재가 각 지역별 교과서로 개발되었다. 이는 교육의 책임과 운영을 지역에 최초로 이관한 것으로 중요한 교육사적 의의를 지닌다.

셋째, 자유선택 교과를 실질적으로 운영하였다. 제 5차 교육과정부터 '자유선택'을 '교양선택'으로 지칭하고 최저 2단위로 배정하였다. 교양은 교육학, 심리학, 논리학, 철학, 생활 경제, 종교 등으로 구성된다.

이상의 제 5차 교육과정은 각 개인 학생의 학습능력을 고려하여 학습방법을 다양화하고 다양한 지역적 차이를 고려하는 교육과정 운영이 그 특징이라 하겠다.

6. 6차 교육과정

제 6차 교육과정은 교육과정 편성 및 운영체계를 개선한 것이다. 주요한 내용으로 교육과정 개발과 운영에 관한 국가와 지역 학교의 역할을 분담하였다. 컴퓨터, 환경, 러시아어, 진로 직업교과를 신설하고 외국어에 관한 전문교과 신설, 초등영어 교과 등을 신설했다. 6차 교육과정의 가장 큰 특징은 중앙집중적 교육과정 운영에서 지방분권형 교육과정 운영으로 전환되었다는 점과 각 시·도의 교육청, 각급 단위학교의 재량권을 확대했다는 점이다.

국가는 국가 수준의 '교육과정'을 문서로 고시하고 각급 교육청은 '교육과정 편성 운영지침'을 작성하여 각 학교에 제시하고, 각 학교는 '학교 교육과정'을 만들어 운영한다. 이는 교육의 과정이 국가에서 단위학교, 학급, 교사에게 이관되는 것을 의미한다.

7. 7차 교육과정

제 7차 교육과정은 21세기 지식 정보화·세계화 사회를 준비하기 위한 것이다. 이는 변화하는 미래사회를 주도할 경쟁력 있는 인간을 효과적으로 양성하는 것으로 다품종 소량생산의 교육체제를 지향한다. 따라서 제 7차 교육과정은 획일적인 교육과정 운영을 비판하고 다양성이 존중되는 교육운영을 목표로 한다. 구체적으로 7차 교육과정의 특징을 살펴보면 다음과 같다.

첫째, 제 7차 교육과정의 거시적 특징은 국민공통 기본교육과정을 구성하고 고등학교 선택중심의 교육과정 운영, 수준별 교육과정, 재량활동의 신설 및 확대, 능력중심의 교육내용 선정, 지역 및 학교의 자율권 확대 등이다.

둘째, 교육과정 운영의 핵심은 수준별 교육과정이다. 수준별 교육과정은 단계형, 심화 보충형, 과목 선택형 등으로 나눌 수 있다. 단계형은 교과내용 요소 간의 위계가 분명하여 이전 학습의 결손이 이후에 영향을 미칠 것으로 예상될 때 적용된다. 심화 보충형은 내용 요소 간의 위계가 분명하지 않은 교과에 적용된다. 과목 선택형은 다양한 교과를 개설하여 학습자가 선택하도록 구성된 것이다.

셋째, 고등학교 2~3학년에게 선택중심 교육과정 운영을 실시한다. 선택중심 교육과정은 공급자 중심의 교육운영이 가지는 획일성·경직성을 해결하고자 나온 것이다. 즉 학습자의 흥미, 적성, 관심, 진로 등을 종합적으로 고려하여 학생이 교육과정을 선택하도록 하는 것이다.

이상에서 살펴본 제 7차 교육과정은 '수요자 중심 교육과정'으로 요약된다. 이는 교사 중심에서 학생 중심으로, 중앙 중심에서 지방 중심으로 내려오는 교육과정 운영 주체의 변경을 대표하는 용어로 미래 우리나라 교육이 지향할 바이다.

그러나 수요자 중심 교육이라는 용어에 포함된 다양한 의미를 잘 이해하여 교육과정 적용에 있어 오류를 줄여 나가는 노력이 필요하다.

우리나라 현대교육의 전개를 교육과정 변화 내용을 중심으로 설명한 것은 수많은 교육담론 속에 객관성을 확보한 것은 공교육이 유일하기 때문이다. 수많은 대안교육과 사교육은 객관적 근거나 공적 제도의 확립 등에서 부족함이 많다. 역사적으로 사교육의 성공은 국가의 발전을 담보하지 못한 경우가 많았다. 한국교육의 역사를 거울로 삼아 현재를 조명하고 미래의 공교육의 길을 비추는 단초로 활용해야 할 것이다.

표 7-4 한국 교육과정의 특징

교육과정	연 도	특 징
교수요목기	1945~1954	홍익인간 정신에 입각 애국애족 강조
1차 교육과정	1954~1963	교과중심 교육과정
2차 교육과정	1963~1973	경험중심 교육과정 – 한문 신설(1972) – 교련 신설(1969)
3차 교육과정	1973~1981	학문중심 교육과정 – 도덕, 국사, 일본어 신설(1973)
4차 교육과정	1981~1987	인간중심 교육과정 – 국민정신교육 강조 – 학습량·수준 축소 조정 – 초등학교 1·2학년 교과 통합 운영
5차 교육과정	1987~1992	통합교과 – 과학고, 예술고 제정 – 초등학교 통합교과 신설 – 정보산업 신설 – 경제교육, 지역성 강조
6차 교육과정	1992~1997	분권형 교육과정 – 교육개혁의 일환 – 교육과정 편성 운영 체제 개선 – 지방분권형 교육과정 – 컴퓨터, 환경, 러시아어, 진로·직업 신설 – 초등영어 신설

7차 교육과정	1997~2009	학습자 중심 교육과정 – 국민공통기본 교육과정 – 고등학교 선택중심 교육과정 – 수준별 교육과정 – 재량활동 신설 및 확대 – 지역 학교의 자율권 확대

출처: 한상길 외(2007).

생각해 볼 문제

1. 교육과정을 'Curriculum'으로 규정할 때와 'The Press of Education'으로 규정할 때의 차이를 논하라.

2. 교육과정의 4대 사조를 설명하고 각각의 장 · 단점을 비교하라.

3. 다음 카툰을 보고 현대 교육과정에 대한 자신의 생각을 비판적으로 기술하라.

CHAPTER 07

교육평가의 이해

개요

교육평가란 설정된 교육목적의 달성 여부를 판단하는 교육적 도구로 교육목적의 정당성, 교육과정 운영의 적절성, 교육평가의 타당성 등을 종합적으로 평가하는 기능을 담당한다. 가장 고전적인 교육평가는 객관적인 인재등용을 시도한 과거제도에 그 기원을 둔다. 기원전 225년부터 시행된 중국의 과거제도를 그 효시로 본다면 교육평가의 역사는 2,000년이 넘는 상당히 오래된 교육적 전통에 속한다. 현대교육에서 교육평가는 매우 중요한 교육학의 영역을 차지하고 있다. 대표적인 교육평가의 예로 수학능력시험을 들 수 있다. 비록 수능이 인지적인 요소들을 평가하는 항목으로 구성되어 있지만 현재 한국의 교육환경에서 수능은 단순히 학습자의 학업성취만을 평가하는 것으로 볼 수 없다. 수능에서 평가된 학습자의 성적은 그 학습자의 학업성취, 부모의 사회경제적 요인, 학생이 살아온 사회문화적 환경, 지역적 특성, 학생의 심리적 성향 등이 모두 종합된 결과물이다. 따라서 현대 교육평가는 인지적 영역의 평가나 평가문항의 나열과 그 결과물의 과학적 처리라는 단순한 차원으로 이해되기에는 너무나 고려되어야 할 변인이 많은 것이 특징이다.

본 장에서는 가장 오랜 기간 유형·무형의 교육적 자산으로 우리 삶에 영향을 미쳐온 교육평가의 기본적 개념, 특징, 기능, 유형 등을 살펴볼 것이다.

학습목표

1. 교육평가의 기본적 개념을 이해할 수 있다.
2. 교육평가의 특징과 기능을 이해할 수 있다.
3. 교육평가의 종류를 구분해 설명할 수 있다.
4. 교육평가의 절차를 이해하고 실제 교육평가 문항을 작성할 수 있다.

제1절 교육평가의 기초

1. 교육평가의 개념

교육평가는 교육의 과정에서 교육목표 설정의 정당성, 교육내용 선정과 구성의 적절성, 교육목표의 성취 여부를 판단하는 일련의 과정을 말한다. 교육평가는 학습자의 행동변화 및 학습과정에 관한 정보를 수집하여 교육적 의사결정을 내리는데 도움을 주거나 의사결정을 하는 과정으로 볼 수 있고 유사한 용어로 시험, 검사, 측정 등이 있다.

- 시험 : 일반적인 교육평가의 의미로 필답고사를 말한다. 통례적으로 '시험친다'라는 말을 의미하는 것으로 다양한 영역에서 활용되고 있다. 시험과 가장 유사한 말로 고사를 사용하기도 한다.

  예 중간·기말 시험, 일제고사

- 검사 : 검사는 능력, 지식, 기능 이외의 심리적 특성의 유무나 정도를 밝혀내기 위해 미리 정해진 문항이나 행동과정을 수행하도록 하는 것으로 인간의 특정 능력이나 특징을 객관적으로 측정하는 도구이다. 좁은 의미로 검사는 표준화 검사를 의미하는 것이지만, 보다 넓은 의미에서 검사는 관찰, 면접, 질문 등을 포괄한다.

  예 지능검사, 성격검사, 적성검사

- 측정 : 측정은 사물의 속성에 내재한 일정한 규칙을 파악하여 수를 부여하는 것이다. 즉 교육평가에서 측정은 교육적 변인들이 가지고 있는 유무형의 특성을 양적으로 표현한 것으로 평가를 위한 객관적 자료의 수집 활동을 말한다. 자료 수집에 있어 가장 중요한 기준은 객관성, 공정성, 정확성이다.

  예 5학년 학생들의 평균 신장 측정

2. 교육평가의 특징

과학적 실험과 달리 교육평가는 인간이라는 계량화할 수 없는 요소를 대상으로 하는 활동이기에 객관적 평가에 어려움이 따른다. 교육평가는 다음과 같은 특징이 있다.

첫째, 학습자의 현재의 특징보다 잠재 가능성의 발견에 더 큰 비중을 둔다. 교육평가는 학습자의 현재 모습을 판단·범주화하지만 그 목적은 학습자의 잠재 가능성을 발견하여 전인적 발달을 구현하는 것이다. 따라서 교육평가활동은 잠재 가능성 개발의 도구이며 현재 행동증거를 수집하여 얻은 결과에 의해 다음 단계의 목표를 설정하기 위한 자료를 제공한다.

둘째, 교육평가의 대상은 고정된 대상이 아니다. 교육평가의 대상과 범위는 무한하다. 단순히 시험으로 측정된 결과물로 학습자를 판단하는 것은 단편적 학습자 이해에 해당된다. 보다 종합적 안목에서 학습자를 이해하기 위해서는 교육평가의 대상과 범위가 제한적이지 않다는 사실을 인식해야 한다. 다양한 평가자료를 교육평가의 재료로 사용하기 위해서는 그것을 이해하는 교사의 안목이 필수적이다. 따라서 교사는 교과전문가이자 동시에 인간 이해자라는 두 마리 토끼를 잡아야 하는 어려운 위치에 있다.

셋째, 교육평가는 일회적이거나 일시적인 과정이 아니다. 교육평가는 교육기간 중 지속되는 계속적이고 종합적인 과정이다. 따라서 교육과정 전반에 대한 폭넓은 평가가 이루어져야 한다.

제2절 교육평가의 실제

3. 교육평가의 기능

1) 교육목표 달성 여부 확인

교육은 유목적적 활동이다. 따라서 교육목적의 달성 여부에 대한 판단은 교육평가의 가장 기본적 기능이다. 교육목표의 달성 여부를 판단해 교육계획 전반에 대한 수정·보완·개조 작업을 수행할 수 있다.

2) 교육내용 및 교육방법, 평가 자체의 개선 등을 위한 자료 제공 기능

교육평가는 교육프로그램의 질적 수준을 개선하기 위한 과정이다. 따라서 교육평가는 교육내용 선정, 교육방법, 평가도구 및 결과 전반에 대한 평가를 실시하고 그 결과를 바탕으로 전체적 교육프로그램의 질적 수준을 개선할 수 있는 방법을 제시한다. 이때 객관적으로 평가된 자료를 교육적으로 해석하는 평가자의 안목이 매우 중요한 요소가 된다.

3) 학습자의 동기 유발과 자기이해 능력 개발 기능

교육평가는 평가 결과를 바탕으로 학습자의 문제점을 보완하고 학습 동기를 유발하는 기능을 담당한다. 또한 학습자 스스로 자신의 능력을 이해하고 개발하는 데 도움을 준다.

4) 교사의 교육활동을 평가하고 반추하는 기능

교육평가 결과를 토대로 교사의 수업, 학생지도, 인성 등에 대한 종합적 판단이 가능하다. 교육평가는 학생만을 대상으로 하는 것이 아니라 보다 좋은 수업을 실시하기 위한 교사 스스로 문제점을 진단하고 평가하는 근거를 제공할 수 있다.

5) 학생 배치, 선발 기능

교육평가를 통하여 학생의 학급 배치, 학교 배치의 기준을 제시할 수 있고 고등교육기관 입학 사정의 자료를 제공할 수도 있다. 또한 수학능력시험과 같이 학생 선발에 직접적인 기준으로 활용할 수도 있다.

4. 교육평가의 유형

1) 평가 대상에 따른 유형

(1) 학습자 평가

학습자 평가는 학생이 설정된 교수목표를 적절히 성취했는가의 여부를 평가하는 것이다.

(2) 교육과정 평가

교육과정 평가는 교육과정 · 학습과제 · 교수방법의 효과를 학습자 · 환경 · 교육목표에 비추어 평가하는 것이다.

2) 평가 단계에 따른 유형

교육평가는 단계에 따라 진단평가 · 형성평가 · 총괄평가로 구분할 수 있다.

(1) 진단평가

진단평가는 미리 수립된 교육목표를 달성하기 위해 수업 전에 학습자들의 준비도를 진단하는 평가이다. 즉 수업이 시작될 때 모든 학습자가 동일한 능력과 준비를 하고 있는 것이 아니며 여러 가지 변인에서 기인하는 차이가 있다. 진단평가는 학습자들의 개인차를 정확하게 진단하여 교수효과를 극대화시키기 위한 평가이다. 대표적인 예로 배치고사, 수학능력시험 등이 있다.

(2) 형성평가

학습이 진행 중일 때 학습의 밀도를 높이고, 설정된 교육목표를 보다 정확하고 능률적으로 달성하기 위한 중간 수정에 투입된다. 형성평가는 교사의 수업방법에 문제점이 있을 때 그것을 수정하고 대안을 찾기 위한 중요한 정보원이 된다.

(3) 총괄평가

모든 학습과제가 끝난 뒤 목표달성의 여부를 판단하기 위해 시행하는 평가이다. 그 결과는 점수를 판정하고 다음 학습과제의 성공과 실패의 확률을 예언하는 데 활용된다. 교수방법을 개선하고 학생에게 결과를 피드백하는 데 활용되고 집단 사이의 성취결과를 비교하는 것에도 이용된다.

표 7-1 교육평가의 유형

구 분	진단평가	형성평가	총괄평가
기능	• 선수학습 확인 • 학습 결손에 대한 사전 처방 수립 • 학습자의 흥미, 관심, 학습사 등의 확인	• 학습행동 강화 • 학습진도 조정 • 학습곤란의 처치 • 교수방법의 개선	• 성적에 반영 • 차기 학업성취 예언 • 집단 간 학업성취 비교 • 교육과정 개선 자료로 활용
실시 시기	• 학년 초, 학기 초 • 과목의 수업이 진행되는 초기(배치고사) • 수능시험(진단평가, 총괄평가 성격을 동시에 지님)	• 수시 실시 • 중간고사	• 단원, 학기, 학년, 각급 학교 종료 직전 실시 • 기말고사, 수능시험

평가 대상과 활용	• 학습 준비도 • 수업 전개를 위한 정보 제공	• 학습과제 수행 과정 • 수업방향의 개선	• 학습과제 수행의 결과 • 학생 및 학부모에게 학업 성취 결과 통보
채점 방식	• 목표지향적(절대평가)	• 목표지향적(절대평가)	• 목표 및 규준지향적(절대 및 상대평가)

3) 평가방식 구분에 따른 유형

(1) 규준지향평가

규준지향평가는 학생의 학업성취를 그가 속해 있거나 또는 속해 있지 않더라도 비교가 되는 집단의 규준에 비추어 상대적으로 가늠하는 평가이다. 즉 일반적인 상대평가를 의미한다. 상대평가에서 규준이 될 수 있는 것은 연령, 학년, 지역, 전국 등이 있다. 표준화 검사에서 모집단의 평균은 상대적 위치를 결정짓는 기준점으로 작용할 수 있다. 따라서 이 평가에서 점수가 높다·낮다는 절대적 점수를 의미하는 것이 아니라 집단의 규준에 비해 '높다', '낮다'로 결정된다. 규준지향평가의 특징을 간략하게 살펴보면 다음과 같다.

첫째, 개인차의 변별에 유용하다.

둘째, 집단 내에서 정확한 상대적인 위치를 제시하기에 비교가 용이하다. 따라서 이해관계가 복잡한 경우 정확한 위치를 알 수 있는 규준지향평가가 논란의 소지를 줄여 준다.

셋째, 규준지향평가를 위해서는 원점수를 표준점수로 변환하는 과정을 거쳐야 한다.

넷째, 지나친 경쟁을 조장할 수 있고, 개인의 노력이 꼭 성적의 향상으로 이어지는 것도 아니다.

다섯째, 평가의 신뢰도와 객관도가 매우 중요한 지표이다.

여섯째, 전인적인 학습자 평가에는 불리한 측면이 있다.

(2) 준거지향평가

준거지향평가의 기준은 수업목표이다. 즉 미리 설정된 수업목표의 달성 여부가 곧 준거지향평가의 기준이 된다. 수업의 목표를 절대적 기준으로 이해할 수도 있지만 실제 수업의 목표는 구체적인 수업과정을 통하여 이루어지는 모든 활동, 즉 수업목표, 수업 준비, 수업절차, 수업방법, 수업내용, 수업결과 등을 모두 포함하는 의미로 사용된다. 준거지향평가의 특징은 다음과 같다.

첫째, 준거지향평가는 학습자의 잠재 가능성에 대한 신뢰를 기본조건으로 본다.

둘째, 준거지향평가의 분포는 규준지향평가의 정상분포와는 달리 부적 분포를 보인다.

셋째, 준거지향평가의 성취도는 개인의 독립적인 성취도이기에 그 자체로 교육목표의 달성 여부를 가늠하는 지표가 된다.

넷째, 평가의 신뢰도보다 타당도가 더욱 중요하다.

다섯째, 학습자에게 긍정적인 자아개념을 심어 줄 수 있고, 상호 협동적인 수업분위기를 조성할 수 있다.

규준지향평가에서 사용하는 표준화검사에 대한 비판과 서열화된 학교 성적 비교에 대한 반발로 준거지향평가의 의미가 재평가되고 있다. 또한 학습자의 학업성취에서의 실패가 학습자만의 문제로 보기에 어려움이 있고 교수방법의 문제점일 수도 있으므로 준거지향평가의 교육적 의미가 재평가되고 있는 것이다. 그러나 준거지향평가는 학습자의 배치, 선발이 필요한 부분에 적용되기에는 한계가 있다.

5. 교육평가의 절차

교육평가가 이루어지는 절차는 대체로 평가목적의 설정, 평가도구의 선정과 제작, 평가의 실시 및 처리, 평가결과의 해석 및 활용 등의 단계를 거친다. 각 단계의 개념과 특징을 간략하게 살펴보면 다음과 같다.

1) 평가목적의 설정

평가에서는 먼저 '무엇'을 평가할 것인가를 분명히 하지 않으면 안 된다. 이것은 평가의 목표와 대상으로 표현되기도 한다. 평가목표를 분석하고 그 개념을 정확히 규정하는 것이 평가의 첫 단계가 된다. 교육평가에 있어서 무엇을 평가할 것인가라는 기준은 당연히 교육목적에서 도출된다.

2) 평가도구 선정과 제작

교육평가 목표가 결정되면 이를 평가하기에 적합한 자료나 증거를 구할 도구를 선정해야 한다. 학습자의 학습 결과를 구체적이고 객관적인 행동의 증거로서 나타낼 수 있는 조건 및 방법을 찾는 절차라 하겠다. 평가목표에 따라 선택할 수 있는 평가도구는 필답고사, 질문지, 행동관찰, 면접, 기록물 분석, 작품 분석, 현장실습 측정, 사례연구 등을 들 수 있다.

평가도구가 선정되면 이를 측정하기 위한 구체적인 평가도구를 제작하여야 한다. 평가도구의 제작 단계에서 중요한 일은 평가도구의 내용 하나하나가 교육목적을 제대로 측정할 수 있느냐 하는 합목적성의 문제이다. 바람직한 평가도구로서 갖추어야 할 기준으로 타당도 · 신뢰도 · 객관도 · 실용도 등을 들 수 있다.

(1) 타당도(validity)

사전적으로 타당도는 도구가 측정하려고 의도하는 내용을 측정하는 정도를 의미한다. 즉 타당도란 검사와 측정이 무엇을 위해 사용되는 것이며, 그 결과가 의미하는 바는 무엇인가의 문제와 관련되어 있다. 예를 들어 초등학교 1학년의 수학과 성취도를 측정한다는 평가항목에 있어 아무리 정확하고 객관적으로 측정했다 할지라도 국어과의 성취도를 측정했다면 이는 타당도에 위배된다. 더 나아가 수학과의 성취도를 측정하면서 학습자의 수학적 능력 이외의 사회관계를 측정하는 것 또한 타당도에 위배된다. 따라서 타당도란 '무엇을, 얼마만큼' 측정하는가의 문제와 관련된 것이라 할 수 있다.

(2) 신뢰도(reliability)

신뢰도는 '어떻게', '얼마나 정확하게' 측정하는가와 관련된 것으로 하나의 평가 도구를 활용하여 반복적으로 측정하더라도 동일한 결과가 나오는 정도를 말한다. 즉 신뢰도는 측정하려는 것을 얼마나 안정적으로 일관성 있게 측정하였느냐의 문제로 검사도구를 활용하여 얼마나 정확하게 오차 없이 측정하였느냐의 정도를 말한다. 신뢰도는 같은 대상을 같은 도구로 반복하여 측정하여도 동일한 결과가 나오는 정도, 즉 '측정의 표준오차'가 매우 중요한 요인이다. 또한 검사자가 바뀌더라도 결과에 영향을 미치지 않는 채점자 신뢰도, 검사도구의 안정성을 측정하는 재검사 신뢰도, 유사성을 측정하는 동형검사 신뢰도 등이 중요한 신뢰도의 변인이다.

(3) 객관도(objectivity)

신뢰도의 한 유형으로 검사자 간의 합치도를 의미한다. 같은 시험을 여러 사람이 채점했을 때 그 결과의 해석이 달라진다면 객관도가 낮은 것이다. 객관도를 높이기 위해서는 우선 평가도구를 객관화하여 주관이 개입될 여지를 줄여야 한다. 다음으로 평가자들의 평가능력이 확보되어야 한다.

(4) 실용도(usability)

실용도는 평가도구가 시간과 경비, 노력을 필요로 하는가와 관련된 문제이다. 즉 아무리 좋은 평가도구라 할지라도 현실적인 시간과 경비 또는 노력이 많이 필요하다면 그 실용성에 문제가 있는 것이다. 따라서 평가도구는 채점의 용이성, 결과 해석의 용이성, 적절한 비용 등의 조건을 충족해야 한다.

3) 평가의 실시와 결과 처리

평가도구가 아무리 잘 제작되었다 할지라도 평가를 실시하는 과정에 오류가 발생하면 평가 그 자체의 신뢰도는 실추된다. 때문에 평가의 실시단계에서는 시험 장소, 시간, 필요시설, 장비 및 감독·관리체제 등 모든 면에서 면밀한 준비가 필요하고 시행 계획에 따라 빈 틈 없는 실시가 요구된다.

평가의 결과 처리 역시 평가의 실시 못지않게 중요하다. 이 단계에서 특히 중요한 것은 채점과 문항의 양호도 검증, 검사결과의 통계적 처리 및 성적 표시 방법 등이라고 하겠다.

4) 평가결과의 해석 및 활용

평가의 결과는 종합적이면서도 분석적인 해석을 필요로 한다. 평가결과의 해석자료는 향후의 교육과정 계획과 교수방법의 개선 및 각 피험자의 상담 자료로 활용될 수 있고, 특히 평가 그 자체의 개선을 위한 증빙자료로 활용되어야 한다.

평가결과의 활용에 있어 가장 중요한 것은 교육목적의 달성 여부를 확인하는 것이다. 모든 평가의 결과물은 목적의 달성 여부 확인에 활용되어야 하고 더 나아가 교육목적의 타당성 여부, 더 나은 교육목적 달성 방법, 교육과정 전반에 대한 피드백 등에 관한 개선점과 제언을 찾는 자료로 활용되어야 할 것이다. 아울러 학교의 종합적인 교육계획과 진학지도 및 직업지도의 기본 자료로 활용되며 교육행정기관의 장학행정 자료로 이용될 수 있다.

6. 수행평가

교육평가의 가장 큰 기능은 교육목표의 달성 여부를 측정하여 교육운영 전반의 개선을 유도하고 이를 통해 교육의 질적 발전을 이루는 것이다. 전통적인 교육평가는 객관적·과학적·양적 요소에 치중하여 학습결과의 평가에 치중하였다. 그러나 현대 교육평가는 교육의 정의적·질적·과정적 요소에 대한 평가를 중요시하고 평가요소의 다양화를 추구하고 있다. 현대 교육평가의 변화 추세를 간략하게 요약하면 다음과 같다.

첫째, 평가결과의 완결적 활용에서 학습성과의 향상을 위한 피드백(feedback) 및 정보제공 체제로 전환

둘째, 평가문항의 객관적 요소 강조에서 주·객관식 문항의 균형 유지와 나아가 주관적 문항의 비중 증대

셋째, 평가 결과의 상대적 해석에서 절대적 해석으로 전환

넷째, 잠재적 교육과정의 비중 증대

다섯째, 인터넷을 활용한 평가 시행

여섯째, 인지적 요소의 평가에서 다면적 요소의 평가로 전환

이러한 평가관의 변화에 따라 전통적 평가관의 대표적인 명제인 학습자가 획득한 지식을 정확하게 확인하는 결과중심 평가관에서 학습의 목표가 달성되는 과정 자체를 평가하는 새로운 평가관이 대두되고 있고, 이를 수행평가(performance assessment)라 지칭한다. 수행평가의 일반적인 특징을 살펴보면 다음과 같다.

1) 수행평가의 특징

첫째, 수행평가는 교육과정 전반의 수행을 관찰 판단하여 평가하는 것으로 학습문제의 해결과정에서 학습자가 보여주는 구성적 반응을 그 대상으로 한다.

둘째, 수행평가는 학습자가 정답을 선택한 것을 평가하는 것이 아니라 정답을 찾아가는 과정을 행동으로 나타내고 이를 평가하는 것이다.

셋째, 수행평가는 단편적·일회적 평가가 아니라 전체적·종합적·지속적 평가이다.

넷째, 수행평가는 인지적 영역, 정의적 영역, 신체적 영역 전반에 대한 전인적 평가를 특징으로 한다.

다섯째, 수행평가의 항목은 기억, 이해와 같은 요인과 함께 창의력, 비판적 사고, 종합적 판단 등과 같은 요인들을 평가한다.

2) 수행평가의 방법

표 7-2 수행평가의 방법

구성적 반응	산출물	활동 중심	과정 중심
• 서술형 문항 • 논술형 문항 • 개념도나 흐름도 작성	• 작문 • 연구, 실험 보고서 • 포트폴리오	• 구술, 발표, 토론 • 실험, 실습 • 연주, 연극	• 관찰 • 면접

출처: 한상길 외(2007: 345).

3) 수행평가의 단점

〈표 7-2〉와 같은 특징과 방법을 중심으로 활용되는 수행평가는 다음과 같은 단점이 있을 수 있다.

첫째, 전통적 평가와 비교해 수행평가 문항의 개발, 시행 전반에 있어 더 많은 경험과 지식이 요구된다.

둘째, 전통적 평가와 비교해 수행평가의 검사결과의 객관성·정확성·신뢰성이 떨어진다. 수행평가는 객관화된 결과물에 대한 평가가 아니기에 감정적·정서적 요소가 개입될 우려가 있고 평가도구의 과학화가 어렵기에 그 신뢰도에 의문이 생길 수 있다.

셋째, 전통적 평가와 비교해 수행평가는 시간과 비용이 많이 소모된다.

넷째, 수행평가의 결과를 해석하고 다음 교육단계에 적용하기 위해서는 전문적인 해석과 교육적 안목을 지닌 평가전문가의 개입이 필요하다.

생각해 볼 문제

1. 교육평가의 기본적 기능을 설명하라.

2. 교육평가의 유형을 구분해 보고 가상적인 수업 상황에 적합한 평가방법을 선택해 보라.

3. 교육평가의 변화요인과 방향에 대해 설명하라.

4. 다음 기사를 읽고 올바른 교육평가의 방향에 대한 자신의 의견을 서술해 보라.

「시론」 입학사정관제 전형

대학 특성·전공에 맞는 학생 선발, 평가기준 공개 등 공정성 확보를

2007년부터 10개 대학이 입학사정관제도를 시범 도입했다. 2008년에는 국고지원을 받는 학교가 40개로 늘어났고, 자체 재원에 의해 실시하는 학교도 12개 학교에 이르고 있다.

교육부의 집계에 따르면 지난 해에 32개 대학에서 입학사정관을 활용해 총 4천401명을 선발했다. 올해는 40개 이상의 대학에서 '입학사정관제 전형'을 실시할 것으로 예상된다. 이제 입학사정관제는 새로운 선발방법론으로서 큰 관심과 기대를 모으고 있다.

입학사정관제는 대학이 사정 선발 전문가인 입학사정관을 육성하여 활용함으로써 대학의 이념이나 전공단위의 특성에 따라 보다 자유로운 방법으로 학생을 선발하는 제도다. 이 제도는 학생의 시험성적보다 창의력, 관심과 의욕, 특기와 소질 등을 두루 평가해 선발하는 제도라는 점에서 그 취지가 바람직한 것으로 받아들여지고 있다.

원래 이 제도는 지난 참여정부가 '2008 대입제도개혁방안'을 구안할 때 처음 도입할 것을 천명했다. 참여정부 교육혁신위원회는 '고교-대학 간 교육과정 연계'를 통해 중등교육과 대학교육의 계통성을 살려낸다는 취지에서 입학사정관제 도입을 제안했다. 3년 정도 차근차근 인적 제도적 인프라를 구축하면 정착될 것이라고 생각했다.

우리나라는 시험점수를 '잣대'로 삼아 성적순으로 선발하는 제도와 관행을 줄곧 좇다가 중등교육과 고등교육이 계통성을 상실하게 됐다. 수능중심 대학입시제도는 중등학교 교육과정을 극도로 파행적으로 운영하도록 이끌었고, 또 그 교육과정이 대학교육과 연계되지 못하게 만들어 버렸다. 시험제도가 교육체제의 계통을 파손해 버린 꼴이다.

고교가 교육과정 목표를 완성하면서 학생의 학력을 키우고, 대학은 고교가 키워낸 그 학력을 전공교육과 연계시킬 때, 중등교육도 정상화되고 대학교육도 활성화될 수 있다. 따라서 고교 교육과정 활동과 대학 전공교육 간을 연계하는 매개자로서, 계통을 이어주는 매개자로서, 입학사정관의 역할이 착안된 것이다.

무엇보다도 입학사정관은 대학의 특성이나 전공단위 교육목적에 부합하는 학생을 선발하는 것을 목적으로, 고교 교육과정과 대학 전공교육 간의 교섭을 매개한다. 그러기 위해 고교와 대학의 교육과정을 모니터하고, 학교생활기록부 등의 자료를 전형자료로 만들고, 학생이 가지고 있는 학습자원(교육의 잠재적 가능성)을 발굴하고, 소속 대학과 전공단위의 특성을 반영하여 선발방안을 구안한다. 물론 전형자료 평가와 선발 활동에도 참여한다.

하지만 최근 각 대학이 경쟁적으로 입학사정관제 선발 인원을 확대하는 것에 대해 우려하는 목소리도 크다. 전문적 선발시스템이 제대로 갖추어져 있지 않고 입학사정관의 수나 전문성이 미흡한 상황에서, 대학들이 조급하게 확대 실시하는 것 아니냐 하는 지적이다. 또 합격 여부가 입학사정관의 주관적 판단에 맡겨지게 될 가능성이 큰 만큼 과연 공정한 평가가 이뤄질 것인가에 대한 우려도 있다.

이런 우려에 대해 각 대학은 지성적으로 대응방안을 마련해야 한다. 부실하게 운영하다가 중도에 좌초할 염려가 있기 때문이다.

대학 간에 경쟁하듯이 조급하게 확대할 것이 아니라 차근차근 인적·제도적 인프라를 구축하는 일에 힘을 쏟아야 한다. 제도의 취지를 살리고 내실을 기하기 위해, 선발 인원을 확대하는 만큼 입학사정관 수를 늘려야 하고, 그들의 전문성을 키우기 위해 많은 노력을 기울여야 한다. 특히 선발의 공정성을 확보하기 위해 대학은 고심해야 한다. 합리적인 평가기준 마련, 사정 선발 결과에 대한 교차검증, 다단계 사정절차 마련 등이 요청된다. 경우에 따라서는 평가기준을 공개하고 전형절차도 공개할 수 있어야 한다.

입학사정관제는 시험성적 위주의 획일적 선발에서 잠재력과 창의성 위주의 다면적 선발로 그 방법론을 전환함으로써 학교교육을 정상화하는 핵심기제로 기능할 것이다. 입학사정관제를 지성적으로 운영하는 대학의 실천이성이 그 어느 때보다도 절실하게 요청되고 있다.

손종현(경북대 입학사정관)

출처: 매일신문 2009년 3월 24일 기사
http://www.imaeil.com/sub_news/sub_news_view.php?news_id=13273&yy=2009

CHAPTER

08

교육행정학의 기초

개요

교육행정은 전국 또는 일정 지역을 대상으로 교육부, 교육위원회, 교육청이 학교교육은 물론 학교 외 교육 그리고 평생교육을 포함한 일체의 교육에 관한 정책을 수립하고 집행하기 위하여 교육에 필요한 제반 인적・물적 자원을 지원・조장・감독하는 일련의 행위라고 할 수 있다. 아울러 교육행정은 교육 수요자를 위한 양질의 교육서비스 제공에 대한 요청과 더불어 교육행정 업무의 전문화, 과학화, 지방자치시대에 부응하는 교육행정의 민주화・자율화 등의 특징을 파악하는 데 있다고 할 수 있다.

본 장에서는 교육행정학의 기본적 개념, 교육행정의 영역, 우리나라 교육행정의 주요 쟁점을 살펴볼 것이다.

학습목표

1. 교육행정의 기본적 개념을 이해할 수 있다.
2. 교육행정의 발달에 영향을 미친 주요 이론의 성격과 특성을 규명할 수 있다.
3. 교육행정의 주요 연구영역을 설명할 수 있다.
4. 우리나라 교육행정의 당면과제를 설명할 수 있다.

제1절 교육행정의 개념

1. 교육행정의 개념

일반적인 행정은 조직의 효율적 경영을 위한 지원적·봉사적 성격을 지닌 것이다. 따라서 교육행정(educational administration)의 개념은 학교조직 환경을 지원하고 도와주는 견지에서 이해되어야 한다. 교육행정은 설정된 교육목표를 효율적으로 달성하기 위한 교수–학습 활동의 제반 여건을 조성하고 지원하는 활동을 의미한다. 즉 교육목적 달성을 위한 인적·물적 조건의 정비와 확보, 교육활동 지원 작용을 모두 포괄하는 것이 교육행정이다. 현대 교육행정은 교육경영과 유사한 의미로 활용된다. 교육행정과 교육경영을 구분하면 교육행정은 목적지향적 성격이 강하며, 교육경영은 수단지향적 성격이 강한 개념이라고 할 수 있다. 일반적으로 교육행정은 다음과 같은 개념구조로 설명될 수 있다.

1) 법규해석론

법규해석론적 정의에 의한 교육행정은 '교육에 관한 행정'이라고 보는 입장이다. 즉 국가 통치작용 가운데 입법·사법을 제외한 행정작용 중 내무·외무·군무·법무·재무 등과 같은 행정의 한 부분을 의미한다. 이러한 교육행정의 개념규정은 교육행정을 일반행정의 일부로 봄으로써 교육행정의 자주성·전문성·독립성·특수성 특히 교육자치와 관련시켜 볼 때 바람직하지 못한 관점이라고 할 수 있다. 이러한 관점의 교육행정은 교육법규를 해석하고 교육정책을 집행해 나가는 데에 중점을 두며 행정작용에 있어 통제적·강제적 요소를 강조하는 것이다.

2) 조건정비론

조건정비론에 입각한 교육행정은 교육행정을 '교육을 위한 행정'이라고 보는 입장이다. 이는 교육활동이 설정된 교육목표에 따라 잘 수행될 수 있도록 아래에서 위로 조건을 조성해 주고 지원해 주는 교육의 자주성을 강조하는 행정이라고 할 수 있다.

교육행정은 지방분권적이고 자율적인 교육행정으로서 그 행정작용은 국가의 권력으로부터 출발하지 않고 교육의 실제적 필요에 입각해서 기능적으로 수행된다. 즉 교육행정이 교육 실제에 어떠한 작용을 하고 있는가 하는 사실 인식에서 출발하여 교육행정의 본질을 파악하려는 입장이다. 이러한 관점에서 교육행정은 교육의 핵심적인 활동인 교수와 학습의 효율화를 위하여 필요한 제반 인적·물적 조건을 정비하고 지원하는 수단적·봉사적 활동으로 파악하는 입장이다.

3) 행정과정론

행정과정론은 행정의 목적을 설정한 후에 그 목적을 달성하는 데 필요한 적절한 행동을 취하는 과정 자체를 교육행정으로 생각하는 견해이다. 따라서 교육행정의 출발점을 교육기관의 목표로 인식하고 교육정책과 계획은 이 목표를 달성할 수 있도록 수립되어야 함을 시사하고 있다. 학교교육 행정가는 학교 조직 내에서 전략적 계획을 수립하고, 인적·물적 자원을 조직·배분·조정함으로써 정책을 집행하고 나아가 조직의 목적을 달성할 수 있게 된다.

4) 협동적 행위론

이 견해는 교육행정을 교육조직이 공동 목표를 달성하기 위해 합리적인 협동행위를 구축하는 과정으로 보는 입장이다. 이 관점은 행정대상, 즉 정부조직, 기업체, 학교, 군대, 교회, 병원 등의 특수성보다는 그들 간의 공통점을 강조하면서 행정을 정의하는 입장이다. 이때 강조되는 집단과 조직은 군중과 폭도 같은 우연적·일시적인 것이 아니라 정부조직, 노동조합, 기업체, 학교, 군대, 교회 등과 같이 지속성을 지닌 조직으로 공동 목표를 상위 목표로 하여 각양각색의 하위 목표를 조화시켜 가는 구성원들로 이루어진다.

2. 교육행정 원리

교육행정이 정치, 경제 및 사회체제의 변화, 교육인구의 증가, 교육여건의 개선, 교육과정의 개편, 교육투자의 확대 등의 교육체제 변화에 대응하기 위해서는 현상유지보다는 쇄신과 발전에 치중하는 역동적 행정으로 변모되어야 할 것이다. 교육행정이 설정한 목표를 효율적으로 달성하고 제 기능을 발휘하기 위해서는 본질적으로 지향해야 할 이념 내지 원리가 있다. 이를 법규 면에서의 원리와 운영 면에서의 원리로 구분하여 기술하면 다음과 같다.

1) 법규 면에서의 원리

교육행정의 기본원리는 교육정책의 구체적 표현인 교육법규 면에서 찾아볼 수 있다. 법규란 본래 규범적인 것일 뿐만 아니라 안정성을 가지고 있는 것이다. 법제 면에서 교육행정의 기본원리는 법치행정의 원리, 자주성의 원리, 기회균등의 원리, 지방분권의 원리 등이 있다.

(1) 법치행정의 원리

교육행정은 헌법을 비롯하여 교육기본법, 초·중등교육법, 고등교육법, 지방교육 자치에 관한 법률, 지방교육재정교부금법, 사립학교법 등의 제 법률과 그것을 기초로 하는 대통령, 교육부령 및 훈련 등 각종 명령에 의거하여 집행되고 있다. 교육행정이 법치행정의 원리를 따른다는 것은 법에 의한 행정뿐만 아니라 행정이 교육관계 법규의 제정이나 수정 과정에 참여한다는 것도 의미한다. 법치행정의 원리야말로 법률주의에 의한 행정으로서 모든 민주국가에 있어서 생명이라고 할 수 있다.

그러나 법규 해석에 따른 입장 차이가 존재할 수 있고 다양한 교육적 이슈에 따른 법규 적용이 상이할 수 있는 상황에서 다양한 관점을 포괄하고 수용할 유연한 사고는 현대교육의 상황에서 필수적이라 할 수 있다.

(2) 자주성의 원리

교육의 자주성과 독자성을 존중해야 한다는 원리로서 국·공립학교에서 특정한 종교교육을 금지하고 있는 것도 교육의 자주성의 좋은 예이다. 또한 교육자치제를 실시해 오는 것도 교육의 자주성과 정치적 중립성을 제도적으로 보장받기 위한 조치로서 자주성의 원리가 존중되고 있는 증거이다.

(3) 기회균등의 원리

기회균등의 원리는 민주주의의 기본원리로서 특히 교육행정에 있어 가장 뚜렷하게 실현되고 있는 원리이다. 「헌법」 제31조 제1항에 "모든 국민은 능력에 따라 균등하게 교육을 받을 권리를 가진다"는 조항과 「교육기본법」 제4조에 "모든 국민은 성별, 종교, 신념, 사회적 신분, 경제적 지위 또는 신체적 조건 등을 이유로 교육에서 차별을 받지 아니한다" 등의 조항이 그 구체적인 예이다. 오늘날 취학 전 교육의 확대, 의무교육의 확충, 특수교육의 실시, 평생교육의 추진 등의 제반 교육행정 시책은 모두 기회균등의 원리를 구현하려는 조치이다.

기회균등의 원리에 입각해 현재 우리나라 교육이 사회적 지위, 성별, 지역, 경제적 상황 등의 요인에 자유로운가의 문제는 숙고되어야 한다.

(4) 지방분권의 원리

우리의 교육행정은 본래 고도의 중앙집권체제하에서 발전하여 왔기 때문에 최근에 지나친 중앙집권을 지양하고 지방분권을 도모함으로써 양극 간에 균형을 얻으려는 노력이 지속되고 있다. 대체로 중앙집권주의는 현대사회에 있어서 행정의 능률을 올리는 데 필요한 보장이 되며, 분권주의는 민주적 권한의 이양과 참여의 기회를 보장하는 지표가 된다고 할 수 있다.

2) 운영 면에서의 원리

실천적 활동으로서의 교육행정에 관한 규범이 되는 운영 면의 원리로 자율성의 원리, 민주성의 원리, 효율성의 원리, 합목적성의 원리, 안정성의 원리 등을 들 수 있다.

(1) 자율성의 원리

자율성의 원리는 각종 교육기관이나 지방 교육행정기관이 자주적으로 운영되는 것을 의미한다. 이 원리는 일선 학교와 지방 교육행정기관이 그 조직의 관리·운영에 관하여 필요한 기준을 자주적으로 설정·집행하며, 조직 발전에 필요한 제반 정책을 독자적으로 결정하는 것을 의미한다. 이는 중앙정부의 지나친 통제 위주의 행정체제를 지양하고 지방분권을 도모함으로써 교육행정의 자율적 운영을 실현하고자 하는 원리이다.

이 원리는 자율의 폭을 학교행정에까지 확대되도록 추구하고 있으며, 개방사회에서 새로운 적응을 위해서 다양성과 창의성이 존중되고 환경과 여건 변화에 신축성 있게 대응할 수 있는 능동적 행정체제를 구축하려는 이념이다.

현재 우리나라 교육행정 시스템은 교육의 자율성을 보장하는 데 한계를 보인다. 고도로 창의적이고 개방적인 교육시스템을 구축하기 위해서는 교육의 자율성이 보장되어야 한다. 이때 자율성 보장의 대상은 교육기관, 교육운영, 교사, 교육과정 운영 전반이 해당된다.

(2) 민주성의 원리

민주성의 원리는 교육에 관한 중요한 정책을 수립하는 데 있어서 광범위한 교육관련 집단들의 참여를 통하여 공정한 민의를 반영하도록 하며, 결정된 정책의 집행과정에서는 권한 이양을 통하여 기관장의 독단과 전제를 막는 것을 의미한다.

교육행정기관이나 교육관련 기관의 장이 그 기관의 운영에 관한 궁극적 책임을 가지고 있음에도 불구하고 교육행정 기관장이 정책자문위원회, 각종 심의회 또는 위원회 등을 두어 시책의 결정과정에서 중지를 모으는 것이나 교장이 직원회, 협의회, 연구회 등을 두어 의사소통의 길을 열고 일방적인 명령이나 지시보다는 협조와 이해를 바탕으로 업무를 집행해 가는 것은 모두 민주성의 원리에 입각한 것이다.

(3) 효율성의 원리

효율성의 원리는 교육행정이 능률적이고 효과적으로 집행되어야 함을 의미한다. 교육조직을 둘러싸고 있는 여러 가지 상황의 변화들, 예를 들면 교육에 대한 사회적 책무성의 증대와 교육조직 규모의 확대와 기능의 복잡화 등은 효율성의 이념을 부각시키고 있다. 교육에 있어서 능률이란 교육활동에 최소한의 인적·물적 자원과 시간을 투입하여 최대의 교육적 성과를 가져오게 하는 것을 의미한다.

교육행정에서 효율성의 원리는 단순히 목적 달성을 위한 수단의 정당화를 의미하는 것은 아니다. 효율적인 교육조직 운영을 위해 인력, 재정 활용 측면의 낭비를 최소화하고 절약된 재화나 에너지를 긍정적인 교육발전에 투입하는 선택과 집중의 견지에서 이해되어야 할 것이다.

(4) 합목적성의 원리

합목적성의 원리는 바람직한 교육정책을 수립하고 그 정책목표에 타당한 교육행정 활동이 수행되어야 한다는 것이다. 즉 목표와 수단 간에 괴리가 있어서는 안 된다는 것이다. 그리고 앞서 살펴본 바와 같이 교육행정의 본질은 그 자체의 목적을 가지고 있다기보다는 교육목표 달성을 위한 수단적 활동이며, 바람직한 교수–학습을 이루게 하고 그 성과를 높이는 데 있다. 따라서 교육을 위한 행정의 입장에서 교육계획에서부터 집행, 평가에 이르기까지 교육행정의 전 활동이 타당성 있고 합목적적으로 수행되어야 한다는 원리이다.

(5) 안정성의 원리

안정성의 원리는 교육활동의 지속성·안정성을 확보하기 위한 원리이다. 교육정책의 일관성과 교육활동을 충분히 지원해 줄 수 있는 재원의 확보와 법적·행정적 근거가 확립되어야 한다.

제2절 교육행정의 영역

1. 교육계획

교육계획은 교육목표를 효율적으로 달성하기 위한 최선의 가능한 수단과 방법을 합리적으로 선택하는 사전의 준비과정이라 할 수 있다. 교육계획에 대한 개념과 규정은 장기적 안목성, 종합적인 교육체제의 포괄성, 사회·경제발전 계획과의 통합성, 의사결정과의 연계성, 교육의 양적 성장 및 질적 발전 가능성 등을 고려해야 한다. 현재 우리나라 교육행정에서 수립되는 교육계획이 교육의 본질적 목적인 학습자의 자아실현을 달성하기 위한 것인지에 대한 숙고가 필요하다.

2. 학교경영

교육조직에 대한 이론적·실제적 영역으로서 학교경영은 일반적으로 학교장을 중심으로 학교를 운영·관리하며, 변화하는 환경 속에서 학교를 유지·발전시켜 나가는 활동을 의미한다. 즉 학교교육의 목적을 효율적으로 달성하기 위하여 교장의 자주적 관점에서 인적·물적 자원과 기술 정보의 활용을 조정·통합하는 활동을 학교경영이라 한다. 따라서 학교경영은 교수－학습의 원칙이나 준거에 따라 교육과정의 효율성을 극대화하고 생산성을 높이기 위하여 학교를 조직, 운영, 평가하는 일련의 과정을 내포한다.

학교경영이라는 용어에서 경영이라는 부분이 포함됨으로써 자칫 기업이 지향하는 경영의 개념과 혼용될 소지가 있다. 즉 학교경영의 목표는 교육목적의 효율적 달성이며, 기업경영의 목적은 기업이윤의 효율적 추구이다. 동일한 목표로 보일 수도 있으나 그 지향점은 매우 상이하다. 즉 학교경영의 목표는 전인적인 인간발달과 자아실현의 보편적 교육목적을 달성하기 위한 것이기에 목적에 부합하는 방식의 경영기법이 도입되어야 한다. 기업에서 지향하는 이윤의 추구를 위한 합리적 경영방식을 도입할 경우 기업의 인적 요소들 또한 기업의 목표달성을 위한 수단적 위치를 점할 수 있다. 그러나 학교경영의 우선 목적은 개별 학습자의 자아실현이라는 다소 추상적이고 비실제적인 목표이기에 기업과 같은 경영 및 운영은 지양되어야 한다. 또한 학교경영의 효율화를 위해 다소간의 비인간적 요소가 개입될 소지가 있으나 이는 학습자의 전인적 발달이라는 준거를 충족시킬 수 있는 범위 내에서만 그 의미를 찾을 수 있다. 따라서 교육의 장에서 교육경영의 수단과 목적이 전도되어 학습자를 위한 학교경영이 아니라 학교조직이나 교육체제의 효율성을 위한 경영으로 운영되는 상황에 대한 진단과 엄격한 비판이 이루어져야 할 것이다.

3. 학급경영

교육활동이 이루어지는 최종 단위인 학급은 학생의 입장에서는 지적・정의적・행동적 경험을 통한 자신의 세계를 형성해 가는 장소이며, 교사의 입장에서는 자신의 교육관을 실천하는 장이다. 학교경영의 중심이 학교장인데 비해 단위학급에서 이루어지는 학급경영은 교사가 주체가 되어 학생과 공동으로 학급이 추구해야 할 목표를 달성하기 위하여 계획하고, 인간관계를 조정, 협력, 통제, 평가하는 창의적이고 주체적인 조직행위로 이해할 수 있다. 학급 내에서 일어나는 활동은 교수-학습을 위주로 하는 활동과 경영을 위주로 하는 활동으로 구분할 수 있고 학급경영은 교수-학습을 제외한 학급 내의 모든 활동을 운영하는 과정이라 할 수 있다. 그러나 실제 학급경영이 교수-학습 활동과 구분될 수 없기에 학급 내에서 일어나는 모든 활동을 고려하여 계획되고 운영되어야 한다.

4. 교육조직

일반적으로 우리나라 교육조직은 관료적 구조 개념으로 접근된다. 즉 교육조직은 통제와 지휘의 권한이 최고 행정가에게 집중되는 계층관계를 중시하는 피라미드형의 조직으로 구성되어 있다. 근대적 학교조직은 엄격한 상명하달식의 관료제 조직으로 이루어져 최고 권력자의 의사를 체계적으로 전달하는 데 용이하게 되어 있었다. 그러나 최근 교육조직은 근대적 관료제 조직에 의해 통제되던 학교조직에 자율성을 부여하는 방향으로 변화되고 있다. 즉 교육조직의 존재 목적이 최소한의 통제와 최대한의 자율성을 지향하는 방향으로 변화되고 있다. 이는 다른 사회적 조직과는 달리 교육조직이 교사와 학생들의 성장 발달과 관련된 문제를 다루고 있기 때문에 조직의 효율성을 강조하는 다른 기관과는 차별되는 전문적 판단의 여지가 있다는 점을 인정하는 것이다.

따라서 교육조직은 학교 내에서 교사의 수업 및 학생지도와 관련한 내용에서 출발하여 지역 교육청, 교육담당 정부 부서 간의 관계 등에도 적용될 수 있다. 자율적인 교육조직 운영을 통하여 각 학교들이 교육과정 운영과 학교경영 전반에 있어서 광범위하게 재량권을 행사하여 독자적이고 창의적인 학교운영을 할 수 있게 된다.

5. 교육인사행정

교육행정 분야에서 교육인사행정 영역은 교육행정활동이 이루어지는 과정 중의 하나이다. 교육인사행정은 교육활동의 주체가 되는 교원과 교육환경 조성을 담당하는 교육행정가들을 선발하고 이들이 교육활동에 전념할 수 있도록 지원·감독하는 제반 활동을 포괄하는 것이다. 교육목표 달성을 위한 측면에서 교육활동이 원활히 수행되기 위해서는 행정요소들 중에서 인적 자원을 관리하는 교육인사행정이 합리적으로 이루어져야 한다. 궁극적으로 교육활동에 관한 계획을 수립하고 교육목표를 설정하고 이를 위한 제반 조건의 정비·확립 등은 교육조직 구성원의 자질과 태도에 달려 있기 때문이다. 따라서 교육인사행정의 목표는 조직의 목표를 보다 효과적으로 달성하기 위해서 조직 구성원 개개인으로 하여금 자신들에게 기대되는 과업을 성취하게 하고, 개인의 목표와 교육조직의 목표 간에 조화를 이루도록 하는 데 있다.

6. 교육재정

교육재정(educational finance)은 국가나 지방공공단체가 교육기관의 교육활동에 필요한 경비를 확보하며, 조달하고, 이를 관리하여 지출하는 일련의 활동을 의미한다. 교육재정은 교육부를 포함한 그 소속기관이 수행하는 중앙정부 재정과 시·도 교육청, 시·군·구 교육청 및 그 소속기관과 시·도 교육위원회가 수행하는 지방교육재정을 포함한다.

교육재정의 성격은 국가와 공공단체(주체)가 교육의 목표 달성을 위하여(목적) 국·공립학교의 교육활동, 사립학교의 교육활동, 사회교육활동(지원범위 혹은 대상)을 대상으로 교육재원을 확보, 배분, 지출, 평가하는 일련의 활동(영역)을 말하며, 수단성과 공공성을 지니고 있다(성격). 여기서 수단성이라 함은 교육목적 달성을 위한 인적·물적 제 조건을 정비·확립하는 일련의 봉사활동을 말하며, 공공성은 공적인 비영리활동으로서 국가와 공공단체의 경제활동을 말한다.

7. 장 학

장학이란 “교수–학습의 효율화를 목적으로 교사의 전문성 신장, 교육과정 운영 및 학교경영의 합리화를 위해 제공되는 지도, 조언, 조정, 정보 제공, 자원봉사 등 일련의 전문적·기술적 활동”이라고 할 수 있다. 장학은 다음과 같은 다양한 관점에서 그 의미를 파악할 수 있다.

1) 행정의 연장

우리나라에서는 장학을 교육행정의 연장으로 보는 입장이 많은데 "장학론"의 강의가 교육행정 전공에서 개설되고, 교육행정학 문헌에서 "장학행정" 또는 "지도행정"으로 하나의 장으로 다루어지고 있다. 따라서 이러한 측면의 입장은 장학을 학교행정의 한 국면으로서 학습환경 개선을 포함하는 교육체제 운영의 조정·개선을 돕기 위한 활동으로 보고 있다.

2) 교육과정의 장학

장학을 교육과정의 측면에서 보는 입장은 현재 우리나라의 장학사(관)의 업무 중 교육과정 운영 지도가 상당한 비중을 차지하고 있다는 점에서 그 중요성을 알 수 있다. 오늘날의 장학은 주로 교육과정 운영과 교수-학습 개선에 중점이 두어지고 있는 경향이다.

3) 교수 개선

교수 개선 측면에서의 장학은 학교에서 교수-학습과정을 개선, 향상시키기 위해 인적·물적 자원을 조정 및 조력하는 것으로 정의하고 있다.

4) 인간관계의 개선

인간관계 측면에서 보는 장학은 학교 현장에서 근무하는 교직원과 장학담당자 사이의 인간관계 측면에서 장학활동을 보고 이에 초점을 두는 입장이다.

5) 학교경영

경영의 한 형태로서 장학을 보는 입장은 장학담당자에게 교직원의 업무를 제시하고 지도하는 책임을 부여하고, 학교를 일종의 생산체제로 간주하는 조직경영의 측면에서 장학을 다루고 있다.

제3절 우리나라 교육행정의 발전과 과제

1. 우리나라 교육행정의 발전

해방 이후 우리나라 교육행정은 기본적인 조직체계를 구축하고 다양한 교육정책을 입안하여 시행하는 양적·질적 발전을 동시에 이루게 되었다. 짧은 기간에 체계적인 교육행정체제를 구축할 수 있었던 원인으로 다양한 변인을 들 수 있지만 세계적으로 유래를 찾아보기 힘든 우리나라 국민들의 교육열과 교육에 헌신해 온 교원들의 노력이 그 기본을 형성한다. 즉 우리나라 교육행정의 발전을 이끈 것은 우리나라 국민들의 다양한 교육발전을 위한 요구와 노력이며, 이를 실천적 수준의 교육체계로 완성시킨 것은 교원들의 노력이라 하겠다.

전 세계 각 나라는 국제화·지역화·정보화의 시대 흐름 속에서 교육개혁을 통한 국가 경쟁력을 신장시키려는 노력을 경주하고 있다. 우리나라도 교육의 본질을 회복하고, 국제경쟁에서 우위를 점하는 데 필요한 양질의 인력을 양성하기 위해 교육개혁을 강력히 추진하고 있다. 부존자원이 빈곤한 우리의 경우 인간자본 형성을 통한 국가발전의 추구가 그동안 지속적으로 이루어져 왔으며, 이제 제 2의 '질적인 국가발전'을 시도할 국제환경에 처해 있다. 이러한 환경에 대응하고 효율적인 교육개혁을 추진하기 위해서 교육에 관한 대통령 자문기구로서 교육개혁심의회, 교육정책자문회의, 교육개혁위원회, 새교육공동체위원회 등을 설치·운영해 오고 있다.

최근 우리나라 교육행정의 발전 방향을 간략하게 정리하여 제시하면 다음과 같다.

1) 수요자 중심 교육정책 추진

기존 공급자 중심 교육에서 수요자 중심 교육 패러다임으로 전환되고 있다. 획일적인 국가 통제의 학력평가에서 다양한 학습자의 능력을 평가하는 다면적·수행적 평가체제로 전환되고 있고, 이를 대학입시에서 반영하기 위해 '입학사정관제도'를 도입하여 운영하고 있다. 이러한 노력은 단순한 학습자 중심 교육의 수준을 넘어 '맞춤형 교육 시스템'으로 변화되고 있다.

2) 교육기회의 확대

교육기회의 양적 확대가 이루어지고 있다. 만 5세 무상교육을 기점으로 중학교까지 의무교육을 실시하고 있으며 고등교육의 진학률 또한 상당히 높은 수준이다. 2007년을 기준으로 중학교 진학률 99.7%, 고등학교 진학률 99.9%에 달하고 있고, 대학 진학률 또한 83%에 달하고 있다. 이러한 중등 및 고등교육의 진학률은 세계 최고 수준이며 대학교육이 대중교육의 수준에 도달했다는 것을 의미한다. 또한 평생교육체제의 구축과 평생교육 관련 법령의 정비도 교육기회 확대에 기여하고 있다.

3) 교육행정의 분권화

교육에 있어 지방분권화와 자율성의 존중 의식이 널리 퍼지면서 교육행정의 분권화가 이루어지고 있다. 각종 교육행정체제의 의사결정 권한과 재정 지출 결정권이 지방 교육청으로 이양되고 있고 이러한 흐름은 단위학교의 책무성을 전제로 교장의 결정권을 높이는 방향으로 발전되고 있다. 따라서 현행 교육행정의 중심은 학교단위 책임행정을 실시하고 이에 따른 문제점을 보완하는 방향으로 발전하고 있다.

4) 세계적 수준의 학업성취도

6·25 전쟁 후 폐허가 된 사회 속에서도 교육열은 식지 않았던 우리나라의 독특한 문화는 세계적 수준의 학업성취도를 유지하게 한 요인이다. 초·중등학교의 학업성취도는 OECD 국가의 상위권에 위치해 있다. 2000년 이루어진 '국제학생평가 프로그램(PISA)'과 '국제 수학 과학 학습경향(TIMSS)'에서 실시한 읽기, 수학, 과학 능력 테스트 결과 우리나라가 1위를 기록하였다. 이후 국제적 학력평가에서도 지속적으로 좋은 성적을 유지하고 있다. 최근 학력저하를 우려하고 있으나 여전히 세계 상위권을 유지하고 있음은 주지한 사실이다.

5) 교육여건의 개선

지속적인 교육여건 개선을 위한 노력으로 교사 1인당 학생 수, 교원처우 수준, 교육재정 확보율 등의 지표에 있어서 뚜렷한 개선을 보이고 있다. 2007년 기준으로 교육예산은 GDP의 4.5% 수준을 유지하고 있다.

6) 다양한 대학입시제도의 시행

학습자의 다양한 능력을 평가하기 위하여 다양한 입시전형이 시도되고 있다. 대표적인 것으로 입학사정관제도의 도입으로 기존 입시체제에서 간과할 수 있는 학습자의 다양한 능력과 잠재 가능성을 평가하여 입시에 반영하고자 노력하고 있다.

2. 우리나라 교육행정의 과제

우리나라가 당면한 교육문제로 과열된 입시 위주의 교육, 경직된 교육체제, 획일적인 교육과정의 편성과 운영, 전문성이 결여된 교원, 낙후된 교육시설, 빈약한 교육재정 등을 들 수 있다. 이러한 현안의 교육문제는 점진적으로 개선되고 있지만, 교육체제를 둘러싸고 있는 제반 환경은 교육문제에 대한 근원적인 해결방안의 제시와 성공적인 집행을 위한 전략 탐색을 요구하고 있다. 이러한 사회 전반의 변화와 교육이 가지고 있는 여러 문제 및 쟁점에 대한 교육개혁은 교육문제의 근원적 해결과 새로운 교육변화의 요청에 대한 일군의 의도적인 대응 내지 반응으로서 교육체제의 구조조정을 시도하는 종합적 접근이다. 즉 교육계에 만연되어 있는 교육병리 현상을 극복하고 기존의 의식과 제도를 과감히 수정·개선하는 새로운 틀과 비전을 제시하는 것이라고 할 수 있다. 우리나라 교육행정이 개선해야 할 과제를 제시하면 다음과 같다.

1) 교육행정이 교육의 본질적 목적을 달성하는 보조적 수단이라는 인식의 재정립

중앙집권적 관료제를 활용하고 있는 우리나라 행정체제에서 교육행정은 교육의 본질적인 목적과 유리된 정치적·사회적·경제적 상황과 관련된 문제에 관심을 두는 경향이 있다. 대표적인 예로 교사의 업무 중 대부분이 수업 준비와 관련 없는 잡다한 공문 처리에 있다는 점을 들 수 있다. 상명하달의 체제에서 상위 부서에서 하달된 공문을 접수, 조사, 결과 보고하는 과정을 어느 정도 이해할 수 있지만, 교육의 본질적인 활동인 교수-학습 활동을 침해받고 있는 현실은 어떠한 이유에서도 정당화될 수 없다. 상식적인 수준의 제언이지만 교육행정은 교육의 목적을 달성하기 위한 보조적 수단이다. 따라서 우리나라의 교육행정이 행정을 위한 행정이 아닌 교육의 본질적 기능에 부합하도록 교육 당사자들의 인식을 재정립해야 하고 이에 따른 실천적 노력이 뒤따라야 할 것이다.

2) 학교교육의 만족도 증진

우리나라 학교교육에 대한 만족도는 수많은 교육개혁과 학교교육 개선의 노력에도 불구하고 매우 낮다. OECD PISA(2003) 조사에 의하면 29개 회원국 중에 우리나라 학생의 학교만족도가 28위로 조사되었다. 즉 학생들에게 '학교가 졸업 후 미래생활 준비에 도움이 되는가', '학교교육은 시간낭비인가', '학교가 직장에서 유용한 것을 가르쳐 주는가'에 대한 설문조사 결과가 매우 부정적인 것으로 나타났다. 평준화지역 고등학교에서 열 명의 학생 중 한 명 정도는 학교에 가기 싫어하는 것으로 반응하고 있다(서정화 외, 2008). 이러한 조사결과가 단순히 학교교육 시스템에 대한 불만족을 의미하는지에 대한 해석은 따르지 않아 단정적으로 말할 수는 없지만 우리나라 학교교육에 대한 만족도는 그다지 높지 않다는 것은 충분히 알 수 있다.

이러한 학교교육에 대한 불만족 경향은 교과에 대한 불만족으로 이어지고 있다. 그 예로 다음 기사를 살펴보자.

한국 학생들의 '과학에 대한 흥미도'가 꼴찌에서 두 번째인 55위로 밝혀져 충격을 주고 있다. 국립과천과학관은 21일 경제협력개발기구(OECD) 국제학생평가(PISA) 결과 보고서를 입수해 분석한 결과, 우리 학생들의 과학에 대한 흥미도가 전체 조사대상 57개 국가 중 55위를 차지했다고 밝혔다.

과천과학관 자료에 따르면 OECD 30개 회원국을 포함한 전체 57개국, 약 40만 명의 만 15세 학생이 참여해 지난 2006년 본 검사가 실시된 'PISA 2006년' 보고서 분석 결과, 우리나라 학생들의 과학적 소양 부문은 OECD 30개 회원국 중에서 5~9위권이었고 전체 국가 중에서는 11위로 나타났다.

과학적 소양 영역의 평가는 비교적 높은 순위에 속하지만, 'PISA 2000년'이나 'PISA 2003년'과 비교하면 하락했다고 과천과학관은 설명했다. 특히 우리 학생들의 '과학에 대한 일반적인 흥미' 조사에서는 1위 콜롬비아(1.15점), 2위 키르기스스탄(0.91점), 3위 태국(0.79점) 등에 훨씬 못 미치는 마이너스 점수대(−0.24점)로 55위를 기록했다.

1998년부터 3년 주기로 시행되는 PISA는 OECD에서 주관하는 학업성취도 국제비교 연구다. 이 평가는 만 15세 학생을 대상으로 읽기, 수학, 과학적 소양의 측정 및 이 소양과 배경 변인과의 관계 분석을 통해 각국 교육 시스템의 강점과 약점에 대한 정보를 제공하는 데 목적을 두고 있다.

국립과천과학관 이상희 관장은 "과학기술은 어렵고 돈벌이가 되지 않는다는 인식이 널리 퍼져 있어 우수 인재들이 이공계 진학을 기피하고 있다"며 "특히 우려되는 부분은 어린 학생들의 과학에 대한 흥미도가 매년 급감하고 있다"고 지적했다. 이어 "우리의 5배 수준의 연구개발비를 투입하는 일본, 우리나라 총 인구에 육박하는 4천200만 명의 과학기술인력을 보유한 중국 등 많은 국가들이 창의적 과학인재 양성을 통한 과학기술발전에 국가의 미래를 걸고 있다"며 "과학관의 중심 기능인 창의적 과학두뇌 양성을 위해 각계각층의 많은 지원이 필요하다"고 강조했다.

한편, 과학 흥미도 상위국으로는 튀니지(4위), 멕시코(5위), 요르단(6위), 아제르바이잔(7위), 인도네시아(8위), 브라질(9위), 몬테네그로(10위), 루마니아(11위), 칠레(12위), 리투아니아(13위), 카타르(14위), 러시아(15위) 순으로 나타났다.

출처: 국민일보 2010년 1월 21일 기사

상기 기사에서 알 수 있듯이 우리나라 학생들의 과학교과 학업성취도는 세계 상위권이지만 정작 과학교과에 대한 흥미도는 세계 최저 수준인 것을 알 수 있다. 다양한 변인이 있겠지만 이러한 교과의 흥미도와 학업성취 결과의 불일치는 과학교과에 한정되는 것이 아니다. 현재 우리나라 교육의 대부분은 학교를 통해 이루어지며, 학교교육은 교과중심으로 편제되어 있다. 그렇다면 교과에 대한 불만족은 학교교육의 불만족이며, 이는 교육에 대한 불만족으로 이어지는 것이다. 학업성취도는 높지만 교과에 흥미가 없다는 것은 결국 흥미 없는 교과를 입시나 다른 목적을 위하여 강압적으로 혹은 억지로 공부하고 있다는 추측이 가능해진다.

3) 사교육 문제의 완화

현재 우리나라 교육상황에서 아무도 원하고 있지 않지만 누구나 경험하는 것이 사교육이다. 2006년 우리나라 사교육비 규모는 약 20조 원을 넘어선 것으로 추정된다. 우리나라 학교 밖에서 교육을 위하여 지출되는 비용은 대략 35조 원 규모로 추정되고 있다. 사교육비를 정확하게 추정하기란 매우 어려운 일이다. 단순한 통계청 자료로만 추정하면 약 30조 원대로 추정되지만 해외유학이나 연수비용을 포함하면 그 규모는 더욱 늘어난다. 2004년 OECD 국가의 공교육 대비 사교육비 지출에 있어 우리나라가 다른 나라에 비해 상대적으로 높다는 것을 알 수 있다. 사교육은 초등학생의 80% 이상, 중등학생의 60~70% 이상이 경험한 것으로 추정되며, 이 수치는 더욱 높아지는 경향이다.

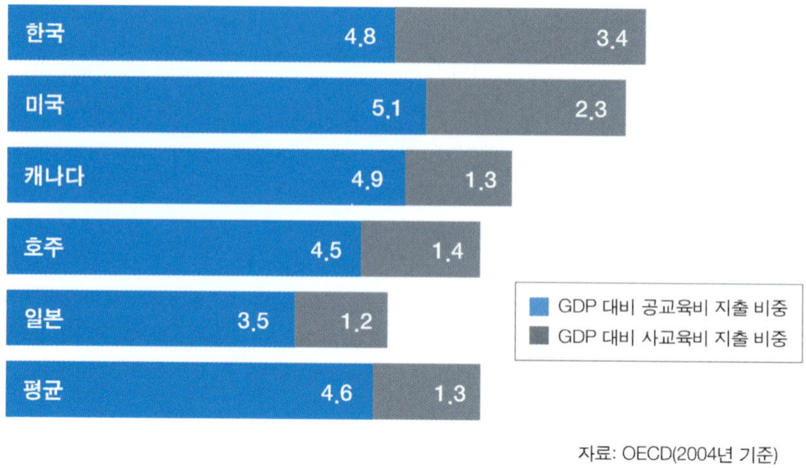

그림 8-1 OECD 국가별 공·사교육비 비교

출처: 매일경제 2006년 12월 13일 기사
http://imagesearch.naver.com/detail/frame_top_091104.html

우리나라에서 사교육이 이처럼 확대되는 이유는 무엇인가? 다양한 원인이 있겠지만 사교육 문제가 심각해진 일차적 원인은 대학입시에 있다. 대학입시에 대한 신화는 전통적인 우리나라의 학벌에 대한 선호사상에서 출발한다. 좋은 대학이 좋은 취직을 보장하고, 좋은 취직이 좋은 인생을 보장한다는 논리가 한국교육을 좌우하고 있는 현실에서 대학입시의 결과는 한 학습자의 인생을 결정 짓는 중요한 문제로 인식된다. 보다 좋은 대학에 입학하기 위한 경쟁을 당연시 하는 우리나라 교육문화를 바탕으로 공교육의 결과만으로 좋은 대학에 입학하는 결과를 얻을 수 없다는 불안감과 경쟁의식이 사교육을 조장하고 있다. 현행 대학입학 전형의 자료로 활용되고 있는 요소는 '고교 내신', '수능', '대학별 논술'이다. 이 세 가지 유형의 입시 자료는 모두 사교육의 대상이며 다수의 학습자들이 좋은 입시 결과를 얻기 위해 더욱 사교육에 의존하게 하는 결과를 초래했다. 즉 고교 내신을 잘 받기 위해 공교육 과정에 충실하는 것이 아니라 문제풀이에 경향성과 방법을 학습하는 사교육을 받게 된다. 또한 수능시험을 잘 보기 위해 사교육에 의존한다. 국가 수준의 학력검증을 목적으로 하는 수학능력 시험과 고교 내신에 대한 불신으로 각 대학들은 '대학별 논술고사'를 실시하고 있다. 이 대학별 논술고사 역시 사교육이 담당하는 중요한 영역이다.

사교육을 초래하는 또 하나의 요인으로 잦은 교육제도의 변화를 들 수 있다. 다양한 입시전형과 교육제도의 잦은 변화는 공교육의 한계를 드러내고 변화에 민감한 사교육 시장의 증대를 초래했다. 과거 학교교육에 충실해 학력고사나 본고사를 성공적으로 치르면 되던 입시의 중심이 영어 학원, 수학 학원, 컴퓨터 학원, 제2외국어 학원, 한자 학원, 특목고 준비학원, 경시대회 준비 학원, 예체능 학원 등으로 옮겨가고 있다.

그림 8-2 사교육 관련 만평

이러한 교육상황을 정상적인 상황이라 인식하는 사람은 없다. 그러나 비정상적인 구조를 알면서도 비정상적인 일에 노력을 투입하는 비정상적인 상황이 오늘날 우리나라 교육의 현실이다. 이러한 사교육 문제가 초래된 원인이 복합적이고 다양한 만큼 그 해결법 또한 복잡하고 어렵다. 완전한 사교육 문제의 해소란 아마 불가능할지도 모른다. 따라서 사교육 문제의 해결보다는 완화를 이룰 수 있는 방향으로 접근하는 것이 오히려 현실적일 수 있다. 사교육의 완화를 위한 과제를 제시하면 다음과 같다.

첫째, 사교육 완화를 위한 선결과제는 공교육의 신뢰 회복이다. 사교육이 공교육의 보완적 성격을 넘어 교육 전체를 장악하고 있는 기형적 구조를 초래한 원인은 공교육이다. 사교육은 공교육의 문제점과 한계를 비판하며 도입되고 발전한 기형적 교육구조이다. 따라서 기본이 되는 공교육의 재개념화를 통하여 학교교육을 내실화하고 공교육의 본래적 기능을 회복한다면 사교육 문제는 자연스럽게 완화되어 갈 것이다.

둘째, 공교육을 담당하고 있는 교사의 질적 수준 향상과 동시에 교사들의 사기진작이 이루어져야 한다. 사교육의 문제가 발생하게 된 기본적 원인으로 공교육의 붕괴를 들 수 있고 공교육 붕괴의 이면에는 교사들의 수준과 사기 문제가 내포되어 있다. 교육은 교사를 통하여 교사에 의해서 이루어진다. 따라서 교육문제를 논할 때 교사의 변인은 필수적으로 논의되어야 한다. 공교육을 내실화하기 위한 기본 처방으로 수준 높은 교원을 확보할 수 있는 선발 시스템의 구축과 이에 따른 합리적인 대우 문제가 해결되어야 한다. 이는 교원의 잡무 경감과 처우개선이라는 교원 사기의 문제를 개선할 때 가능한 것이다.

셋째, 입시에 대한 사회적 인식의 전환이 필요하다. 뿌리 깊은 학벌위주의 사회적 인식을 하루아침에 변화시키기는 어렵다. '좋은 대학' = '성공, 출세'라는 등식이 성립하는 사회적 상황에서 사교육 문제는 해결되기 어렵다. 사회 전반에 만연한 학력위주의 사회풍토를 능력위주의 사회풍토로 변화시키는 노력이 필요하다. 이러한 노력은 개인의 인식 변화에서 시작될 수도 있지만 사회 전체적 시스템의 변화를 통한 자연스러운 변화를 이끄는 것이 보다 합리적인 방안이 될 것이다.

4) 대학입학 자원 부족에 따른 대학구조 개혁

2016년 현재 고등학교 졸업생 즉 대학입학 대상자의 수가 급감하여 전국의 대학교와 전문대학은 심각한 입학자원의 부족을 겪고 있다. 입학자원의 감소는 다양한 측면으로 접근할 수 있겠지만 출산율 저하가 가장 큰 원인이다.

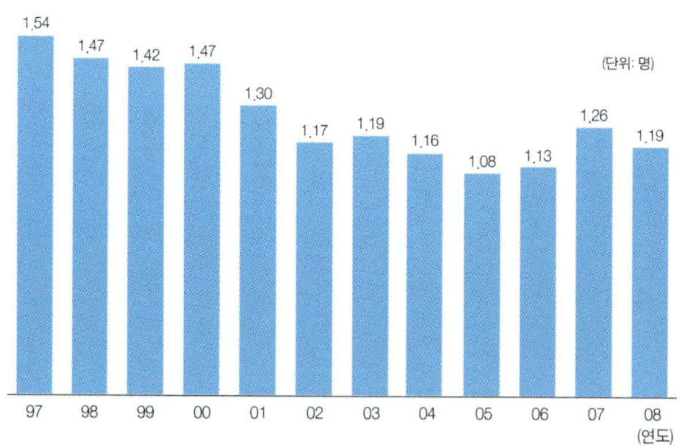

그림 8-3 외환위기 이후 출산율 추이

출처: 서울경제신문 2009년 8월 9일 기사
http://economy.hankooki.com/lpage/economy/200908/e2009080917313570060.htm

우리나라의 출산율은 외환위기 이후 지속적으로 감소해 왔으며 현재 세계 최저 수준을 유지하고 있다. 합계출산율에 있어서도 전 세계 최저 수준을 보이고 있다. 합계출산율이란 출산 가능한 여성의 나이인 15세부터 49세까지를 기준으로, 한 여성이 평생 동안 낳을 수 있는 자녀의 수를 나타낸다. 우리나라의 경우 1990년대 이후 합계출산율이 점차 낮아져 2009년 현재 선진국의 평균 1.64명, 세계 평균 2.54명보다 낮은데, 이는 출산과 육아에 따른 부담 때문에 여성들이 출산을 기피한다는 사실을 나타내는 것이다.

2009년 이후에는 큰 기복없이 출산률 1.1명대를 유지하고 있다.

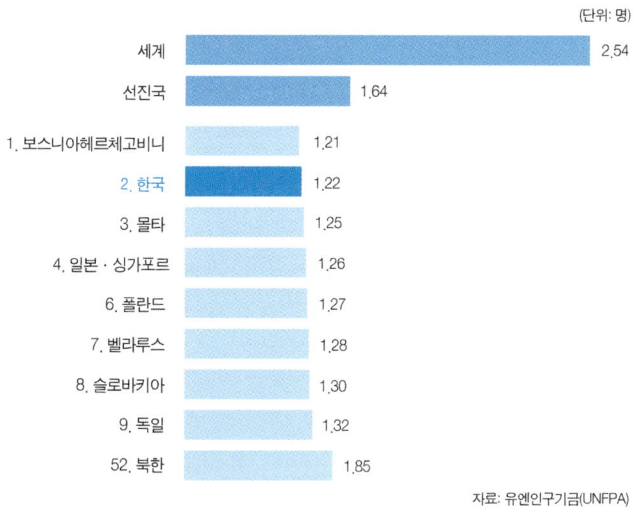

그림 8-4 2009년 세계 합계출산율

출처: 문화일보 2009년 11월 18일 기사
http://www.munhwa.com/news/view.html?no=20091118010301270650020

이러한 출산율의 저하는 지속적인 학령인구 감소로 이어지고 그 결과 2004년 기준으로 대입정원은 61만 명이지만 고3학생의 수는 57만 명 가량으로 대입정원이 고3학생의 수보다 더 많은 현상이 일어났다. 1989년 고3학생 77만 명에 대입정원 31만 명이던 경우와 비교해 볼 때 대입정원과 진학자원의 불일치 문제는 매우 심각하다. 이러한 현상에 따라 서울, 경기권 일부 대학들을 제외하고 전국의 대학들은 학생 모집에 어려움을 겪고 있고, 이러한 문제점은 단기간에 해결될 수 있는 성격의 것도 아니라는 점에 문제의 심각성이 있다.

최근에는 입학정원과 입학자원의 불일치가 더욱 심각하여 입학정원이 입학자원보다 많은 상황이다.

표 8-1 25년간 대학 수와 고3학생 수, 입학정원의 변화

구 분	1989년	2004년	2015년
대학교	104개	171개	187개
전문대학	117개	158개	137개
교육대학	11개	11개	10개
전체 대학 합계 수	232개	340개	334개
고3학생 수	767,571명	570,769명	493,263명2)
대학교	192,340명	327,740명	331,067명
전문대학	114,700명	277,223명	183,314명
교육대학	3,220명	5,615명	3,584명
전체 대학	310,260명	610,578명	517,965명

출처: 김종태(2006) 참조 및 재인용.

교육부는 이러한 문제점을 해결하기 위해 국·공립대학의 통·폐합과 BK 21(두뇌한국)사업, 수도권 대학 특성화 사업, 누리(지방대학 혁신 역량 강화) 사업, 에이스사업, 구조개혁사업 등의 각종 재정지원 사업을 중심으로 대학의 구조조정을 유도하고 있다. 그러나 2005년 800억 원의 예산을 투입해 국립대학 15곳의 구조조정을 시도하였으나 5개 대학의 구조조정에 그친 예만으로도 교육부의 의도가 꼭 긍정적인 결과를 이끄는 것이 아니라는 점을 알 수 있다. 대규모의 구조조정을 예고한 뒤 수년이 지났지만 실제 폐교로 이어진 경우는 극소수이다. 또한 이러한 인위적인 교육당국의 노력으로 해결할 수 없는 대재앙에 가까운 학습자 수 감소가 가까운 시일 내에 도래할 것이다.

2) 2015년 3월 학력평가 응시학생 수 기준

2014년까지 우리나라 대학들은 어느 정도 유지가 가능하지만 2015년을 기점으로 입학자원이 줄기 시작하여 2019년에는 15만 명 이상이 감소하는 상황을 예측할 수 있다. 15만 명의 학생 수는 현재 대학입학 총 정원의 약 28%의 입학자원이 감소한다는 것을 의미한다.

물론 교육부 주도의 구조개혁으로 2000년대 초반 61만 명에 육박하던 입학정원이 51만 명 수준으로 감축되었다. 그리고 지속적으로 구조개혁과 대학평가를 병행하여 변화하는 입학자원 감소에 대비하고 있다. 이러한 상황에서 가장 심각한 문제는 입학자원의 수도권 편중 현상이다.

2015년 통계청 자료에 의하면 2015년 4년제 대학교의 총 입학정원은 '331,067명', 교육대학교 '3,584명', 전문대학 '183,314명'으로 총 대학입학 정원은 '517,965명'이다. 이중 수도권 4년제 대학교 정원은 서울 '73,769명', 경기 '39,048명', 인천 '6,554명'으로 총 '119,371명'이다. 전국 4년제 대학 입학 정원이 '331,067명'임을 감안할 때 전체 정원의 약 36% 정도의 비율을 차지하고 있다. 반면 2015년 대학 지원자를 살펴보면 서울 '1,122,298명', 경기 '431,702명', 인천 '72,496명'으로 총 '1,626,496명'이었다. 이는 전국 4년제 대학교 총지원자 '3,036,263명'의 약 53%에 해당하는 인원으로 전체 대학 지원자의 절반 이상이 수도권 대학에 지원했음을 보여주는 자료라 할 수 있다.

계속해서 수도권 전문대학의 정원은 서울 '16,168명', 경기 '53,943명', 인천 '6,344명'으로 합계 '76,455명'으로 나타났다. 이는 전체 전문대학 정원 '183,314명'의 약 42%를 차지하는 것이다. 반면 수도원 전문대학 지원자는 서울 '234,687명', 경기 '658,686명', 인천 '86,048명'으로 합계 '979,421명'으로 나타났고, 이는 전국 전문대학 총지원자 '1,657,450명'의 약 59%에 해당한다.

이러한 자료들을 해석해 보면 전국 4년제 대학교 정원의 36%를 차지하는 수도권 지역에 지원한 학생들이 전체의 53%를 차지하고, 전문대학의 경우 42% 정원을 차지하는 수도권에 전체의 59%가 지원했다는 것이다. 특정 지역에 편중된 지원율은 다른 지역의 지원율 감소로 이어지게 되어 있다. 대학입학자원의 부족도 심각하지만 수도권에 편중된 대학지원 현상 또한 심각한 문제인 것이다.

단순히 입학자원만으로 대학의 존립을 예측할 수는 없지만 학생 없는 학교가 유지될 수 없다는 자명한 사실에 근거하여 심각한 문제상황이 초래될 것을 예측하고 대비해야 할 것이다. 교육당국의 정책적 노력과 대학 당국의 인식을 통한 구조조정이 잘 이루어진다 할지라도 2019년 이후 전국적인 대학시스템의 붕괴는 막을 수 없을 것이다. 이러한 현상의 전조 징후는 현재 지방대학을 중심으로 한 입학자원의 절대 부족 현상에서 찾을 수 있다. 또한 이러한 현상은 점차 안정권으로 생각되던 수도권 전문대학, 수도권 4년제 대학에까지 영향을 미칠 우려가 있다. 종국에는 우리나라 모든 대학이 영향을 받을 것이며 최상위권의 일부 대학을 제외하면 어떠한 형태든 영향을 받을 것으로 예측된다.

현 시점의 과감한 구조조정과 자격미달 대학의 퇴출을 통하여 다가오는 미래를 대비하지 않는다면 2019년 이후 벌어질 우리나라 고등교육의 붕괴는 아무도 그 양상이나 경향을 예측할 수 없는 대재앙이 될 것이다. 이러한 현상에 대처하는 교육의 영역은 교육행정의 책임이 크다. 즉 교육행정은 교육환경의 전반적인 행·재정적 요인은 통제하고 발전시키는 역할을 담당하기에 학령인구 감소로 인한 대학의 문제 발생 시 이를 해결할 열쇠를 쥐고 있는 것이고 사전 예방의 열쇠 또한 교육행정의 영역에 있다고 하겠다.

5) 교육의 자율성 확립

다원화 사회를 표방하는 현대사회에서 우리의 교육행정은 중앙집권적인 관료체제를 유지하고 있고 다양한 교육운영 주체들에 대한 자율성 부여에 다소 미흡한 측면이 있다. 교육에서 자율성 부여의 대상은 교육기관, 교사, 학생 등 다양한 측면에서 찾을 수 있지만 가장 핵심적인 자율성 관련 문제는 교육운영 기관에 의한 감독과 관리의 감소를 들 수 있다. 예를 들면 표면적으로는 대학에 자율적인 학생선발권을 보장한다는 정책을 펴면서 내부적으로는 중요한 요인들을 모두 통제하고 있는 상황은 개선되어야 한다.

교육의 자율성을 강조할 때 고교평준화의 문제를 이슈로 삼는 견해도 있으나 보편적인 교육기회 제공의 원리와 교육의 자율성 원리를 상충하여 적용하는 것은 곤란하다. 진정한 교육의 자율성은 교사에게 교육과정의 구성과 운영의 자유를 보장하는 것에서 출발하여 교육행정기관이 교육목적 달성을 위한 보조적 위치로 돌아오는 것으로 해결될 수 있을 것이다.

생각해 볼 문제

1. 교육행정의 본질적 기능에 대해 생각해 보라.

2. 우리나라 교육행정의 가장 중요한 과제에 대한 자신의 생각을 서술하라.

3. 다가올 대학의 환경 변화와 인구 감소의 관계를 설명하라.

CHAPTER

09

교육방법과 교육공학의 기초

개요

교육학의 기본적 이론과 개념들을 이해하고 교육과정 구성의 원리와 실제적 적용을 탐구하고 난 후 '교육방법과 교육공학'을 공부하게 된다. 그 이유는 '교육방법과 교육공학'이 교육학의 여러 영역 중 실제적인 'Skill'에 해당되는 것으로 여타 교육학 이론들을 숙지한 후에 적용할 수 있는 특징이 있기 때문이다. 그러나 '교육방법과 교육공학'을 단순한 '교육의 기술'로 이해하는 것은 무리가 있다. 교육은 다양한 변수와 상황이 공존하는 일종의 '기예(Art)'로 볼 수 있기 때문이다. 본 장에서는 교육방법과 교육공학의 기본적 개념과 교수매체, 교수설계 영역의 핵심적 내용을 살펴볼 것이다. 본 장에서 학습한 내용은 교직과정 중 교육공학과 교육방법론 영역의 학습에 도움이 될 것이다.

학습목표

1. 교육방법과 교육공학의 기본적 개념을 이해할 수 있다.
2. 교육매체의 종류와 기능을 이해하고 실제 활용할 수 있다.
3. 교육공학과 교육방법 구성의 상관관계를 이해할 수 있다.

제1절 교육방법의 이해

1. 교육방법의 개념

교육방법은 수업의 목적을 실현하기 위해 교사가 사용하는 수단으로 수업 방법상의 효과성과 효율성을 고려하는 것이다. 교육방법은 교수내용을 학습자에게 전달하는 형태나 방식, 제반 조건뿐만 아니라 교사가 제공하는 학습자의 활동에도 관심을 갖게 된다. 즉 교육방법이란 교사가 교육목표에 성공적으로 도달하기 위해 학습자에게 학습내용을 효과적이며 효율적으로 전달하도록 적절하게 선정된 절차를 말한다.

교육방법을 이해하는 관점은 다음과 같은 세 가지로 구분될 수 있다.

첫째, 교육방법을 수업의 기술로 이해하는 관점이다. 이 입장을 따르게 되면 교육내용을 학생들에게 효과적으로 전달하기 위한 기술이라는 측면으로 이해하게 된다. 즉 학생통제, 흥미와 동기유발, 각종 교수매체의 활용법 등을 교육방법으로 간주하게 된다.

둘째, 교육방법을 수업과정의 설계로 이해하는 관점이다. 이 입장은 수업을 하나의 모델(model)로 이해하고 수업을 계획 · 실행 · 평가하는 과정 전체를 설계하고자 하는 것이다.

셋째, 교육방법을 수업내용의 조직방식으로 이해하는 관점이다. 이 관점은 특정한 교과를 학습하기 위해 교과내용을 조직하는 것을 교육방법으로 이해하는 것이다.

2. 교수방법 선정의 고려사항

교수방법을 선정할 때에는 일반적으로 다음의 네 가지 기준을 기본적으로 고려해야 한다.

1) 교수내용

- 교수내용의 성격
- 교수내용의 특징
- 교수내용의 난이도

2) 학습자

- 학습자의 특성
- 학습자의 수
- 학생들의 요구나 기대

3) 교수자원 및 환경

- 교수기술을 갖춘 교수자 혹은 교수보조원의 유무
- 다양한 교수자료와 학습자원의 개발 가능 유무
- 활용 가능한 교수매체의 종류
- 장소와 시설
- 수업시간의 제약이나 수업시간대

4) 조직의 기대

- 조직이 원하는 학습목표
- 조직이 원하는 학습방법

• 조직이 원하는 평가나 측정방법

이상의 4가지는 가장 기본적인 고려사항이고 특수한 상황에서는 다른 것들이 추가적으로 고려되기도 한다. 이러한 점을 고려하여 교육방법을 결정하는 일반적인 모델을 제시하면 다음과 같다.

표 9-1 교육방법 결정의 모델

교수-학습상황	교수방법
• 학습집단이 50명 이상 • 교실이 전통적임 • 교수내용이 개념과 원리학습 • 새로운 지식 습득에 초점	설명적 접근, 강의법
• 학습집단이 30~40명 • 학습공간이 융통성 있음 • 교수내용이 운동기능, 신체적 영역 • 새로운 지식 습득 및 숙달에 초점	시범 실습
• 학습집단이 30~40명, 소집단 구성 가능 • 학습공간이 융통성 있음 • 교수내용이 인지적 영역 • 새로운 지식의 창출, 탐구, 문제해결	소집단학습, 협동학습, 사례연구 문제해결법, 구안법
• 학습집단이 20명 이하 • 학습공간이 전통적임 • 교수내용이 태도, 정의적 영역 • 기존 지식의 이해/적용 강화	시뮬레이션, 게임, 토론
• 학습공간이 20명 이하 • 학습공간이 융통성 있음 • 교수내용이 개념 및 원리 학습 • 새로운 지식의 습득, 문제해결	발견적 접근, 탐구학습
• 개별화 학습이 가능 • 학습공간이 융통성 있음 • 교수내용이 개념, 원리, 절차학습 • 새로운 지식 습득에 초점	개인교수, 컴퓨터 보조수업 컴퓨터 네트워크를 이용한 수업

출처: Reay(1994); 조규락·김선연(2006).

3. 교수방법의 종류

최근 변화된 교육의 상황에서 매우 다양한 교수방법들이 알려져 있는데, 이 방법들은 개발된 시기와 그 효과성, 교수법의 목적 등이 모두 다르다. 널리 알려진 교수방법과 그 특징들을 유형별로 정리하면 다음과 같다.

표 9-2 교육방법의 종류

구 분	특 징	장 점	단 점
강의법	• 가장 고전적인 교육방법 • 언어적 설명 위주의 교육방법	• 교사 주도로 체계적인 지식전달이 가능	• 학생의 흥미 반영이 어려움
문답법	• 교사와 학생 간의 상호대화가 교육방법됨	• 학생 개인차가 고려됨 • 창의적·비판적 능력의 함양이 가능	• 학습속도의 지연 • 사고의 통일성과 연속성이 저해될 수 있음 • 우수아 중심으로 수업진행이 될 위험
시범/모델식	• 실기와 예체능 계열에 주로 사용	• 학습모델의 감각적·직관적 제시 가능	• 학습자의 능동적 참여도 부족
도제식	• 기술이나 예술의 체험식 교육	• 심화된 기술 습득이 가능	• 도제의 태도나 성향에 따라 교육효과의 차이가 큼
시뮬레이션	• 실제 유사한 현장학습이 가능함	• 실제 상황과 가장 유사한 경험 제공 가능 • 학습자의 위험성이 감소됨	• 잘못 설계된 시뮬레이션의 교육적 효과문제 • 긴 학습시간
문제해결법	• 구성주의적 수업방법으로, 실제적 적용력이 높고 맥락적 지식을 제공	• 학생들의 문제해결력, 논리적 사고력 개발 가능	• 수준 낮은 학생들에게 적용하기는 어려움 • 체계적인 교과학습이 어려움
토의/토론	• 분단학습이나 공동학습에 유리함	• 타인의 입장을 이해할 수 있음 • 사고력과 의사표현력 증진	• 소외되는 학생이 발생될 수 있음 • 형식적 토의가 될 수 있음
팀 티칭	• 복수의 교수가 수업을 담당함	• 한 강좌에 대한 다양한 견해 청취 가능	• 교사 간 관계가 불편한 경우 효과 저해

〈표 9-2〉에서 살펴본 교육방법들과 대표적인 교육방법과 엄격히 구분되기는 힘들지만 최근 활발히 논의되고 교육현장에 적용되고 있는 교육방법으로 '자기 주도적' 교육방법이 있다. 간단하게 설명하면 다음과 같다.

- 자기 주도적 학습(Self-Directed Learning : SDL)

자기 주도적 학습은 학습자 스스로 비판적이고 창의적으로 사고하며 학습을 주도하는 것으로 스스로에 의한 변화와 적응력을 창출하는 과정을 중요시한다. 전통적인 교사 주도적 학습과 비교하여 그 특징을 살펴보면 다음과 같다.

첫째, 전통적 교육관은 학습자를 교사의 가르침에 의지해 학습하는 존재로 보았다. 그러나 자기 주도적 학습은 학습자 스스로 학습을 계획하고 실행하여 교육목표를 달성할 수 있는 자율적 인간으로 이해한다.

둘째, 전통적 교육관은 교과서와 고정된 교육내용을 학습자원으로 보았다. 그러나 자기 주도적 학습에서는 학습자가 가진 개별적 경험 또한 중요한 학습의 자원으로 간주하고 있다.

셋째, 전통적 교육관은 학습자의 학습동기를 상과 벌 같은 외적 동기에 주로 의지하고 있다. 반면 자기 주도적 학습관은 학습자 스스로의 지적 호기심과 내적 욕구 등을 중요한 학습동기로 인정한다.

넷째, 전통적 교육관은 과목이나 단원에 제시된 학습목표를 실현하고 이를 평가하는 것을 교육의 과정으로 보았다. 반면 자기 주도적 학습은 주어진 교과의 내용 학습은 물론 학습자 삶의 문제나 현실적인 문제 또한 교육의 과정으로 보았다.

4. 현대 교육방법의 흐름

최근 교육방법은 현대 정보화의 산물인 정보와 지식의 유통, 저장, 확산의 산물을 활용하여 발전하고 있다. 즉 여러 가지 정보화 기기와 스마트 기기들이 교육적으로 활용되어 기존 교육의 시공간적 제약을 벗어나 다양한 변화가 이루어지고 있다. 이러한 현대 교육방법의 변화를 설명하기 위해 정보화 사회의 특징과 현대 교육방법의 변화 양상을 살펴보면 다음과 같다.

1) 현대 사회의 특징

현대 정보화 사회의 특징 중 가장 분명한 현상은 특정 사회문제를 취급함에 있어 현장 상황이 실시간으로 전송되고, 실시간으로 의견이 교환되고 있다. 이에 대한 평가 또한 특정 매체에 의한 일방적인 전달이 아닌 개별 사용자들의 즉각적인 응답으로 이루어지고 있다. 각종 스마트 기기의 보편적 보급에 의해 트위터를 비롯 다양한 의사소통 양식이 개발되고 새로운 소통양식과 방식에 의해 과거 사회의 정보화와는 다른 사회적 변화가 가속화되고 있다.

정보매체의 활용이 제한되던 시절에는 특정한 세력의 이익을 대변하여 언론을 조작하는 것이 가능하였다. 그러나 지금의 사회는 개별 사용자의 관점이 모두 인터넷이라는 열린 공간에 게시되며, 인터넷 사용자들이 이에 접속하여 지식과 정보를 소비하는 방식을 취한다. 또한 스마트 매체의 활용으로 기존 대중매체의 시공간적 제약은 거의 사라지게 되었다. 이는 인터넷상의 웹(Web)으로 대표될 수 있는 컴퓨터를 이용한 전파매체가 지니고 있는 상호작용성과 양방향성(Interactivity and Two-Way), 저장성 및 광역성(Storage and Broadness), 표준화(Standardization)와 실시간(Real-time) 등의 개념에 기인하는 것으로 볼 수 있다.

최근 출시되고 있는 스마트 기기를 활용한 다양한 의사소통의 장은 특정 정보를 독점하는 주체도 없고, 정보를 제공받고 주입받는 객체도 없는 특징을 지니고 있다. 주체가 객체이며, 객체가 주체이다. 이에 따라 스마트 기기를 활용한 정보화 교육은 정보의 검색, 저장, 전달에 유용한 역할을 담당할 수 있다는 측면에서 긍정적으로 평가되고 있다. 그러나 검색된 사실의 진위 여부를 파악하고 학습자의 주관적 관점에서 그 지식의 가치를 파악하는 창조적 사고의 가능성과 상상력의 발현 기회가 더욱 줄어들 위험도 존재한다.

2) 현대 교육방법의 변화

교육이 개별 인간의 삶에 유용한 지식과 정보를 제공하여 보편적인 사회적 삶에 입문하고, 개인의 자아실현을 이루어 가는 과정이라 정의한다면, 교육은 사회적 상황과 유리될 수 없다. 상기한 사회적 상황의 영향을 받은 현대 교육의 장에서 다양한 정보매체를 활용하는 교육방법은 이미 보편적인 지위를 획득하였다. 즉 'Computer', 'Internet', '스마트폰' 등으로 대표되는 다양한 정보화 매체들은 교육의 장에서 절대적인 영향력을 행사하고 있고, 기존 교사의 위치를 대체하는 기제로 작용하기도 한다. 정보화 매체들의 영향에 따른 현대 교육방법의 변화를 살펴보면 다음과 같다.

첫째, 정보화 교육은 전통적인 교육관의 변화를 초래하였다. 기존의 교육목적은 일정한 수준의 공통된 지식이나 기술을 학습자에게 전수 또는 학습시키는 것이었다. 그러나 정보화를 통하여 새로운 지식이 창출되고 이를 학습하는 과정이 반복되면서 지식의 창조와 소비를 주도하는 특정 전문가의 지위가 위협받게 되었다. 즉 과거 지식을 소유하고 이를 전수하던 교사의 지위가 현대 정보화 사회에서는 지식 접근이 가능한 매체를 활용하는 사용자 모두를 정보의 생산자이자 소비자로 간주하고 있다. 전통적 교육이 스스로의 숙고를 통한 문제해결의 과정을 중요시한 반면, 매체를 이용한 교육은 보다 쉽게 문제의 해결점에 도달하게 된다. 즉 마우스의 클릭이나 단순한 키보드의 조작을 통해 정보에 접속하는 것이 곧 문제해결의 의미와 직결되는 것이다. 정보화 사회의 교육은 지식의 획득이 아니라 정보를 검색하고 자신에게 유용한 정보를 처리해 낼 수 있는 능력이 되었다.

둘째, 정보화 교육은 교육내용과 방법의 변화를 초래하였다. 정보화 사회의 교육내용은 기존의 지식과 정보의 분류나 편성이 아니라 그 지식과 정보를 찾아가고 유용한 정보를 선별해 내는 능력이 중심이 된다. 이에 따라 기존의 지식관은 숙고와 이해능력을 중심으로 한 주지주의적 교육내용에서 지식과 정보의 효율적인 선택을 위한 '상황대처능력' 중심의 교육내용으로 전환되었다. 기존의 교육이 사고력의 활용을 직·간접적으로 유도해 낸 반면, 매체를 이용한 교육은 감각적이고 촉각적인 상황대처능력의 교육을 유도해 낸다. 이러한 부분은 컴퓨터와 기타 매체를 활용하여 '보다 쉽게, 편리하게, 효율적으로'라는 목적을 가지는 교육의 공학적 연구에 의해 정당성을 확보하게 되었다.

셋째, 정보화 매체를 활용한 교육은 전통적인 교육공간의 혁명적인 전환을 초래하였다. 기존의 교육이 학교라는 물리적 공간에서 이루어지는 교사와 학생 간의 만남을 통한 의사소통을 교육의 매개로 삼는 반면, 정보화 사회에서는 교사와 학생사이에 매체가 개입되거나, 더 나아가 매체가 창조한 가상공간을 교육적 공간으로 활용한다. 또한 휴대용 정보기기의 발전으로 개인이 언제 어디에서나 휴대폰, 무선랜이 구동되는 노트북을 활용하여 교육의 장에 접속할 수 있다. 정보화가 가속화될수록 교육의 장에서 이루어지는 매체의 활동은 정보매체와의 단편적인 교류가 아니라 매체와 상호작용이 가능한 능동적인 측면으로 변화되어 간다.

넷째, 교육 공간의 개념이 변화되고 있다. '일 : 일', '일 : 다수', '다수 : 다수'의 의사소통을 가능하게 하는 한 정보매체들이 학교교육 현장에 도입됨에 따라 기존의 학교 공간은 '언제 어디서나 가능한 학습'이라는 도식으로 변환된다. 이것은 교육의 기회균등이란 측면을 만족시켜 줄 수 있는 좋은 수단으로 이해되고 있다. 교육방송을 통한 수업과 위성방송을 활용한 TV 과외가 보편화되어 있고, 대학에서는 인터넷을 통한 원격강의가 이루어지고, 정규학위 취득이 가능한 사이버대학 또한 증가하는 추세이다.

이상에서 살펴본 다양한 정보매체를 이용한 교육방법은 다양한 지식의 접근 가능성이 열려 있는 측면, 시공간의 제약을 받지 않는 측면, 학습자 스스로 지식구성의 주도적 역할을 담당할 수 있는 측면에서, 교육적 면에서 긍정적 요인으로 평가된다. 그러나 객관적이고 논리적인 검증 없이, 단지 감각적·경제적 효율성이라는 이름하에서 매체를 이용한 은유적 의사소통이 교육의 장에서 이루어진다는 것은 타당하지 않다. 교육적 의사소통은 선험적으로 교사와 학생의 직접적 관계를 상정하고 있다. 따라서 교육의 장에서 이루어지는 은유적 방식의 의사소통은 교사와 학생의 직접적 의사소통을 보조하는 수단적인 역할만을 담당해야 할 것이다.

제2절 교육공학의 이해

1. 교육공학의 개요

1) 교육공학의 정의

현대 교육에서 활용되고 있는 교육공학의 전신은 제2차 세계대전 중 미군의 훈련과정에서 고안된 매체활용 사업이 교육 분야에 적용된 결과로 보고 있다. 이 시기는 '교육의 과학화'를 지향하던 시기로 교육의 과정을 프로그램화하는 시도들이 이루어졌다. 이후 1960년대와 1970년대를 거치면서 교육의 조건을 학습자 특성에 맞게 조정하면 완전학습이 가능하다는 견해가 대두되면서 학습의 개별화가 이루어졌다. 이러한 역사적 배경을 바탕으로 현대에 이르러 다양한 교수매체들이 발전하고 교육에 대한 공학적 접근이 활발하게 진행되고 있다. 현대 교육공학은 다양한 학문들의 영향을 받아 왔다. 대표적으로 심리학, 공학, 커뮤니케이션, IT, 경영학, 교육학 등의 영향을 받았다(강이철, 2011: 49).

교육공학의 대표적 정의를 살펴보면 다음과 같다.

- 교육공학은 인간학습에 관련된 모든 현상의 문제들을 분석하고 이에 대한 해결책을 고안, 실행, 평가, 관리하기 위하여 절차, 아이디어, 장치, 조직 등을 포함하는 복합적이고 통합된 과정이다. 그리고 이러한 과정은 크게 ① 학습자원, ② 교육개발기능, ③ 교육관리기능으로 구성된다(AECT, 1977).
- 교육공학이란, 학습을 위한 과정과 자원의 설계, 개발, 활용, 관리 및 평가에 관한 이론과 실제다(Seels & Richey, 1994).

- 교육공학은 학습과정 및 학습자원의 설계, 개발, 활용, 관리 및 평가에 관한 이론과 실제를 말한다(AECT, 1994).

이러한 교육공학의 주된 역할은 교수−학습 과정의 전반적인 효율성을 향상시키는 데 있다. 교육의 전반적인 효율성 제고는 현 교육체제를 총체적으로 분석한 후 이루어질 수 있다. 특히 수업 향상을 위한 방안으로서, 교육공학은 컴퓨터를 비롯한 각종 교수 기자재의 효율적인 활용방안을 제시함으로써, 궁극적으로 모든 학습자가 자신에게 적합한 교육처방을 받고 그에 따라 최상의 학습결과를 성취하는, 그러한 이상적인 교수−학습 상황을 제공하는 것을 목적으로 하고 있다(강이철, 2011: 49-50). 이상적인 교수−학습 상황을 제공하기 위해 개념화한 교수−학습 모형은 [그림 9-1]과 같다.

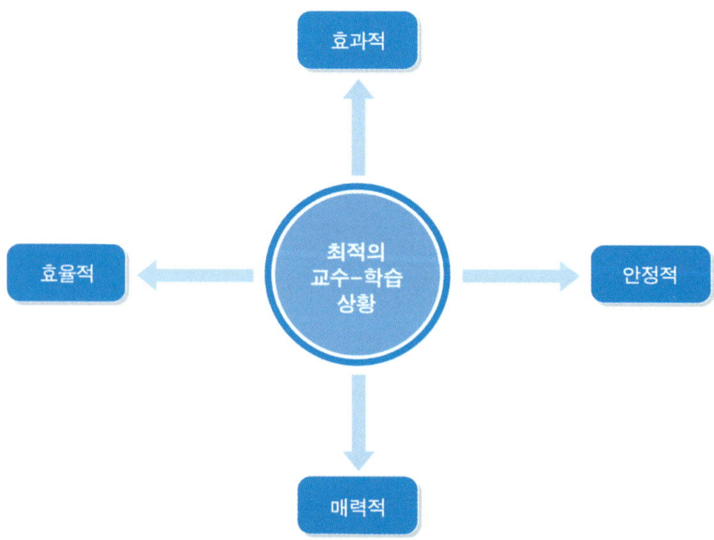

그림 9-1 교수−학습 모형

① 효과적이란 것은 바라는 결과(교수−학습 목표 등)에 도달했는가의 여부를 말한다.

② 효율적이란 것은 투자한 노력, 시간, 예산 등에 비하여 실제 나타난 결과의

정도이다.

③ 매력적이란 것은 학습자의 마음과 관심을 끄는 정도이다.

④ 안정적이란 것은 불안정하거나, 가변적이지 않고 일정한 상태와 결과를 유지하는 것이다(조락·김선연, 2006 참조 및 인용).

교육공학은 공학적이고 기술적인 용어 활용에 따라 '공학교육'과 혼동되어 사용되기도 하지만, 교육공학의 공학을 단순히 어떤 것을 생산하는 기술만을 의미하는 것으로 보아서는 안 된다. 오히려 교육공학은 교육의 원리를 탐구하는 방법론적인 측면에서 접근해야 하고 단순한 기술의 적용으로 오해하여, 극단적으로 공과대학의 공학과 유사한 의미로 보는 것은 지양해야 할 것이다. 또한 교육공학을 시청각 교육과 유사한 의미로 이해하는 측면도 존재한다. 그러나 시청각 교육은 교육공학의 하위 분야 중의 하나로 교육공학 전체를 대표하는 것은 아니다. 마지막으로 교육을 공학적인 측면으로 접근하는 견해가 곧 교육환경을 비인간적으로 만드는 것이라는 오해가 있을 수 있다. 그러나 교육공학은 보다 좋은 교육을 실현하기 위한 수단적인 것으로 본질적으로 인간의 행복을 지향하는 것이다. 따라서 교육공학의 모든 이론과 방법론들은 교육적 상황을 인간화하는 데 도움이 되어야 할 것이다.

2) 교육공학의 영역

교육공학의 주된 영역은 다음과 같은 다섯 가지로 나눌 수 있다.

- 설계(Design) : 학습에 관한 조건을 구체화하는 과정으로, 교수체제를 설계하고, 전달할 메시지를 디자인하며, 학습자 특성을 고려한 교수전략을 계획하는 과정을 말한다.
- 개발(Development) : 설계된 계획을 구체적인 내용으로 구현하는 과정으로 인적·물리적·환경적 요소들을 통합적으로 고려해야 한다.
- 활용(Utilization) : 학습을 위해 개발된 코스를 시행하는 과정과 교수매체를

사용하는 모든 행위를 의미한다.

- 관리(Management) : 계획, 개발, 활용의 전체적 과정을 조직, 조정, 감독하여 교육공학을 통제하는 것을 말한다. 구체적으로 프로젝트관리, 자원관리, 전달체제관리, 정보관리 등이 있다.
- 평가(Evaluation) : 교수-학습이 교수목적에 의거해 잘 실행되었는가를 판단하는 과정이다.

이 다섯 영역은 상호 보완적인 관계이지만 꼭 연속적인 과정은 아니다. 교육공학을 학문적으로 연구하는 사람은 특정 영역에 집중해 연구할 수 있지만, 실무적인 수업을 담당하는 사람은 여러 영역을 모두 다루어야 할 때도 있다.

2. 교육공학과 교수설계

교수설계는 교육공학의 핵심영역으로서 교육공학의 학문적 탐구대상이면서 동시에 학문적 원리를 구체화시킨다. 교수설계는 넓게 보면 교육 혹은 교수체제를 개발하는 것을 의미하며, 좁게 보면 각 단위 수업시간에 대한 방법과 아이디어들로 수업에 대한 청사진을 의미한다.

교수설계 모형이란 교수설계를 하는 데 있어서 필요한 과정이나 절차 또는 과제를 수행해야 할 순서에 따라 행위별로 묶어 놓은 것이다. 많은 교수설계 모형이 존재하지만, 가장 일반적인 교수설계 모형으로 ADDIE 모형, ASSURE 모형을 들 수 있다.

1) ADDIE 모형

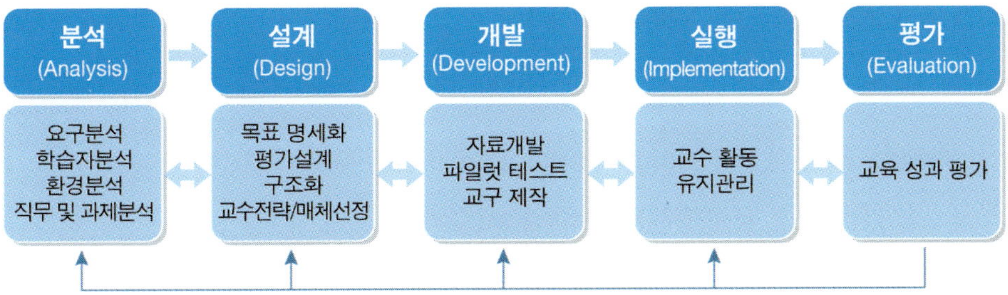

그림 9-2 교육과정의 개념

① 분석 : 학습과 관련된 요인들을 분석하는 것으로 학습내용을 정의한다.

② 설계 : 분석과정에서 나온 결과를 종합하는 과정으로, 교육의 구체적인 명세서가 된다.

③ 개발 : 설계 단계에서 결정된 명세서에 따라 실제 수업에서 사용할 교수자료나 교수 프로그램을 제작한다.

④ 실행 : 개발 단계에서 완성된 최종 산출물인 교수자료나 교육훈련 프로그램을 실제 현장에서 적용한다.

⑤ 평가 : 실제 수업 현장에서 투입되어 실행된 교수자료나 교육훈련 프로그램의 효과성과 효율성을 평가한다. 총괄평가를 통해 해당 자료나 프로그램의 계속 사용 여부, 문제점 파악, 수정사항 등을 결정한다.

2) ASSURE 모형

ASSURE 모형은 교수매체를 체계적으로 선정하여 수업을 설계하고자 하는 모형이다. ADDIE 모형과 마찬가지로 각 첫 글자를 딴 것이다.

① 학습자 분석(Analyze learners)

학습자의 나이, 학력, 직위, 문화, 태도, 경제적 요인 등 모든 학습자 특성을 조사한다.

② **목표 진술**(State objectives)

학습자가 도달해야 할 목표를 구체적으로 서술(목표 달성 조건 및 기준 포함)한다.

③ **매체와 자료 선정**(Select media and materials)

목표 달성을 위한 교수매체와 자료를 결정한다.

④ **매체와 자료 활용**(Utilize media and materials)

준비된 교수매체와 자료를 어떻게 활용할지를 계획하고 점검 · 연습한다.

⑤ **학습자 참여 유도**(Require learner participation)

피드백을 통해 학습자에게 참여의 기회를 증대시킨다.

⑥ **평가와 수정**(Evaluate and revise materials)

학습자의 성취도 및 교수매체의 영향력/적절성 등을 평가하여 다음 수업을 위해 수정한다.

3. 교육공학과 교수매체

1) 교수매체의 개념

교수매체는 수업을 담당하는 교사와 학습자를 연결하는 매개체를 말한다. 교수매체는 교수-학습의 상황에서 새로운 흥미를 일으키고 긍정적인 자극을 유도할 수 있는 구성요소를 모두 통칭하는 것이다. 일반적으로 교수매체들은 개념이나 가치를 구체화하여 제시할 수 있고, 특정 상황이나 사물을 재생하는 것이 가능하며, 조작이 간편하고, 반복적으로 활용할 수 있는 특징이 있다.

단편적으로 교수매체를 설명한다면, 학습목표를 달성하기 위해 실시되는 수업과정에 사용되는 모든 기계나 자료를 의미한다. 즉 시청각적 정보를 전달하기 위해 활용되는 모든 시청각 기재(audiovisual equipment)나 시청각 교재(audiovisual material)를 교수매체로 볼 수 있다.

표 9-3 교수매체의 종류

매체의 특징	매체의 종류
비투사 매체(nonprojected visual media)	신문 / 괘도 / 사진 / 그림 / 칠판 / 융판
투자 매체(projected visual media)	OHP / TP / 실물화상기 / 슬라이드 / LCD프로젝트 / 빔 프로젝트
멀티미디어 매체(multi-media)	PC / 스마트 기기 / 양방향TV(IPTV) / 교육방법

최근 교수매체에 대한 정의는 협의의 매체 개념을 넘어서 교수－학습의 상황에서 교사와 학습자 사이에 활용되는 모든 교육적 수단을 매체로 보고 있다. 즉 수업에 활용되는 인적 환경, 사회적·경제적 환경, 시청각 기자재, 교사의 태도 및 수업 능력, 학습자의 준비도 등을 포함한 종합적이고 통합적인 시각으로 매체를 정의하고 있는 것이 최근의 경향이다.

매체를 어떻게 정의하는가에 따라 교수매체의 활용과 그 효과에 대한 인식이 달라질 것이 자명하다. 따라서 단편적인 교수매체에 대한 시각보다는, 보다 광의의 시각으로 교수매체를 인식하고 이를 교육에 응용할 때 바람직한 교수매체의 활용이 가능할 것이다. 계속해서 일반적인 교수매체의 기능과 종류 등에 대해 살펴보자.

2) 교수매체의 기능 및 효과

(1) 교수매체의 기능

① 매개적 보조기능

교수매체의 대표적 기능으로, 수업의 보조수단으로 활용되는 것을 말한다. 예를 들어 세계지리 시간에 특정 지역을 설명하기 위한 지도를 컴퓨터와 프로젝터를 통해 보면서 수업이 진행된다면, 이때 사용된 매체들은 수업의 매개적 보조기능을 담당한 것이다.

② 정보전달기능

교육적 정보는 교사를 통해 학생에게 전달된다. 하지만 교사–학생 수의 불균형이나 여러 가지 제한적인 수업환경, 학습자의 수준 문제 등 다양한 요인으로 인하여 교사의 표현만으로 정보전달이 어려울 경우에 교수매체를 활용하게 된다. 이때 교수매체는 수업을 보조하는 매개물의 기능을 넘어 정보를 학습자에게 전달하고 학습자의 이해와 응용을 돕는 도구로 활용될 수 있다.

③ 학습경험 구성기능

때때로 교수매체는 그 자체가 학습의 대상이 되기도 한다. 가령, 컴퓨터 사용방법을 배우고자 한다면 보통 컴퓨터실에서 실습을 하게 되는데, 이 경우 컴퓨터는 교수매체이자 그 자체가 배워야 할 대상이 된다고 할 수 있다. 또한 최근 활용되고 있는 다양한 스마트 기기들은 그 활용방법을 학습하는 자체가 하나의 학습경험이 될 수 있고, 다양한 인터페이스를 위한 기본 능력이 될 수 있다.

④ 교수기능

교수매체를 단순히 정보/지식의 전달수단으로 활용하는 것을 넘어서 교사를 대체하고자 시도하는 기능이라 할 수 있다. 즉 학습자의 지적 기능을 개발하고 교사의 수업을 대체하기 위해 교수매체를 제작할 때부터 특수하게 고려된 매체를 활용하여 수업하는 기능을 말한다. 예를 들어 의과대학에서 난이도 높은 수술을 직접 실습을 통해 학습하기 어려울 때 미리 고안된 시뮬레이션을 통하여 수술의 기법을 학습하는 것을 말한다. 이 기능은 수업의 특정 상황에 한정하여 제한적으로 활용되어야 하고 분명한 교수목표와 교수방법에 대한 고안을 바탕으로 활용되어야 한다.

(2) 교수매체의 효과

① 교수매체는 학습자의 시각과 청각을 직접 자극하여 현장감 있는 정보를 제시할 수 있다.

② 교수매체는 교수활동을 표준화하고 복잡한 정보를 단순하게 제시할 수 있다.
③ 교수매체를 활용하면 교육적 공간의 시공간적 제약을 극복할 수 있다.
④ 교수매체는 학습자의 흥미를 증진시킬 수 있는 효율적인 수단이다.

3) 교수매체 선정 시 유의점

수업을 최적화하기 위한 많은 시사점을 가지고 있는 것이 바로 교수매체이지만, 잘못 사용하게 되면 오히려 수업의 효과성과 효율성을 크게 떨어트리게 된다. 교수매체는 결코 교수자를 대신할 수 없다. 따라서 교수매체의 사용자들은 교수매체가 단순히 매체 그 자체일 뿐임을 인지하고 매체를 어떻게 수업에 구현하고 활용하여 인간적인 수업을 이룰 것인가를 고민해야 한다. 이러한 점을 고려하여 교수매체를 선정할 시의 유의점을 살펴보면 다음과 같다(윤광보 · 김용옥 · 최병옥, 2011 참조).

(1) 학습자 및 수업장면 특성

매체는 학습자의 특성에 따라서 효과의 차이가 있을 수 있다. 즉 학습자 특성에 해당되는 구체적인 것들은 학습자의 연령, 성별, 학업태도, 지적 수준, 성격 등의 지적 · 정서적 · 환경적 특성을 말한다. 학습자의 특징을 기반으로 학습목표, 언어적 정보, 지적 기능, 인지전략, 가치태도 및 운동기능 등의 수업장면의 특성을 고려하여 매체를 선정해야 한다. 무엇보다 중요한 매체선정의 기준은 수업장면에 얼마나 효율적으로 기여할 수 있는가의 문제이다. 따라서 수업의 장소와 수업 대상 집단의 크기 등을 우선적으로 고려하여 수업 상황에 효율성을 기할 수 있도록 해야 할 것이다.

(2) 매체의 물리적 속성

매체가 가지는 고유한 물리적 속성을 고려하고 매체의 장단점을 고려하여 수업에 적합한 매체를 선택해야 한다. 즉 시각적 특징, 인쇄 여부, 음향, 동작, 효과, 실물 등의 매체가 가진 물리적 속성이 모두 선택 시의 고려사항이 되어야 할 것이다.

(3) 실용적 요소

매체를 구입하거나 제작하기 위한 실용적이고 현실적인 비용이나 활용 가능성과 관련된 요소를 의미한다. 매체의 제작비용 및 시간, 유지비, 하드웨어 및 소프트웨어의 활용성, 학습자 및 교수자의 선호도 등이 대표적인 실용적 요소이다.

생각해 볼 문제

1. 하나의 수업에 활용될 교육방법을 선정할 때 가장 중요한 기준은 무엇인지 논의하라.

2. 매체를 활용하는 교육의 장점과 단점을 논의하라.

3. 교육공학을 'Art'로 정의하는 것과 'Skill'로 정의하는 것의 차이를 설명하라.

CHAPTER

10

생활지도와 상담의 이해

개요

학교교육은 청소년기를 대상으로 하고 있기에 단순한 교과지도만으로 전인적 발달의 교육목적을 달성할 수 없다. 학습자의 인지적 발달과 함께 정서적 · 신체적 · 사회적 발달과 관계된 영역의 관심 또한 필요하다. 생활지도는 교과지도와 함께 학교교육의 중요한 영역이며 생활지도의 일환으로서 상담은 학습자의 전인적 발달에 필수적인 요소라 하겠다. 본 장에서는 학교교육에서 이루어지고 있는 생활지도의 개요, 특징, 영역과 상담의 기초 이론을 살펴볼 것이다.

학습목표

1. 생활지도의 의미와 목표를 이해할 수 있다.
2. 생활지도의 영역과 특징을 이해할 수 있다.
3. 학교교육에서 상담의 역할과 한계점을 설명할 수 있다.

제1절 생활지도

1. 생활지도의 개념

교육의 궁극적 목적은 학습자의 전인적 발달이다. 현대교육 상황을 고려할 때 학습자의 청소년기 대부분은 학교생활로 이루어진다고 보아도 무방할 것이다. 인생의 가장 중요한 청소년 시기의 지적·정서적·신체적 발달이 학교교육을 통해 이루어지고 있다. 학교교육에서 실시하는 교과지도가 인지적 영역에 치중한 것이라면 생활지도는 학습자의 정의적·신체적 영역의 발달과 밀접한 관련이 있다. 또한 생활지도는 교과지도 이외의 영역을 모두 포함하기에 학교교육에 있어 교과지도만큼이나 중요한 영역이 생활지도라고 보는 것도 무리가 아니다.

흔히 생활지도는 교육적으로 문제행동을 보이는 학습자를 대상으로 실시되는 것으로 인식되어 있다. 그러나 생활지도는 문제행동을 보이는 학습자만이 대상이 되는 것이 아니라 모든 학생들을 대상으로 한다. 즉 학습자의 바람직한 자아실현이 생활지도의 궁극적인 목표이며, 여기에는 학습자의 능력, 취미, 잠재적 가능성에 대한 이해와 지적·정서적·신체적 측면의 조화로운 발달, 정신건강 등이 포함된다.

역사적으로 보면 훈계, 좋은 습관 형성, 직업지도 등으로 시작된 것이지만, 본질적으로는 봉사적인 성격이 강하여 생활지도를 학생에 대한 봉사(student personal service)라고 지칭하기도 한다. 이러한 특성을 고려할 때 생활지도의 기본원리를 다음과 같이 제시할 수 있다.

1) 개인의 존엄과 수용의 원리

생활지도는 기본적으로 개인의 존엄성을 인정하고, 모든 개인이 한 인간으로서 존중받아야 한다는 민주적 이념에서 출발해야 한다. 즉 생활지도는 학습자가 지적·정의적·사회적·도덕적 측면에서 성장 가능성이 풍부하다는 신념 아래서 성립될 수 있다.

2) 자율성 존중의 원리

생활지도는 조력을 목적으로 하는 것이기 때문에 어떤 문제의 해결에 있어서 개인이 스스로 문제의 핵심을 파악하고 가능한 방안을 탐색하여 자신이 최종적으로 선택·결정을 하도록 하는 자율적 능력과 태도를 존중해야 한다.

3) 적응력 신장의 원리

생활지도는 개인이 처한 사태나 생활에 잘 대처해 나갈 수 있는 적응력을 키울 수 있도록 도와주어야 한다. 적응력은 개인의 능력과 인성형성에 있어서 상당히 긍정적인 영향을 미칠 수 있다. 특히 적응력의 결여는 자신에 대한 현실적인 이해와 통찰의 부족에서 오기 때문에 자신에 대한 이해를 통해 긍정적 자아개념 형성에 도움을 줄 수 있도록 지도해야 한다.

4) 인간관계 형성의 원리

생활지도는 태도 형성이나 가치관 형성과 같은 정의적 행동의 변화와 관련 깊은데, 이런 정의적 행동의 변화는 교사와 학생 간에 진실한 인간관계, 즉 감정이 교류하는 관계가 형성될 때 비로소 가능하다.

5) 자아실현 추구의 원리

생활지도는 개인이 모든 잠재능력을 최대한 발휘할 수 있도록 도와주는 것이다.

2. 생활지도의 일반적인 목표

첫째, 학생으로 하여금 당면 문제에 대하여 자발적으로 해결할 수 있도록 의욕을 북돋는다.

둘째, 학생으로 하여금 당면문제를 유능하게 해결할 수 있는 능력을 기르고 기법을 가르친다.

셋째, 학생으로 하여금 주어진 상황이나 사회에 잘 적응함으로써 부적응 행동을 예방하는 기능을 연마하도록 한다.

넷째, 학생 개개인의 개성과 문제를 정확하게 확인·이해하고, 자기의 진로를 현명하게 선택할 수 있도록 한다.

다섯째, 학생의 신체적 성장 및 발달, 인지적 발달, 정의적 발달, 사회적·도덕적 인격 발달이 균형있게 이루어지도록 전인적 발달을 도모한다.

여섯째, 학생의 학업 또는 일상생활에서 긴장과 갈등 또는 불안의 원인이 되는 욕구불만의 해소 및 장애요소를 제거하여 정신적 건강을 유지하도록 한다.

3. 생활지도의 특징

생활지도에 관한 여러 정의들이 함축하고 있는 특징들을 열거하면서 의미를 부연 설명하면 다음과 같다.

첫째, 생활지도의 대상은 모든 학생이며, 대상영역은 개인의 삶과 관련된 모든 문제와 개인의 성장 및 발달을 위한 교육적 조치가 모두 포함된다. 즉 모든 개개인이 직면하는 모든 생의 문제와 인간적 성장과 발달에 관심을 두는 것이다.

둘째, 생활지도는 개인의 전인적 발달과 사회적 존재로서 개인의 자아실현을 도모하는 것이 궁극적 목적이다.

셋째, 생활지도는 지시적이거나 전제적 지도방식에 의존하는 것이 아니라, 학생 스스로 문제를 해결하고 성장·발달할 수 있도록 돕는 지원적이고 봉사적인 의미의 지도활동이다.

넷째, 생활지도는 이론적이며 실제적인 체계를 기반으로 전개되어야 한다.

4. 생활지도 영역

1) 학생조사활동

학생조사활동(student inventory service)의 범위는 가정환경, 학업성취도, 지적 능력, 신체 및 정신건강, 교외생활, 학습 및 직업흥미, 성격 등이다. 학생조사활동을 위한 방법은 검사활동과 비검사활동으로 나눌 수 있고, 구체적으로는 각종 표준화심리검사, 학업성취도검사 등의 검사를 활용할 수 있다.

2) 정보제공활동

학생의 생활과 계획 수립에 도움이 되는 정보제공활동(information service)의 세 가지 측면을 설명하면 다음과 같다.

- 교육정보(educational information) : 일반적인 학교생활에 관한 정보, 상급학교 진학에 관한 정보, 장학금에 관한 정보, 학습방법에 관한 정보, 과외활동에 관한 정보, 도서관 이용방법에 관한 정보 등
- 직업정보(occupational information) : 직업군 또는 직업의 종류에 관한 정보, 직업에서 요구되는 기능이나 적성에 관한 정보, 직업교육 참여에 관한 정보, 직업선택 방법에 관한 정보, 직업 조건 및 전망에 관한 정보 등
- 개인 및 사회 적응 정보(personal-social information) : 자기이해에 관한 정보, 타인이해에 관한 정보, 인간관계 및 프로그램 참여에 관한 정보, 지역사회 기관 이용에 관한 정보, 가족관계에 관한 정보, 성교육에 관한 정보, 가치관·도덕·종교 등에 관한 정보 등

3) 정치활동

정치활동(placement service)이란 직업지도, 진학지도, 학과선택지도 등에 있어서 자신과 진로를 정확하게 이해하여 자신의 정치(定置 : placement)를 현명하게 선택하도록 조력하는 활동이다. 생활지도의 또 다른 목표는 학생에게 알맞은 다음 단계나 집단에 배치되어 그 생활을 원만히 적응할 수 있도록 조력하는 것이다.

4) 상담활동

상담활동(counselling service)은 내담자에게 충분한 도움을 줄 수 있는 전문적 자격을 갖춘 상담자와 도움을 필요로 하는 내담자와의 만남을 통해서 내담자의 문제해결을 돕는 활동을 말한다. 상담활동의 목표는 학생의 자율적인 발달을 돕는 것이다. 상담활동은 각 상담자마다 내담자와의 문제를 이해하기 위한 접근방법을 달리하고, 그에 따른 구체적 과정도 차이가 있기 마련이지만 상호 신뢰를 바탕으로 지속적인 만남을 통해 공감적 이해를 이룰 때 성공적으로 이루어질 수 있다.

5) 추수 지도활동

추수 지도활동(follow-up service)은 학생이 자율적으로 성장·발달할 수 있도록 계속적으로 지도하는 활동이다. 추수 지도활동의 목적은 상담 또는 생활지도의 효과성, 즉 학생들의 발전 상태를 지속적으로 점검하여 문제의 재발을 예방하고, 계속적인 성장·발달을 촉진시키는 데 있다. 추수 지도활동을 통하여 학교의 생활지도 계획 및 지도방법을 반성·평가하고 그 개선을 도모하는 자료를 제공할 수 있다.

제2절 상담이론

1. 상담의 기초

1) 상담의 개념

상담(相談 : counselling)의 일반적인 의미는 '구조적이고 허용적인 분위기에서 상담자와 내담자 간의 상호작용 과정을 통해서 내담자가 스스로 문제를 인식하고 문제를 해결해 갈 수 있도록 전문적인 상담과정을 전개하고 조력하는 것으로써 궁극적으로 내담자의 성장과 발달을 촉진 · 도모하는 과정'을 말한다.

상담은 전문적인 상담자와 도움을 받으러 온 내담자의 관계로 이루어지며, 상담의 목표는 내담자의 적응을 증진시키고 내담자의 행복을 도모하는 것을 우선순위에 둔다.

상담의 개념은 협의의 개념과 광의의 개념으로 나누어 생각할 수 있다. 협의의 개념으로 상담은 방법론을 의미한다. 반면 광의의 개념으로 상담은 방법이 발생하게 되는 상황에 대한 이해와 조건 등을 포함한다. 상담이란 고도의 심리학적 연구와 다년 간의 경험이 뒷받침되어야 하는 매우 전문적인 과정이다. 따라서 단순히 교육현장에서 이루어지는 교사와 학생 간의 대화나 지도내용을 상담으로 볼 수는 없다. 인간의 심리적 측면을 다루는 상담은 전문적 교육을 받은 상담전문가에 의해 실시되어야 함이 원칙이다. 다음과 같은 활동과 상담은 구분되어야 한다.

첫째, 정보의 제공 자체는 상담이 아니다.

둘째, 충고 · 제안 · 권장이 곧 상담을 의미하는 것은 아니다.

셋째, 설득 · 유도 · 권고 등에 의한 신념 · 행동의 변화만을 상담이라 볼 수 없다.

넷째, 상담은 훈육 · 협박 · 경고 · 위협 등을 통해서 행동의 변화를 꾀하는 것이 아니다.

다섯째, 상담은 직접적인 대화나 면담만을 의미하지는 않는다.

교육학의 영역에서 이루어지는 상담은 상담전문가에 의한 심리치료의 측면과는 달리 학습자의 생활지도의 일환으로 관심과 도움을 요하는 학생을 대상으로 이루어지는 비교적 가벼운 수준에 있는 것이다. 즉 전문적인 상담관계는 전문적인 지식과 기능을 배경으로 하는 심리적인 조력과정이기 때문에 단순히 교사와 학생과의 관계처럼 무엇을 가르치고 배우는 관계가 아니라, 학생의 문제해결이나 학생의 정상적이고 효과적인 적응을 돕는 의미에서의 관계를 말한다. 상담에서 실시하는 심리적 조력은 가치 있고, 의미 있는 과정으로 상담자와 내담자 사이의 정보 공유, 공감적 이해, 치료 등이 필요하기에 원만한 의사소통과 상호 이해가 필요하다. 따라서 단순한 교사와 학생의 면담을 상담이라 볼 수는 없다. 상담과 전문적 심리치료의 차이점을 살펴보면 다음 표와 같다.

표 10-1 상담과 심리치료의 비교

구 분	상 담	심리치료
모형	심리학, 교육학	정신의학
목적	예방 : 전인적 성장과 발달	치료와 교정
상담 영역	의식 : 현실적 불안	무의식 : 신경증적 불안
상담 대상	선택과 결정의 문제	감정적 갈등, 신경증적 불안
학문 영역	교육학, 심리학, 사회복지	의학, 임상병리학
인식	질병이 아닌 성장을 위한 진통으로 간주	질병으로 간주하여 비정상 상태의 완화나 완치

일반적인 상담의 특징은 다음과 같다.

첫째, 상담은 내담자 스스로의 자발적인 변화 가능성을 신뢰한다. 상담의 과정은 상담자와 내담자의 상호작용을 통해 내담자의 가능성을 발견하게 하고 종국에는 내담자 스스로 행동변화를 이룰 수 있게 하는 것이다.

둘째, 상담은 내담자의 자발적인 변화를 촉진하기 위한 제반 조건들을 조성해 주는 것이고, 그 과정은 지속적인 면담을 통해 가능하다.

셋째, 상담자의 경청은 내담자의 잠재적인 문제를 드러내고 문제해결의 실마리를 찾을 수 있는 중요한 상담의 요소이다. 공감적 이해와 경청은 상담의 기본적 요소이다.

넷째, 상담은 공적인 과정이지만 상담의 내용은 사적인 것으로, 논의된 내용에 대한 비밀유지는 상담의 필수적인 조건이다. 내담자와 상담자의 신뢰관계와 지속적인 상담 효과를 위해 상담내용의 비밀은 꼭 보장되어야 한다.

2) 상담의 목표

(1) 행동변화

상담의 과정을 통하여 인간관계의 개선 및 새로운 인간관계의 형성, 바람직한 학습태도, 직업 및 진로에 대한 준비, 바람직한 일상생활 습관 형성 등의 행동변화를 이끌 수 있다.

(2) 정신건강의 증진

상담은 내담자의 정신건강 증진을 통해 바람직한 성격의 형성과 삶의 의욕을 길러 줄 수 있다.

(3) 문제의 해결

상담은 내담자가 처한 문제를 드러내고 문제를 해결할 수 있는 길을 안내한다. 그 과정은 허용적이지만 문제의 핵심은 분명하고 명확하게 드러내야 한다. 상담자는 문제해결의 실마리를 제시하지만 문제해결의 주체는 내담자이다.

(4) 개인의 효율성 향상

상담은 내담자의 생산적인 사고와 긍정적 인간관계 형성을 통하여 다양한 문제상황에 효율적으로 대처하는 능력을 길러 주어야 한다.

(5) 의사결정

상담을 통하여 내담자는 스스로 의사결정을 할 수 있다. 상담자는 내담자의 효율적이고 합리적인 의사결정을 조력하는 역할을 한다.

3) 상담의 조건

상담은 상담자와 내담자 상호 간의 구조적인 수용적 관계 형성을 기본으로 하고 있다. 구조적 관계란 내담자로 하여금 자기 자신과 환경 및 조건에 대하여 의미 있는 이해를 증진하도록 하여 내담자 스스로가 효율적으로 문제를 발견하고, 의사를 결정하도록 하는 것을 목표로 한다. 따라서 상담은 내담자의 다양한 심리적인 특성을 긍정적으로 변화시키는 체계를 구축하는 것이 기본조건이다. 이러한 상담의 기본조건에 부가적으로 요구되는 조건은 다음과 같다.

(1) 수용

수용은 인간의 존엄성에 대한 인식에서 출발한다. 상담자를 찾아오는 사람들 하나하나가 어떤 인간적인 결점을 지니고 있든지 관계없이 그를 귀중한 인간으로 수용해야 한다.

(2) 공감적 이해

감정이입적 이해라고도 한다. 내담자의 입장이 되어서 그를 이해하는 것이다. 즉 상담자는 내담자가 가진 감정, 견해, 가치, 이상, 고민거리, 갈등 등을 가지고 그가 처해 있는 여러 상황을 이해하는 것이다. 하지만 여기서 '공감'과 '동감'이 다른 것임을 주의해야 한다.

(3) 일치

진지성, 명료성, 순수성 등으로 불리기도 한다. 이 가치와 대립되는 개념은 허구성, 가식, 경박함, 불일치, 불순함 등이다. 일치는 상담자가 자유스럽고 깊은 의미에서 자기 스스로를 인식하고 자신의 인식을 정확하게 표현하는 실제적인 경험을 지니고 있는 것을 지칭한다.

4) 상담의 기본기법

(1) 기본전제 : Rapport 형성

Rapport는 상담자와 내담자 사이의 신뢰관계를 의미한다. 상담은 공적인 절차지만 상담관계는 상담자와 내담자의 사적인 관계와 같은 인간적 신뢰와 협동관계를 전제로 한다. 따라서 모든 상담의 기본 요건은 상담 초기 Rapport를 형성하고 이후 지속적으로 유지해야 한다는 점이다.

(2) 반영

내담자의 말과 행동에서 표현된 감정, 사고, 행동, 태도 등을 상담자가 새롭게 의미를 부여해 주는 과정으로 상담에 대한 관심과 공감 여부를 표현해 준다.

(3) 명료화

내담자의 말이나 생각 속에 포함된 의미나 암시 등을 상담자가 분명하게 제시해 문제를 명료화해 주는 과정이다.

(4) 직면

내담자가 인식하지 못하거나 인식하기를 거부하는 문제를 내담자에게 보여주는 것으로 상담자와의 상호 신뢰를 전제로 이루어져야 한다. 단순한 감정표현이나 좌절을 드러내는 과정과는 구별되어야 한다.

(5) 해석

내담자에게 의미를 전달하는 상담자의 시도로 내담자로 하여금 자신의 생각을 다른 관점에서 파악하게 하는 것이다. 상당히 어렵고 복잡한 정신적 과정을 다루는 부분으로 고도로 훈련받은 전문가가 신중하게 접근해야 하는 영역이다.

2. 현대상담의 접근법

1) 정신분석학적 상담

정신분석학적 상담은 프로이드의 고전적 정신분석이론과 아들러, 융의 신정신분석이론을 바탕으로 발전된 기법이다. 정신분석학은 정상적·비정상적 행동 모두를 이해하고 인간의 의식적·무의식적 정신활동을 탐구하기 위한 것으로 인간 사고에 있어 무의식의 중요성을 강조한다. 특히 정신분석학은 정서발달, 심리상담·치료방법, 행동을 동기화시키는 무의식적 요인, 정서발달을 결정짓는 요인으로서 초기 경험(생후 5~6년)에 관심을 둔다.

(1) 기본가정

- 인간의 행동은 생후 5~6년간의 무의식적 요소, 즉 비합리적 본능적 동기, 무의식적 사고, 심리적·성적인 사건 등에 의해 결정된다. 즉 유아기 성장과중 중 경험하는 다양한 관계에서 발생하는 갈등이 무의식적으로 개인의 행동, 정서, 인지에 영향을 미친다.
- 무의식은 인간 행동의 동기이자 동력이다.
- 상담자는 내담자의 불안에서 기인하는 불합리적·충동적 행동을 통제하도록 조력하는 역할을 담당한다.
- 급격한 행동수정보다 내담자의 준비성을 고려하여 점진적인 행동변화를 일으킨다.

(2) 상담의 목적

- 무의식적 행동과 사고의 원인을 밝혀 개인의 정서구조를 수정하는 것
- 정서적 행동이 지나치게 본능적 욕구에 치우치지 않도록 자아를 강화하는 것

(3) 주요 기법

• 자유연상법
  – 내담자의 마음에 떠오르는 것을 모두 이야기하게 함
  – 무의식에 억압된 것을 의식 표면에 드러나게 함
  – 드러난 문제를 상담자가 해석해 주고 이를 통해 긍정적인 문제해결을 유도함

• 꿈의 분석
  – 꿈은 '무의식에 이르는 길'로서 수면 중 심리적 방어기제가 약해져 무의식의 감정이 표면화됨
  – 꿈에서 드러난 무의식적 욕구, 감정을 자유연상법을 통해 회상함
  – 상담자는 내담자의 꿈의 연상을 분석하여 꿈의 과거, 현재적 의미를 해석하여 내담자의 문제해결에 도움을 줌

2) 행동주의적 상담

행동주의 심리학을 기반으로 스키너(Skinner)에 의해 발전된 상담기법이다. 행동주의 심리학에 따르면 인간의 의식은 관찰할 수 없기 때문에 과학적 연구는 인간의 외형적 행동만을 대상으로 해야 한다. 행동주의 심리학은 인간의 의식 자체를 부정한 것이 아니며, 객관적 · 외적 행동의 연구를 통하여 인간 의식을 이해할 수 있다는 입장이다.

(1) 기본가정

• 인간의 내적 의식 세계를 이해하기 위해서는 외적 행동을 관찰 · 평가해야 한다.
• 부적응 행동은 정상적인 행동이 학습되는 것과 동일한 방식으로 학습을 통해 어느 정도 획득된다.
• 구체적이고 분명한 행동수정 목표를 설정하고 객관적인 과학적 원리와 절차를 따라야 한다.

- 지금 여기에 초점을 두고 인간 행동을 양적으로 측정할 수 있다.
- 상담자는 상담의 주도권을 쥐고 능동적 · 지시적 역할을 담당하며, 내담자의 역할 모델을 담당한다.

(2) 상담목표

- 내담자의 부적응 행동을 수정, 개선하여 효율적 행동을 학습하는 것
- 내담자의 행동에 영향을 주는 요인을 발견하고 행동수정을 위한 처방법을 고안하는 것

(3) 주요 기법

- 체계적 둔감법

  불안을 초래하는 행동자극을 분석하고, 불안의 원인을 위계적으로 제시하여 불안에 대한 이완 과정을 거친다. 이완 과정에서 상상이나 상담자의 개입을 통하여 불안을 이완으로 대치시켜 둔감해지게 한다.

고소공포증 환자에 대한 체계적 둔감법

- 집 지붕에 걸쳐진 사다리에 올라가려고 한다. 지붕 위 눈을 치우기 위해서이다. 손으로 사다리를 잡는다. 다음으로 사다리에 발을 올려놓는다.
- 사다리 3분의 1 지점에서 잠시 아래를 본다.
- 차를 타고 여행을 가는데 오르막길이 시작된다.
- 여행 중 오르막길 옆에 절벽이 있다.
- 절벽 옆에는 파도치는 해안이 있다.
- 절벽은 해안 50m 옆 지점에 있다.
- 절벽은 해안 10m 옆 지점에 있다.
- 가족과 차를 타고 절벽 위로 간다.
- 절벽 끝에서 바다를 본다.
- 지붕 위 눈을 치우기 위해 올라간다.
- 지붕 위로 올라간다.
- 지붕 위에서 눈을 치운다.

(위 목록 중 '차를 타고 여행을 가는데 오르막길이 시작된다.'부터 '지붕 위 눈을 치우기 위해 올라간다.'까지: 연상)

• 모델링

모델링은 실제적 생활, 영상매체 등을 활용하여 모방하게 될 행동을 내담자에게 노출시키는 과정을 의미한다. 모델링의 효과는 시범하는 행동에 관한 감정과 태도의 변화와 내담자가 모델이 된 행동의 모방을 모두 포함한다.

- 내담자가 관찰에 의해 새롭고 적절한 행동유형을 학습하는 습득기능을 담당한다.
- 다양한 상황에서 모델의 행동에 대한 관찰은 보다 적절한 시기, 방식, 대상으로 올바른 행동을 유도하고 행동을 촉진하는 사회적 촉진 기능을 담당한다.
- 모델링은 내담자가 공포나 불안 등의 원인으로 회피하고 있던 행동을 제거할 수 있다.

3) 인간중심적 상담

인간중심적 상담(person centered counselling)은 1940년대 사회의 주류를 형성하던 지시적 상담의 대표적 이론인 정신분석적 상담에 반대하여 칼 로저스(Carl Rogers)에 의해 창시된 비지시적 상담의 대표적인 이론이다. 이 이론은 모든 인간은 합리적이며, 사회화가 가능하고, 건설적이고, 성장과 자아실현을 추구한다는 전제에서 출발한 것으로 내담자의 잠재 가능성과 성장을 개발해 주는 데 그 목적이 있다는 점에서 내담자중심 상담으로 지칭되기도 한다.

인간중심적 상담은 인간 행동을 이해하기 위해서는 인간의 주관적 이해에 해당되는 내적 준거체계에 대한 이해를 기본요건으로 본다. 또한 상담의 주도권은 내담자에게 있으며 내담자가 자발적으로 상담을 이끌어 갈 수 있도록, 상담자는 수용의 입장에서 조력할 뿐이라는 입장이다. 인간중심적 상담의 주요 개념을 살펴보면 다음과 같다.

(1) 기본특성

첫째, 모든 인간은 변화하는 경험의 세계에 존재하고 그 자신이 경험 세계의 중심이다. 이 경험의 세계는 자신만이 지각할 수 있고 타인은 완전하게 이해할 수 없는 세계이다.

둘째, 개인은 경험하고 지각하면서 그들의 현실이라는 현상적 장에 반응한다.

셋째, 행동이란 근본적으로 현상적 장에서 지각된 욕구를 충족시키려는 개인의 목적지향적인 행동이다.

넷째, 행동을 이해하는 데 가장 중요한 것은 개인의 내적 참조체계이다.

다섯째, 개인이 선택한 행동방식은 자신의 자아개념과 일치된다. 이때 자아개념은 고정된 실체가 아니라 유동적이고 변화하는 과정이다.

여섯째, 자기지각과 개인의 경험 간의 불일치는 불안으로 이어지고, 이는 방어기제를 불러일으켜 자아조직의 붕괴를 일으킬 수 있다.

일곱째, 개인의 불안이 감소되려면 자아개념이 실제 경험과 일치되어야 한다.

여덟째, 완전하게 기능하는 사람은 모든 경험에 완전하게 개방되어 있고 방어하지 않는 사람이다. 이러한 개인은 무조건적·긍정적으로 자기존중을 이루고 자아개념과 경험이 일치하는 사람이다.

(2) 상담의 목표와 과정

① 일치성 또는 진솔성

내담자를 위해서 선의의 거짓말을 하게 되면 내담자는 자기기만에 빠지게 된다. 이것이 계속되다 보면 내담자는 치료자가 거짓말을 하고 있음을 알고, 치료자도 자신을 속이는 부류로 똑같이 분류한다. 그러므로 상담자가 느끼는 감정과 그 표현이 일치하도록 감정을 숨기지 말고 진솔하게 내담자에게 이야기해야 한다.

② 긍정적 관심과 수용

내담자를 한 인간으로서 진정으로 깊이 있게 관심을 가지는 것이다. 이러한 관심은 무조건적이다. 심리상담/치료자는 내담자를 존중하고 조건을 달지 않고 따뜻하게 수용해야 한다. 이것은 "나는 ~할 때에만 당신을 존중하겠습니다"라는 태도가 아니라 "나는 당신을 있는 그대로 존중하겠습니다"라는 태도이다.

③ 정확한 공감적 이해

공감적 이해란 심리상담/치료자가 내담자의 감정에 빠져들지 않으면서 내담자의 감정을 자신의 감정인 것처럼 느끼는 것이다. 정확한 공감은 내담자들이 덜 명확하게 경험한 감정들을 분명하게 인식할 수 있도록 하는 것 이상의 의미를 가진다라는 점을 이해하고 있어야 한다.

(3) 인간중심적 상담의 장 · 단점

① 장점

첫째, 내담자의 주관적 세계를 상담의 영역으로 인정하는 인본주의적 기초를 확립하였다.

둘째, 상담의 중심을 이론과 기법에서 인간관계, 태도, 내담자의 열린 태도 등의 문제로 변화시켰다.

셋째, 상담자의 경청과 공감, 수용을 통한 내담자의 자발적인 문제해결을 강조하여 지시적 상담보다 안전한 상담과정이다.

② 단점

첫째, 인간중심적 상담을 상담자와 내담자의 공감적 이해수준으로 단순하게 이해하는 경향이 있다. 따라서 관심과 반영 이외의 다른 기법이 없다.

둘째, 인간중심적 상담은 자칫 비효율적이고 방향과 목적에 대한 회의적 관점을 초래할 수 있다.

셋째, 모든 내담자들이 내적 방향을 신뢰하거나 문제해결을 할 수 있는 능력이 있는 것은 아니다.

넷째, 안정되고 성숙된 사회적 환경에서 가능하다는 제한점이 있다.

3. 학교상담

1) 학교상담의 목표

첫째, 학교상담은 학습자 자신의 이해를 목표로 한다.

둘째, 학교상담은 학습자의 잠재능력 개발을 목표로 한다.

셋째, 학교상담은 학습자의 의사결정 능력과 적응력 신장을 목표로 한다.

넷째, 학교상담은 학습자의 인간관계 향상을 목표로 한다.

다섯째, 학교상담은 학습자의 문제행동과 사고의 변화를 목표로 한다.

2) 학교상담의 특성

첫째, 학교상담을 통하여 학습자의 자발적인 변화와 전인적 성장을 이루는 과정으로 이해된다.

둘째, 학교상담은 문제의 치료보다 예방적 지도의 의미가 강하다. 학교상담은 문제 발생 후 처치의 차원이 아니라 건강한 학교환경을 조성하는 생활지도 활동의 일환으로 문제의 예방 역할을 담당한다.

셋째, 학교상담은 학습자의 의지와 관계없는 비자발적(involuntary) 호출을 통해 이루어지기 쉽고 호출된 학습자는 문제아로 낙인 받을 수 있다.

넷째, 학교상담을 담당하는 교사가 교과담당 혹은 담임일 경우 이중관계(dual relationship)에 노출될 수 있다. 이중관계에 처한 학생과 교사의 역할은 객관성 유지와 역할 혼란을 초래할 수 있고, 상담이론에서도 비윤리적 행위로 규정되고 있기에 최대한 지양해야 한다.

3) 학교상담과 상담교사

(1) 상담교사의 자세

첫째, 상담교사는 교사 스스로에 대한 이해와 긍정적인 자아관을 가져야 한다.

둘째, 상담교사는 학생에 대한 신뢰와 믿음을 전제로 문제 자체보다 학생의 전인적 성장을 염두에 두고 상담에 임해야 한다.

셋째, 상담교사는 학생의 문제해결 가능성에 대한 신뢰와 학생의 인격에 대한 존중을 전제로 상담에 임해야 한다.

넷째, 상담교사는 상담내용에 대한 비밀보장을 원칙으로 상담에 임해야 한다.

(2) 상담교사의 역할

첫째, 상담교사는 학생에게 불안감이나 긴장감을 조성하지 말고 친근한 분위기를 조성하여 학습자 스스로 문제를 인식할 수 있도록 도와주어야 한다.

둘째, 상담교사는 문제해결이 교사의 몫이 아닌 학생과 상호작용을 통해 학습자 스스로 해결하는 것임을 주지시킨다.

셋째, 상담교사는 상담과정에서 학습자와 언쟁이나 의견 대립을 지양하고 학생의 진술 내용 자체보다 이면의 감정 상태 파악에 관심을 가져야 한다.

넷째, 상담의 목표가 학습자의 비판이나 처벌이 아니라 문제해결임을 인식하고 인내와 노력으로 상담에 임한다.

생각해 볼 문제

1. 생활지도의 영역과 한계점에 대한 자신의 생각을 기술해 보자.

2. 학교교육의 상담과 심리치료의 차이점을 구분해 보자.

3. 상담교사의 자세와 역할을 논의해 보자.

CHAPTER

11

교직과 교사

개요

'교육의 질은 교사의 질을 넘지 못한다.'

교육학을 공부하는 사람들에게 금언이다. 교육학의 모든 이론은 훌륭한 교사를 만들기 위한 수단이라 할 수 있다. 수많은 교육이론과 교육문제에 관한 연구들은 교사가 바람직한 교육을 이루기 위한 보조적 역할에 한정된다. 결국 교육학은 얼마나 좋은 교사를 길러낼 수 있는지의 여부로 그 결과를 평가받게 된다. 따라서 현대 교육기관 평가와 대학 평가의 가장 중요한 항목이 우수 교원의 확보 여부와 교원의 수준을 높이기 위해 어떠한 노력을 하고 있는지를 확인하는 것으로 구성되어 있다. 본 장에서는 교직의 특성과 자격기준, 교사의 자질과 역할 등을 살펴볼 것이다.

학습목표

1. 교직의 특성을 이해하고 교원의 자격기준을 설명할 수 있다.
2. 교직의 장·단점을 설명할 수 있다.
3. 교원의 자질과 역할을 이해하고 자신이 생각하는 바람직한 교사상을 정립할 수 있다.

제1절 교직의 성격과 근거

1. 교직의 성격

교육에서 교사가 차지하는 비중은 가히 절대적이라 할 수 있다. 한국교육이 6·25 전쟁을 겪으면서도 우수한 학생을 지속적으로 배출할 수 있었던 원인은 교사에 있다. 즉 우수한 환경과 많은 재정 투입이 교육의 절대적 요소라면 교육을 통한 국가발전은 불가능했을 것이다. 폐허가 된 운동장에서 칠판과 백묵만으로 교육을 실시하였지만 수많은 인재를 기르고 이를 통해 국가발전과 사회안정을 교직의 성격과 근거이룰 수 있었던 것은 열정 있는 교사의 역할을 통해서이다.

모든 교육학은 교사론으로 귀결된다. 최근 IT 기술과 통신망의 획기적인 발전에 힘입어 직접적 교사의 대면 없이 교육을 실시하는 환경이 조성되었다. 기존 교실에서 교사와 학생의 일대일 대면 관계를 통해 실시되던 교육을 효율성과 시간, 장소의 제한 등의 요소를 고려하면 매체를 통한 교육이 더욱 우수한 것으로 판단될 수 있다. 즉 언제 어디서나 학습자가 원할 때 원하는 내용을 교사 없이 학습할 수 있다는 장점이 있는 것이다. 이러한 시대적 상황에도 불구하고 교사의 중요성은 여전히 유효하다. 이는 교육에서 교사 요인이 단순히 효율성이나 경제성으로 판단할 수 있는 것이 아니라는 점을 반증한다.

교사의 직업적 특성을 논의할 때 사용하는 명칭이 '교직'이다. 교직을 전문직으로 보는가, 일반적으로 보는가의 여부에 따라 교사의 역할과 책무성의 범위가 달라진다. 사회보편적인 통념을 고려할 때 교직을 전문직으로 간주하는 견해가 지배적이다. 직업의 분류를 크게 일반직(occupation)과 전문직(profession)으로 구분할 수 있는데, 한국표준직업분류에 따르면 교직은 전문직으로 분류된다. 전문직을 일반직과 구별하는 척도로 다음과 같은 조건을 들 수 있다.

① 사회적 봉사 : 전문직은 유일하고 독특한 사회적 봉사 기능을 갖는다.
② 지적 기술 : 전문직은 그 능력의 수행에 있어서 고도의 지적 기술을 요한다.
③ 준비교육 : 전문직은 상당히 장기간의 준비교육을 요한다.
④ 자율권 : 전문직은 개인적으로나 집단적으로 광범한 자율권을 행사한다.
⑤ 결과에 대한 책임 : 전문직은 자율의 범위 안에서 행사한 행동과 판단에 대하여 종사자의 광범위한 책임을 묻는다.
⑥ 자치조직 : 전문직은 자치조직을 가진다.
⑦ 보수 : 전문직에 있어서 경제적 보수는 사회적 봉사보다 우선하지 않는다.
⑧ 직업윤리 : 전문직은 그 자체의 직능을 수행하는 데 준수할 직업윤리를 가지고 있다.

교직이 전문직이라고 한다면 교직의 성격에 비추어 교사는 다음과 같은 특성을 지니고 있어야 한다.

① 교사가 다루는 내용이 지식이며 교육활동이 고도로 복잡한 과정이기 때문에 교사는 고도의 전문적 지식 및 지적 능력을 갖추고 있어야 한다.
② 지식의 발전과 교육상황이 항상 새롭게 변하기 때문에 교사가 되기 위해서 장기간의 준비교육이 필요하지만, 교사가 되고 난 후에도 계속적인 연수가 필요하다.
③ 교육활동이 윤리적 가치를 목적으로 내포하고 있기 때문에 교사의 생활은 윤리적으로 모범이 되어야 한다.
④ 교직은 단순한 노동직이 아니라 미래를 창조하는 직업이기 때문에 교사는 항상 봉사의 태도로 헌신적으로 업무를 수행해야 하며 교육의 결과에 대하여 책임을 져야 한다.
⑤ 교직은 자율성이 있을 때 생명력 있는 교육이 이루어지므로 교직에는 자율성이 보장되어야 하며, 자율성의 신장을 위하여 교사는 스스로 노력을 해야 하고 자치적 단체를 가지고 있어야 한다.

2. 교원의 법적 근거

우리나라 교사의 책임과 의무와 권한을 규정한 것은 교육법이다. 교육법에 의거한 교원은 유치원, 초·중등, 특수교원에 한정된다. 각 교원의 법적 근거를 명시하면 다음과 같다.

1) 유치원 교원

유치원 교원은 교사와 직원, 원감과 원장으로 나뉘며 각각의 개념과 임무, 자격에 관한 법률은 「유아교육법」 제 3장에 규정되어 있다.

제3장 교직원

제20조 (교직원의 구분)

① 유치원에는 교원으로 원장·원감·수석교사 및 교사를 두되, 대통령령으로 정하는 일정 규모 이하의 유치원에는 원감을 두지 아니할 수 있다.

③ 유치원에 두는 교원과 직원(이하 "교직원"이라 한다)의 정원·배치기준 등에 관하여 필요한 사항은 대통령령으로 정한다.

제21조 (교직원의 임무)

① 원장은 원무를 총괄하고 소속교직원을 지도·감독하며 해당 유치원의 유아를 교육한다.

② 원감은 원장을 보좌하여 원무를 관리하고 해당 유치원의 유아를 교육하며, 원장이 부득이한 사유로 직무를 수행할 수 없는 때에는 그 직무를 대행한다. 다만, 원감을 두지 아니하는 유치원은 원장이 미리 지명한 교사가 그 직무를 대행한다.

④ 교사는 법령이 정하는 바에 따라 해당 유치원의 유아를 교육한다.

제22조 (교원의 자격)

① 원장 및 원감은 [별표 1]의 자격기준에 해당하는 사람으로서 대통령령이 정하는 바에 따라 교육부장관이 검정·수여하는 자격증을 받은 사람이어야 한다.

② 교사는 정교사(1급·2급)·준교사로 나누되, [별표 2]의 자격기준에 해당하는 사람으로서 대통령령으로 정하는 바에 따라 교육부장관이 검정·수여하는 자격증을 받은 사람이어야 한다.

[별표 1] 〈개정 2013. 3. 23〉

원장·원감 자격 기준(제22조 제1항 관련)

자격 / 종별	자격기준
원장	1. 유치원의 원감자격증을 가지고 3년 이상의 교육경력과 소정의 재교육을 받은 자 2. 학식 · 덕망이 높은 자로서 대통령령이 정하는 기준에 해당한다고 교육부장관의 인정을 받은 자
원감	1. 유치원 정교사(1급) 자격증을 가지고 3년 이상의 교육경력과 소정의 재교육을 받은 자 2. 유치원 정교사(2급) 자격증을 가지고 6년 이상의 교육경력과 소정의 재교육을 받은 자
비고: 1. 원장 · 원감, 초 · 중등교육법의 규정에 의한 교장 · 교감, 교육장 · 장학관 · 장학사 · 교육연구관 · 교육연구사의 강력연수는 교육경력연수로 볼 수 있다.	

[별표 2] 〈개정 2013. 3. 23〉

교사자격기준(제22조 제2항 관련)

자격 / 급별	자격기준
정교사 (1급)	1. 유치원 정교사(2급) 자격증을 가지고 3년 이상의 교육경력과 소정의 재교육을 받은 자 2. 유치원 정교사(2급) 자격증을 가지고 교육대학원 또는 교육부장관이 지정하는 대학원의 교육과에서 유치원 교육과정을 전공하여 석사학위를 받은 자로서 1년 이상의 교육경력이 있는자
정교사 (2급)	1. 대학에 설치하는 유아교육과 졸업자 2. 대학(전문대학 및 이와 동등 이상의 각종 학교와 「평생교육법」 제31조 제4항에 따른 전문대학학력인정 평생교육시설을 포함한다) 졸업자로서 재학 중 소정의 보육과 교직학점을 취득한 자 3. 교육대학원 또는 교육부장관이 지정하는 대학원의 교육과에서 유치원 교육과정을 전공하고 석사학위를 받은 자 4. 유치원 준교사자격증을 가진 자로서 2년 이상의 교육경력을 가지고 소정의 재교육을 받은 자
준교사	1. 유치원 준교사 자격검정에 합격한 자
비고 1. 원장 · 원감, 초 · 중등교육법의 규정에 의한 교장 · 교감, 교육장 · 장학관 · 장학사 · 교육연구관 · 교육연구사의 경력연수는 교육경력연수로 볼 수 있다. 2. 이 표 중 전문대학에는 종전의 초급대학 · 전문학교 및 실업고등전문학교를 포함한다.	

2) 초 · 중등교원

초 · 중등교원은 초등교원, 중등교원, 교직원, 전문상담교사, 사서교사, 영양교사, 보건교사, 준교사, 실기교사 등으로 나눌 수 있고, 그 개념과 임무, 자격기준은 「초 · 중등교육법」 제2절에 규정되어 있다.

제2절 교직원

제19조 (교직원의 구분)

① 학교에는 다음 각 호의 교원을 둔다.

1. 초등학교·중학교·고등학교·공민학교·고등공민학교·고등기술학교 및 특수학교에는 교장·교감·수석교사 및 교사를 둔다. 다만, 학생 수가 100명 이하인 학교나 학급 수가 5학급 이하인 학교 중 대통령령으로 정하는 규모 이하의 학교에는 교감을 두지 아니할 수 있다.
2. 각종학교에는 제1호에 준하여 필요한 교원을 둔다.

④ 학교에 두는 교원과 직원(이하 "교직원"이라 한다)의 정원에 필요한 사항은 대통령령으로 정하고, 학교급별 구체적인 배치기준은 제6조에 따른 지도·감독기관(이하 "관할청"이라 한다)이 정하며, 교육부장관은 교원의 정원에 관한 사항을 매년 국회에 보고하여야 한다.

제20조 (교직원의 임무)

① 교장은 교무를 통할(統轄)하고, 소속 교직원을 지도·감독하며, 학생을 교육한다.

② 교감은 교장을 보좌하여 교무를 관리하고 학생을 교육하며, 교장이 부득이한 사유로 직무를 수행할 수 없을 때에는 교장의 직무를 대행한다. 다만, 교감이 없는 학교에서는 교장이 미리 지명한 교사(수석교사를 포함한다)가 교장의 직무를 대행한다.

④ 교사는 법령에서 정하는 바에 따라 학생을 교육한다.

제21조 (교원의 자격)

① 교장과 교감은 [별표 1]의 자격 기준에 해당하는 사람으로서 대통령령으로 정하는 바에 따라 교육부장관이 검정(檢定)·수여하는 자격증을 받은 사람이어야 한다.

② 교사는 정교사(1급·2급), 준교사, 전문상담교사(1급·2급), 사서교사(1급·2급), 실기교사, 보건교사(1급·2급) 및 영양교사(1급·2급)로 나누되, [별표 2]의 자격 기준에 해당하는 사람으로서 대통령령으로 정하는 바에 따라 교육부장관이 검정·수여하는 자격증을 받은 사람이어야 한다.

③ 수석교사는 제2항의 자격증을 소지한 사람으로서 15년 이상의 교육경력(「교육공무원

법」 제2조제1항제2호 및 제3호에 따른 교육전문직원으로 근무한 경력을 포함한다)을 가지고 교수·연구에 우수한 자질과 능력을 가진 사람 중에서 대통령령으로 정하는 바에 따라 교육부장관이 정하는 연수 이수 결과를 바탕으로 검정·수여하는 자격증을 받은 사람이어야 한다.

제22조 (산학겸임교사 등)

① 교육과정을 운영하기 위하여 필요하면 학교에 제19조제1항에 따른 교원 외에 산학겸임교사·명예교사 또는 강사 등을 두어 학생의 교육을 담당하게 할 수 있다. 이 경우 국립·공립 학교는 「교육공무원법」 제10조의3제1항 및 제10조의4를, 사립학교는 「사립학교법」 제54조의3제4항 및 제5항을 각각 준용한다.

② 제1항에 따라 학교에 두는 산학겸임교사 등의 종류·자격기준 및 임용 등에 필요한 사항은 대통령령으로 정한다.

[별표 1] 〈개정 2013.12.30〉

교장 · 교감 자격 기준(제21조 제1항 관련)

자격 / 학교별	교장
중등학교	1. 중등학교의 교감 자격증을 가지고 3년 이상의 교육경력과 일정한 재교육을 받은 사람 2. 학식 · 덕망이 높은 사람으로서 대통령령으로 정하는 기준에 해당한다는 인정을 교육부장관으로부터 받은 사람 3. 교육대학 · 전문대학의 학장으로 근무한 경력이 있는 사람 4. 특수학교의 교장 자격증을 가진 사람 5. 공모 교장으로 선발된 후 교장의 직무수행에 필요한 교양과목, 교직과목 등 교육부령으로 정하는 연수과정을 이수한 사람
초등학교	1. 초등학교의 교감 자격증을 가지고 3년 이상의 교육경력과 일정한 재교육을 받은 사람 2. 학식 · 덕망이 높은 사람으로서 대통령령으로 정하는 기준에 해당한다는 인정을 교육부장관으로부터 받은 사람 3. 특수학교의 교장 자격증을 가진 사람 4. 공모 교장으로 선발된 후 교장의 직무수행에 필요한 교양과목, 교직과목 등 교육부령으로 정하는 연수과정을 이수한 사람
고등기술학교	1. 중등학교의 교장 자격증을 가진 사람 2. 실기교사 자격증을 가지고 9년 이상의 교육경력과 일정한 재교육을 받은 사람

특수학교	1. 특수학교의 교감 자격증을 가지고 3년 이상의 교육경력이 있는 사람으로서 일정한 재교육을 받은 사람 2. 초등학교 또는 중등학교의 교장 자격증을 가지고 필요한 보수(補修)교육을 받은 사람. 이 경우 특수학교 교원 자격증을 가졌거나 특수학교(특수학급을 포함한다)에서 교원으로 근무한 경력이 있으면 보수교육을 면제한다. 3. 학식·덕망이 높은 사람으로서 대통령령으로 정하는 기준에 해당한다는 인정을 교육부장관으로부터 받은 사람 4. 공모 교장으로 선발된 후 교장의 직무수행에 필요한 교양과목, 교직과목 등 교육부령으로 정하는 연수과정을 이수한 사람

자격 / 학교별	교장
중등학교	1. 중등학교 정교사(1급) 자격증 또는 보건교사(1급) 자격증을 가지고 3년 이상의 교육경력과 일정한 재교육을 받은 사람 2. 중등학교 정교사(2급) 자격증 또는 보건교사(2급) 자격증을 가지고 6년 이상의 교육경력과 일정한 재교육을 받은 사람 3. 교육대학의 교수·부교수로서 6년 이상의 교육경력이 있는 사람 4. 특수학교의 교감 자격증을 가진 사람
초등학교	1. 초등학교 정교사(1급) 자격증 또는 보건교사(1급) 자격증을 가지고 3년 이상의 교육경력이 있는 사람으로서 일정한 재교육을 받은 사람 2. 초등학교 정교사(2급) 자격증 또는 보건교사(2급) 자격증을 가지고 6년 이상의 교육경력이 있는 사람으로사 일정한 재교육을 받은 사람 3. 특수학교의 교감 자격증을 가진 사람
고등기술학교	1. 중등학교 교감 자격증을 가진 사람 2. 실기교사 자격증을 가지고 6년 이상의 교육경력과 일정한 재교육을 받은 사람
특수학교	1. 특수학교 정교사(1급) 자격증 또는 보건교사(1급) 자격증을 가지고 3년 이상의 교육경력이 있는 사람으로서 일정한 재교육을 받은 사람 2. 특수학교 정교사(2급) 자격증 또는 보건교사(2급) 자격증을 가지고 6년 이상의 교육경력이 있는 사람으로서 일정한 재교육을 받은 사람 3. 초등학교 또는 중등학교의 교감 자격증을 가지고 필요한 보수교육을 받은 사람. 이 경우 특수학교 교원 자격증을 가졌거나 특수학교(특수학급을 포함한다)에서 교원으로 근무한 경력이 있으면 보수교육을 면제한다.

비고

1. 이 표 중 초등학교는 공민학교 및 이와 같은 수준 정도의 각종학교를, 중등학교는 중학교·고등학교·고등공민학교 및 이들과 같은 수준 정도의 각종학교를 포함한다.

2. 교장 · 교감 · 교육장 · 장학관 · 장학사 · 교육연구관 · 교육연구사 및 「유아교육법」에 따른 원장 · 원감의 경력연수(年數)는 교육경력연수(年數)로 볼 수 있다.
3. 이 표 중 전문대학의 학장에는 종전의 전문학교 · 실업고등전문학교의 교장과 교감이 포함된다.

[별표 2] 〈개정 2013.3.23〉

교사 자격 기준(제21조 제2항 관련)

자격 / 학교별	정교사(1급)
중등학교	1. 중등학교의 정교사(2급) 자격증을 가지고 교육대학원 또는 교육부장관이 지정하는 대학원 교육과에서 석사학위를 받은 사람으로서 1년 이상의 교육경력이 있는 사람 2. 중등학교 정교사 자격증을 가지지 아니하고 교육대학원 또는 교육부장관이 지정하는 대학원 교육과에서 석사학위를 받은 후 교육부장관으로부터 중등학교 정교사(2급) 자격증을 받은 사람으로서 3년 이상의 교육경력이 있는 사람 3. 중등학교의 정교사(2급) 자격증을 가진 사람으로서 3년 이상의 교육경력을 가지고 일정한 재교육을 받은 사람 4. 교육대학 · 전문대학의 교수 · 부교수로서 3년 이상의 교육경력이 있는 사람
초등학교	1. 초등학교 정교사(2급) 자격증을 가진 사람으로서 3년 이상의 교육경력을 가지고 일정한 재교육을 받은 사람 2. 초등학교 정교사(2급) 자격증을 가진 사람으로서 교육경력이 3년 이상이고, 방송통신대학 초등교육과를 졸업한 사람 3. 초등학교 정교사(2급) 자격증을 가지고 교육대학원 또는 교육부장관이 지정하는 대학원의 교육과에서 초등교육과정을 전공하여 석사학위를 받은 사람으로서 1년 이상의 교육경력이 있는 사람
특수학교	1. 특수학교 정교사(2급) 자격증을 가지고 3년 이상의 교육경력이 있는 사람으로서 일정한 재교육을 받은 사람 2. 특수학교 정교사(2급) 자격증을 가지고 1년 이상의 교육경력이 있는 사람으로서 교육대학원 또는 교육부장관이 지정하는 대학원에서 특수교육을 전공하고 석사학위를 받은 사람 3. 유치원 · 초등학교 또는 중등학교 정교사(1급) 자격증을 가지고 필요한 보수교육을 받은 사람 4. 유치원 · 초등학교 또는 중등학교 정교사(2급) 자격증을 가지고 1년 이상의 교육경력이 있는 사람으로서 교육대학원 또는 교육부장관이 지정하는 대학원에서 특수교육을 전공하고 석사학위를 받은 사람

학교별 \ 자격	정교사(2급)
중등학교	1. 사범대학을 졸업한 사람 2. 교육대학원 또는 교육부장관이 지정하는 대학원 교육과에서 석사학위를 받은 사람 3. 임시 교원양성기관을 수료한 사람 4. 대학에 설치하는 교육과를 졸업한 사람 5. 대학·산업대학을 졸업한 사람으로서 재학 중 일정한 교직과(敎職科) 학점을 취득한 사람 6. 중등학교 준교사 자격증을 가진 사람으로서 2년 이상의 교육경력을 가지고 일정한 재교육을 받은 사람 7. 초등학교의 준교사 이상의 자격증을 가지고 대학을 졸업한 사람 8. 교육대학·전문대학의 조교수로서 2년 이상의 교육경력이 있는 사람 9. 제22조에 따른 산학겸임교사 등(명예교사는 제외한다)의 자격기준을 갖춘 사람으로서 임용권자의 추천과 교육감의 전형을 거쳐 교육감이 지정하는 대학 또는 교원연수기관에서 대통령령으로 정하는 교직과목과 학점을 이수한 사람. 이 경우 임용권자의 추천 대상자 선정기준과 교육감의 전형 기준에 관하여는 대통령령으로 정한다.
초등학교	1. 교육대학을 졸업한 사람 2. 사범대학을 졸업한 사람으로서 초등교육과정을 전공한 사람 3. 교육대학원 또는 교육부장관이 지정하는 대학원의 교육과에서 초등교육과정을 전공하고 석사학위를 받은 사람 4. 초등학교 준교사 자격증을 가진 사람으로서 2년 이상의 교육경력을 가지고 일정한 재교육을 받은 사람 5. 중등학교 교사자격증을 가진 사람으로서 필요한 보수교육을 받은 사람 6. 전문대학을 졸업한 사람 또는 이와 같은 수준 이상의 학력이 있다고 인정되는 사람을 입소 자격으로 하는 임시 교원양성기관을 수료한 사람 7. 초등학교 준교사 자격증을 가진 사람으로서 교육경력이 2년 이상이고 방송통신대학 초등교육과를 졸업한 사람
특수학교	1. 교육대학 및 사범대학의 특수교육과를 졸업한 사람 2. 대학·산업대학의 특수교육 관련 학과를 졸업한 사람으로서 재학 중 일정한 교직과정을 마친 사람 3. 대학·산업대학의 특수교육 관련 학과를 졸업한 사람으로서 교육대학원 또는 교육부장관이 지정하는 대학원에서 특수교육을 전공하고 석사학위를 받은 사람 4. 유치원·초등학교 또는 중등학교 정교사(2급) 자격증을 가지고 필요한 보수교육을 받은 사람 5. 유치원·초등학교 또는 중등학교 정교사(2급) 자격증을 가지고 교육대학원 또는 교육부장관이 지정하는 대학원에서 특수교육을 전공하고 석사학위를 받은 사람 6. 특수학교 준교사 자격증을 가지고 2년 이상의 교육경력이 있는 사람으로서 일정한 재교육을 받은 사람 7. 유치원·초등학교·중등학교 또는 특수학교 준교사 자격증을 가지고 2년 이상의 교육경력이 있는 사람으로서 교육대학원 또는 교육부장관이 지정하는 대학원에서 특수교육을 전공하고 석사학위를 받은 사람

<table>
<tr><th>자격
학교별</th><th>준교사</th><th>전문상담교사(1급)</th><th>전문상담교사(2급)</th></tr>
<tr><td>중등 학교</td><td>1. 교육부장관이 지정하는 대학(전문대학은 제외한다)의 공업·수산·해양 및 농공계 학과를 졸업한 사람
2. 중등학교 준교사 자격검정에 합격한 사람
3. 중등학교 실기교사로서 5년 이상의 교육경력을 가진 사람으로서 대학·산업대학·기술대학(학사학위 과정만 해당된다) 또는 대학원에서 관련 분야의 학위를 취득한 사람</td><td rowspan="3">1. 2급 이상의 교사자격증(「유아교육법」에 따른 2급 이상의 교사 자격증을 포함한다)을 가진 사람으로서 3년 이상의 교육경력이 있는 사람이 교육부장관이 지정하는 교육대학원 또는 대학원에서 일정한 전문상담교사 양성과정을 마친 사람
2. 전문상담교사(2급) 자격증을 가진 사람으로서 3년 이상의 전문상담교사 경력을 가지고 자격연수를 받은 사람</td><td rowspan="3">1. 대학·산업대학의 상담·심리 관련 학과를 졸업한 사람으로서 재학 중 일정한 교직학점을 취득한 사람
2. 교육대학원 또는 교육부장관이 지정하는 대학원의 상담·심리 교육과에서 전문상담 교육과정을 마치고 석사학위를 받은 사람
3. 2급 이상의 교사자격증(「유아교육법」에 따른 2급 이상의 교사자격증을 포함한다)을 가진 사람으로서 교육부장관이 지정하는 교육대학원 또는 대학원에서 일정한 전문상담교사 양성과정을 마친 사람</td></tr>
<tr><td>초등 학교</td><td>1. 초등학교 준교사 자격검정에 합격한 사람
2. 고등학교를 졸업한 사람 또는 이와 같은 수준 이상의 학력이 있다고 인정되는 사람을 입소자격으로 하는 임시교원양성기관을 수료한 사람
3. 방송통신대학 초등교육과를 졸업한 사람</td></tr>
<tr><td>특수 학교</td><td>1. 특수학교 준교사 자격검정에 합격한 사람
2. 특수학교 실기교사로서 5년 이상의 교육경력을 가지고 일정한 재교육을 받은 사람</td></tr>
</table>

자격 \ 학교별	사서교사(1급)	사서교사(2급)	실기교사	보건교사(1급)	보건교사(2급)	영양교사(1급)	영양교사(2급)
중등학교 초등학교 특수학교	1. 사서교사(2급) 자격증을 가진 사람으로서 3년 이상의 사서교사 경력을 가지고 자격연수를 받은 사람 2. 사서교사(2급) 자격증을 가지고 교육대학원 또는 교육부장관이 지정하는 대학원의 교육과에서 사서교육과정을 전공하고 석사학위를 받은 사람으로서 1년 이상의 사서교사 경력이 있는 사람	1. 대학·산업대학을 졸업한 사람으로서 재학 중 문헌정보학 또는 도서관학을 전공하고 일정한 교직과정을 마친 사람 2. 준교사 이상의 자격증을 가진 사람으로서 일정한 사서교사 양성 강습을 받은 사람 3. 교육대학원 또는 교육부장관이 지정하는 대학원의 교육과에서 사서교육과정을 전공하고 석사학위를 받은 사람 4. 사범대학을 졸업한 사람으로서 재학 중 문헌정보학 또는 도서관학을 전공한 사람	1. 전문대학(전문대학에 준하는 각종학교를 포함한다. 이하 이 란(欄)에서 같다)을 졸업한 사람으로서 재학 중 대통령령으로 정하는 실과계(實科系)의 기능을 마친 사람, 또는 고등기술학교의 전공과를 졸업한 사람 또는 「평생교육법」 제31조제4항에 따른 전문대학학력인정 평생교육시설의 교사자격 관련과를 졸업한 사람 2. 대학(대학에 준하는 각종학교를 포함한다), 전문대학을 졸업한 사람으로서 재학 중 예능, 체육, 그 밖에 대통령령으로 정하는 기능을 마친 사람 3. 실업계 고등학교 또는 3년제 고등기술학교를 졸업한 사람으로서 실기교사의 자격검정에 합격한 사람 4. 실업과, 예능과 또는 보건과에 관한 지식과 기능을 가진 사람으로서 실기교사의 자격검정에 합격한 사람	보건교사(2급) 자격증을 가진 사람으로서 3년 이상의 보건교사 경력을 가지고 자격연수를 받은 사람	1. 대학·산업대학의 간호학과를 졸업한 사람으로서 재학 중 일정한 교직학점을 취득하고 간호사 면허증을 가진 사람 2. 전문대학의 간호과를 졸업한 사람으로서 재학 중 일정한 교직학점을 취득하고 간호사 면허증을 가진 사람	영양교사(2급) 자격증을 가진 사람으로서 3년 이상의 영양교사의 경력을 가지고 자격연수를 받은 사람	1. 대학·산업대학의 식품학 또는 영양학 관련 학과를 졸업한 사람으로서 재학 중 일정한 교직학점을 취득하고 영양사 면허증을 가진 사람 2. 영양사 면허증을 가지고 교육대학원 또는 교육부장관이 지정하는 대학원의 교육과에서 영양교육과정을 마치고 석사학위를 받은 사람

비고
1. 이 표 중 초등학교는 공민학교 또는 이와 같은 수준 정도의 각종학교를, 중등학교는 중학교·고등학교·고등공민학교·고등기술학교 또는 이들과 같은 수준의 각종학교를 포함한다.
2. 교장·교감·교육장·장학관·장학사·교육연구관·교육연구사 및 「유아교육법」에 따른 원장·원감의 경력연수(年數)는 교육경력연수(年數)로 볼 수 있다.
3. 이 표 중 전문대학에는 종전의 초급대학·전문학교 및 실업고등전문학교가 포함된다.
4. 실기교사란 중 실업계 실기교사는 국가기술자격종목이 있는 과목은 그 종목의 기능사 2급 이상 자격을 가지고 있어야 한다.

이상에서 교사의 법적 근거로 교육법에 명시되어 있는 조항을 제시하였다. 한국사회에서 교사로 지칭되는 직업은 많지만 교육법에 명시된 교사의 종류는 제한적이다. 교육법에 근거해 교사자격을 받는다는 것은 국가의 공인을 받는다는 것을 의미한다. 따라서 일반적으로 지칭되는 교사와 다른 책무성과 도덕성을 요구받는다. 어떠한 이유에서든 교직을 희망한다는 것은 교사의 직책에 수반되는 다양한 사회적 · 도덕적 책임을 감당할 수 있을 때 현실화될 수 있다는 것을 유념해야 할 것이다.

3. 교직의 장·단점

교직의 장 · 단점도 하나의 직업이라는 관점에서 본다면 그 나름대로의 장점과 단점을 가지고 있다. 물론 보는 사람의 시각에 따라 장점과 단점을 다르게 나타낼 수 있으나 대체로 공감하는 장 · 단점 몇 가지를 열거해 보기로 한다.

1) 교직의 장점

(1) 교직은 항상 진리와 함께하며 자기완성의 과정이다

교직은 올바른 지식을 학생에게 가르치고 학생들로 하여금 그것을 이행하고 실천하도록 하는 데 목적이 있다. 교사의 노력 여하에 따라 학생으로 하여금 새로운 지식을 찾도록 하고 학생과 함께 지적인 충족을 느낄 수 있는 직업이다. 일반적인 직업이 상부의 지시에 의해 기계적으로 업무를 수행하는 경우가 많은데 교직은 사람을 대상으로 새로운 것을 탐구하며, 그 탐구된 지식을 통하여 자기완성을 실현하는 과정이다.

(2) 교직은 비교적 안정된 직업이다

교직은 한 번 발을 들여놓으면 특별한 문제가 없는 한 62세 혹은 65세(대학교원)의 정년이 보장되는 안정된 직업으로 인식되어 있다. 물론 최근 교직은 예전과 같은 안정적인 상황은 분명 아니다. 교원평가제의 시행과 이에 따른 교원의 연봉제 시행계획 등은 교직의 안정성을 저해하는 요인이다. 그러나 사회 전반의 다른 직업군들이 이미 다양한 고용 형태를 보인다는 점을 고려할 때 교직은 비교적 오랜 기간 사회변화의 예외 지역으로 인식되어 온 것이 사실이다. 교원에 대한 법률상의 신분보장은 교직의 안정성을 담보하는 하나의 근거로 작용하며, 이 기준에 의해 교직을 선택하는 학습자들 또한 증가하고 있다. 한 가지 직업을 택하여 고용의 불안 없이 평생을 바쳐 일할 수 있다는 것은 큰 장점이라 하겠다.

(3) 교직은 사회적 위상을 가질 수 있는 직업이다

비록 교사의 사회적 지위가 과거보다는 실추되었다고 하지만 아직까지는 사회적으로 인정을 받는 직업이라는 것이다. 학생들을 바른 길로 인도하고 가르치는 지도자로서의 대우를 받는다는 점은 교직 이외의 다른 직업에서는 쉽게 찾아볼 수 없는 장점이다. 또한 학력이 그 사람의 지식과 인품을 나타내는 척도가 될 수 없다 하더라도 교사는 대학 졸업 이상의 학력과 임용고시를 통과한 사람만이 될 수 있으므로 높은 학력을 추구하는 우리의 사회풍토 속에서 어느 정도의 위상을 지닐 수 있는 직업이다.

(4) 교직은 사회의 발전에 공헌하는 직업이다

고도로 분업화된 현대사회에서 어떤 직업이든 사회에 기여하는 바가 크다. 교직은 인간의 잠재적 능력의 개발을 통하여 참다운 인간을 형성하며 우수한 인력을 사회에 공급한다는 측면에서 볼 때 사회의 발전에 기여하는 직업이라 할 수 있다.

2) 교직의 단점

교직은 앞에서 살펴본 것처럼 여러 면에서 장점을 가지고 있으나 교직을 수행하기 위해서는 겉으로 드러난 장점 이면에 존재하고 있는 많은 어려운 점을 극복해야 한다. 교직의 단점을 몇 가지 열거해 보기로 하자.

(1) 교직은 단조로운 직업이다

교직에 몸담는 교사는 평생을 동일한 교과내용을 동일한 시기에 가르치는 반복적인 일을 보내야 하는 단조로움을 가지고 있다. 교직은 매년 동일한 나이의 학생을 대상으로 동일한 내용을 반복적으로 가르친다. 가르치는 행위 자체에 의미를 찾지 못한다면 교직은 극히 단조로운 직업이 될 수밖에 없다.

(2) 교직은 승진이나 변화의 기회가 적다

개인의 능력에 따라 승진이 가능한 일반 직장과 달리 교직의 승진 기회는 제한되어 있고 전체적 업무의 변화 또한 적은 직업이다. 교사가 교감이나 교장으로 승진하는 데는 많은 시간이 필요하기도 하고, 모든 교사가 교감이나 교장으로 승진할 수 있는 것도 아니다. 전체 교사의 약 10% 미만이 교감과 교장이 될 수 있는 상황이다. 이와 같이 승진의 기회가 제한되어 있다는 것은 교사들 간의 승진을 위한 경쟁을 초래하여 교직풍토를 비인간화시키고 교직의 핵심인 학생지도를 경시하게 할 가능성이 있다.

(3) 교직은 실제 생활과 관련이 적은 직업이다

교직에 종사하는 교사들은 일반 사회 사람들과의 삶의 경쟁에서 뒤지기 쉽다. 교사는 일반 사회의 도덕의식과는 다른 상위의 도덕성이 요구되기에 항상 옳은 것, 바른 것만을 생각하고 생활해야 한다. 그러나 학교를 제외한 실제 사회에서는 한 가지 가치만이 통용되는 것이 아니라 다양한 행동양식으로 적응하며 살아가야 한다. 교사가 일반 사회인의 삶의 양식을 따라가기란 쉬운 일이 아니다. 따라서 교사의 삶은 실제 생활과 관련이 적을 수밖에 없다.

(4) 교직은 경제적으로 풍족한 직업이 아니다

교사도 일상적인 생활인이므로 현대사회에의 의·식·주는 물론이고, 일반적인 사람들이 누리는 문화생활을 하기 위해서는 어느 정도의 경제적인 여유가 보장되어야 한다. 교육자라고 해서 보통사람으로서의 생활마저 외면할 수 없는 것이며, 또 그것이 바람직한 것도 아니다. 그리고 학생들 앞에서 교사로서의 품위를 유지하려면 경제적인 면에서도 적어도 중류계층의 생활은 할 수 있어야 한다. 교사가 경제적으로 풍족한 직업이 아니라 하더라도 생활의 안정은 절대적으로 필요하므로 교사의 경제적 처우는 꾸준히 개선되어야 할 것이다. 최근 우리나라 교사의 처우는 비슷한 경제규모의 외국과 비교하여 뒤지지 않는 수준으로 개선되었다. 오히려 외국과 비교해 우위에 있는 부분 또한 존재한다. 그러나 교사의 직업에 충실할 때 사회적 부를 축적하거나 보다 높은 계층으로 사회적 지위가 올라갈 수 있는 정도의 수준은 아니다. 최소한의 경제적 문제가 해결되고 주변의 여유와 여가를 찾을 수 있는 삶을 살아갈 수 있도록 보장하는 것은 교직이 가진 특수성을 고려할 때 필요조건이라 하겠다.

(5) 교직은 정신적 · 육체적으로 고된 직업이다

교직을 쉽게 생각하면 자기가 하고 싶은 공부를 하고 매일 학생들을 대하며 그들과 함께 생활하는 즐거운 직업인 것처럼 느껴질 수 있으나, 교사의 임무는 그것으로 끝나는 것이 아니다. 〈표 11-1〉의 교원의 업무 분류표를 참조해 보자.

표 11-1 교원의 업무 분류표

교육과의 관련정도 영역	상(필수업무)	중(보조업무)	하(잡무)
교과 학습 지도	• 학습 지도 • 교재 연구 및 학습자료 준비 • 학습지도안 작성 • 과제처리 • 평가, 성적처리	• 교과협의회 및 동학년 협의회 • 학습 지진아 지도 • 연구수업 • 보강지도 • 독서지도 • 각종 검사(지능, 학력 등)	• 실험 · 실습 후 장부 정리 • 일부 국책업무의 계량적 보고 업무 : 자연보호, 소비절약, 국민정신교육, 정화업무, 행락질서 등 • 과외단속 • 교과서 공급

교육과의 관련정도 영역	상(필수업무)	중(보조업무)	하(잡무)
생활 지도	• 교내 생활지도 및 안전지도 • 요 선도학생지도 • 교도상담 • 진로지도	• 여가선용지도 • 급식지도 • 용의지도 • 가정방문 • 인성, 적성검사	• 교외 생활지도 • 타기관 요청의 거리질서 행사 동원
특별 활동 지도	• 학생회 활동지도 • 학급활동(HR)지도 • 클럽활동지도	• 교내 각종대회 운영 · 지도 • 글짓기, 웅변, 미술대회 등	• 각종 단체 주관의 문예활동 참가 : 글짓기, 웅변대회, 미술대회 • BS, GS, RCY, MRA 등 각종 청소년 단체 결성 및 동원
학급 경영	• 학적부, 생활기록부, 건강기록부 정리 • 학교경영록 또는 교무수첩 작성 • 학급관리	• 출납부 정리 • 진학지도 • 아동신체검사	• 환경정리 및 경시대회 • 공납금 독려 • 저축 업무 처리 • 학급 정화위원회 운영 · 기록
학교 경영	• 학교경영 • 법정장부 정리 • 학교시설 및 재정관리 • 직원 연수	• 교원 인사에 관한 업무 • 교직원회의 • 교내민방위훈련 • 학생 전 · 입학 처리	• 법정장부 이외의 보조장부 정리 • 시책에 의한 사회교육(어머니, 노인, 유아, 성인교실) 운영 • 각종 성금 관리 • 타기관 또는 단체의 협조 의뢰 사항 • 일 · 숙직 근무
교육 행사 및 기타 자원 관리 활동	• 졸업식, 입학식 거행 • 각종 교재 행사 지도	• 교육과 직결되는 공문서 처리 • 자연보호 참가 • 교내 체육대회 • 수학여행 • 공개 연구학교 참관	• 각종 행사 동원(교사, 학생) : 단합대회, 환영, 환송대회, 지역단위행사, 각종 고시 감독 • 위문품 수합 • 행사 및 회의참석 • 민방위소방훈련, 동원예비군 훈련, 교원연수 • 자연보호 행사 참가 • 체력장 운영 • 거리청소

[표 11-1]과 같이 교사에게 부여된 다양한 업무는 교직을 결코 편안한 직업으로 인식할 수 없는 근거이다. 그러나 사회적 인식은 교직을 매우 편한 직종으로 인식하는 모순이 존재한다.

4. 교원의 지위향상을 위한 법규

교원의 지위향상을 위해 필수적으로 살펴보아야 할 요소는 교권이다. 교권과 교직의 전문성은 밀접하게 관련되어 있다. 일반적으로 교권이라는 말이 주는 의미는 교육의 권위라는 개념으로 대변될 수 있다. 그러나 교권을 교육의 자율성이라는 관점에서 해석하면 '교육의 권리', '교사의 권리'라는 의미로 이해된다. 사람에 따라서는 교권의 의미를 권리에 강조점을 두어 해석하는가 하면 또 다른 사람들은 권위라는 점을 부각시키기도 한다. 그러나 좀 더 깊이 생각하면 권위와 서로 연관이 있는 개념이므로 교권은 권위적인 면과 권리적인 면을 모두 포괄한다고 해야 할 것이다.

교사가 그들에게 부여된 책임을 다하고자 할 때 가장 중요한 조건 중 하나는 교권이 확립되어 있어야 한다는 것이다. 교사가 권위와 권리를 인정받지 못할 때 교육이 제대로 이루어질 수 없다는 것은 너무나 분명한 사실이다. 의사의 권위가 환자에게 인정받지 못할 때 병의 치료가 어려운 것처럼 학생과 학부모가 교사의 권위를 인정하지 않는다면 교육의 효과가 발휘될 수 없다. 이 점은 특히 지식교육보다 인간교육에서 더욱 두드러진다. 인간교육은 단순한 지식의 전달이 아니라 인격적인 접촉에 의해서 이루어지며 교사가 학생들의 동일시 대상이 될 수 있을 때 가능한 것이다. 이 경우 교사의 권위는 필수적인 조건이 된다.

교사는 국가와 사회로부터 응분의 권리를 인정받아야 하며, 그러한 권리 중에는 자율권·생활권·신분보장권 등이 포함된다. 이러한 권리 또한 권위에 못지않게 중요한 여건이 된다. 교사의 자율권이 인정받지 못하고 침해당하면 교사는 일반 근로자와 구분되는 특징을 찾을 수 없게 된다.

교사의 신분보장 역시 교권 확립에 있어서 중요한 하나의 조건이 된다. 우리나라의 국·공립 초·중등학교 교사는 국가공무원으로서 신분을 보장받고 있다. 사학의 경우도 국·공립학교의 교원에 관한 규정을 준용하고 있기 때문에 제도상으로는 교사의 신분이 보장되어 있다고 할 수 있다. 그러나 일부 사학에서는 실제적으로 신분보장이 되어 있지 않아서 교권이 침해당하는 경우가 있으므로 앞으로 이에 대한 보완책이 확립되어야 할 것이다.

교육부에서는 교원의 교수능력을 향상시키고 교육 본연의 업무에 전념하도록 하기 위해 다양한 교원을 위한 예우와 지위향상 근거를 법률로 규정하고 있다. 먼저 교원예우에 관한 규정을 살펴보면 다음과 같다.

1) 교원예우에 관한 규정과 법규

(1) 교원예우에 관한 규정

교육부는 2000년 제정된 교원예우에 관한 규정에서 교원예우를 위한 기본적 사항들을 규정하고 있다.

교원예우에 관한 규정 [시행 2016.8.4.] [대통령령 제27418호, 2016.8.2., 일부개정]

제1조 (목적) 이 영은 「교원의 지위 향상 및 교육활동 보호를 위한 특별법」에서 위임된 사항과 그 시행에 필요한 사항을 규정함을 목적으로 한다.

제2조 (교원의견의 반영) 국가 및 지방자치단체는 교육과 관련된 정책을 수립하는 경우에는 교원의 의견을 충분히 반영하도록 노력하여야 한다.

제3조 (공공시설 등의 이용) 국가 및 지방자치단체는 교원이 교육활동을 위하여 당해 공공시설이나 자료의 이용을 요구하는 경우에는 본래의 용도에 지장이 없는 범위 안에서 적극 협조하여야 하며, 그 요구를 거부하는 경우에는 그 사유를 통보하여야 한다.

제4조 (자료제출요구의 제한 등) ① 국가 및 지방자치단체는 각급학교에 교육과 관련이 없는 자료의 제출을 요구하지 아니하도록 노력하여야 한다. 다만, 법령에 특별한 규정이 있거나 부득이한 사유가 있는 경우에는 그러하지 아니하다.

② 국가 및 지방자치단체는 제1항 단서의 규정에 의하여 각급학교에 자료를 요구하는 경우에는 매년 4월 1일을 기준으로 작성하는 자료를 그 대상으로 하여야 한다.

③ 교육감은 교원의 업무부담을 경감하기 위하여 교육과 관련된 자료를 전산화하도록 노력하여야 한다.

제5조 (행사참여요구의 제한 등) ① 국가 및 지방자치단체는 교원에게 교육과 관련이 없는 행사 등에의 참여를 요구하지 아니하도록 노력하여야 한다. 다만, 법령에 특별한 규정이 있거나 부득이한 사유가 있는 경우에는 그러하지 아니하며, 부득이한 사유로 교원의 참여를 요구하는 경우에는 미리 소속기관의 장과 협의를 거쳐야 한다.

② 국가 및 지방자치단체는 그가 주관하는 행사 등에 교원을 참여시키는 경우에는 좌석배치 등에 있어서 교원을 우선적으로 고려하여야 한다.

제6조 (학교교권보호위원회의 설치 · 운영) ① 교원의 교육활동 보호에 관한 다음 각 호의 사항을 심의하기 위하여 유치원을 제외한 각급학교에 교권보호위원회를 두며, 유치원에는 유치원의 장이 필요하다고 인정되는 경우에 교권보호위원회를 둘 수 있다.

1. 교육활동 침해 기준 마련 및 예방 대책 수립
2. 교육활동 침해 학생에 대한 선도 등의 조치
3. 교원의 교육활동과 관련된 분쟁의 조정
4. 그 밖에 학교규칙으로 정하는 사항

② 제1항에 따른 교권보호위원회(이하 "학교교권보호위원회"라 한다)의 위원은 위원장 1명을 포함하여 5명 이상 10명 이하의 위원으로 구성한다.

③ 학교교권보호위원회의 위원은 그 학교의 교원, 학부모 및 지역사회 인사로 구성하며, 위원장은 위원 중에서 호선(互選)한다.

④ 학교교권보호위원회의 위원장은 회의를 소집하고, 그 의장이 된다.

⑤ 학교교권보호위원회의 회의는 다음 각 호의 어느 하나에 해당하는 경우에 소집한다.

1. 재적 위원 4분의 1 이상이 요청하는 경우
2. 교원의 교육활동 침해 사실을 신고 받거나 보고 받은 경우
3. 그 밖에 위원장이 교원의 교육활동 보호를 위하여 필요하다고 인정하는 경우

⑥ 제1항부터 제5항까지에서 규정한 사항 외에 학교교권보호위원회의 설치·운영에 필요한 사항은 국립학교의 경우에는 교육부장관이 정하는 기준에 따라 학교규칙으로 정하고, 공립·사립학교의 경우에는 교육감이 정하는 기준에 따라 학교규칙으로 정한다.

제7조 (교원에 대한 민원 등의 조사) ① 국가 및 지방자치단체는 교원에 대한 민원·진정 등을 조사하는 경우에는 관계법령이 정하는 바에 따라 당해 교원에게 소명할 기회를 주어야 하고, 정당한 사유가 없는 한 그 결과가 나오기 전에 인사상의 불이익한 조치를 하여서는 아니된다.

② 국가 및 지방자치단체는 제1항의 규정에 의한 민원·진정 등을 조사하는 경우 그 내용이 학생 등에게 알려지지 아니하도록 노력하여야 하고, 당해 교원의 수업활동을 존중하여야 한다.

③ 국가 및 지방자치단체는 교원의 정당한 교육활동이 부당하게 침해되거나 교육활동과 관련하여 교원에 대한 폭행·협박 또는 명예훼손 등이 있는 경우에는 이를 관계 법령에

따라 엄정하게 조사·처리하여야 한다.

제8조 (교육활동 관련 비용의 지원) ① 교육감은 교원이 교육활동을 위하여 구입하는 도서 비용이나 문화시설이용비용을 예산의 범위에서 지원할 수 있다.

② 제1항에 따른 교육활동지원에 필요한 사항은 교육감이 정한다.

(2) 교원지위향상을 위한 특별법

교육부에서는 2008년 개정 및 제정된 교원지위향상을 위한 특별법을 통하여 교원의 지위와 인식 제고를 시도하고 있다. 이는 최근 급속히 떨어진 교원 사기에 대한 심각한 문제 인식에서 출발하여 제정된 것이다.

교원지위향상을 위한 특별법 [시행 2016.8.4.] [법률 제13936호, 2016.2.3., 일부개정]

제1조 (목적) 이 법은 교원에 대한 예우와 처우를 개선하고 신분보장과 교육활동에 대한 보호를 강화함으로써 교원의 지위를 향상시키고 교육 발전을 도모하는 것을 목적으로 한다.

제2조 (교원에 대한 예우) ① 국가, 지방자치단체, 그 밖의 공공단체는 교원이 사회적으로 존경받고 높은 긍지와 사명감을 가지고 교육활동을 할 수 있는 여건을 조성하도록 노력하여야 한다.

② 국가, 지방자치단체, 그 밖의 공공단체는 교원이 학생에 대한 교육과 지도를 할 때 그 권위를 존중받을 수 있도록 특별히 배려하여야 한다.

③ 국가, 지방자치단체, 그 밖의 공공단체는 그가 주관하는 행사 등에서 교원을 우대하여야 한다.

제3조 (교원 보수의 우대) ① 국가와 지방자치단체는 교원의 보수를 특별히 우대하여야 한다.

② 「사립학교법」 제2조에 따른 학교법인과 사립학교 경영자는 그가 설치·경영하는 학교 교원의 보수를 국공립학교 교원의 보수 수준으로 유지하여야 한다.

제4조 (교원의 불체포특권) 교원은 현행범인인 경우 외에는 소속 학교의 장의 동의 없이 학원 안에서 체포되지 아니한다.

제5조 (학교 안전사고로부터의 보호) ① 각급학교 교육시설의 설치·관리 및 교육활동 중에 발생하는 사고로부터 교원과 학생을 보호함으로써 교원이 그 직무를 안정되게 수행할 수 있도록 하기 위하여 학교안전공제회를 설립·운영한다.

② 학교안전공제회에 관하여는 따로 법률로 정한다.

제6조 (교원의 신분보장 등) ① 교원은 형(刑)의 선고, 징계처분 또는 법률로 정하는 사유에 의하지 아니하고는 그 의사에 반하여 휴직·강임(降任) 또는 면직을 당하지 아니한다.

② 교원은 해당 학교의 운영과 관련하여 발생한 부패행위나 이에 준하는 행위 및 비리사실 등을 관계 행정기관 또는 수사기관 등에 신고하거나 고발하는 행위로 인하여 정당한 사유 없이 징계조치 등 어떠한 신분상의 불이익이나 근무조건상의 차별을 받지 아니한다.

제7조 (교원소청심사위원회의 설치) ① 각급학교 교원의 징계처분과 그 밖에 그 의사에 반하는 불리한 처분(「교육공무원법」 제11조의4제4항 및 「사립학교법」 제53조의2제6항에 따른 교원에 대한 재임용 거부처분을 포함한다. 이하 같다)에 대한 소청심사(訴請審査)를 하기 위하여 교육부에 교원소청심사위원회(이하 "심사위원회"라 한다)를 둔다.

② 심사위원회는 위원장 1명을 포함하여 7명 이상 9명 이내의 위원으로 구성하되 위원장과 대통령령으로 정하는 수의 위원은 상임(常任)으로 한다.

③ 심사위원회의 조직에 관하여 필요한 사항은 대통령령으로 정한다.

제9조 (소청심사의 청구 등) ① 교원이 징계처분과 그 밖에 그 의사에 반하는 불리한 처분에 대하여 불복할 때에는 그 처분이 있었던 것을 안 날부터 30일 이내에 심사위원회에 소청심사를 청구할 수 있다. 이 경우에 심사청구인은 변호사를 대리인으로 선임(選任)할 수 있다.

② 본인의 의사에 반하여 파면·해임·면직처분을 하였을 때에는 그 처분에 대한 심사위원회의 최종 결정이 있을 때까지 후임자를 보충 발령하지 못한다. 다만, 제1항의 기간 내에 소청심사청구를 하지 아니한 경우에는 그 기간이 지난 후에 후임자를 보충 발령할 수 있다.

제2절 교사의 자질과 역할

1. 교사의 자질

교사의 자질에 대하여 콤스(A.W. Combs) 등은 훌륭한 교사란 무엇보다 한 사람의 인간일 것을 강조하면서 개성이 뚜렷한 인간을 강조하였다. 그들은 창조적이고 생각하는 사람, 복잡한 문제를 다루는 데 세련되고 신뢰할 만한 도구로서 그들 자신을 활용할 줄 아는 사람이라고 하였다. 즉 긍정적 자아관의 소유자이며 자율적이고 책임감 있는 사람, 다른 사람의 입장을 이해할 수 있는 감수성의 소유가 교사의 기본요건이라 보았다.

하트는 고등학생들이 선호하는 교사상을 다음과 같이 설명하고 있다.

① 학교 공부에 도움이 되도록 교과나 과제를 명료하게 설명하고 수업 시 실례를 들어 설명한다.
② 유머가 있고 농담을 적재적소에 사용할 줄 안다.
③ 인간적이고 친화력이 있다.
④ 학습자들의 흥미를 고려하고 이해한다.
⑤ 수업을 흥미 있게 하고, 학습동기를 부여해 준다.
⑥ 학습자를 공평하게 대하고 편애하지 않는다.

한편 고등학생들이 싫어하는 교사상을 다음과 같이 소개하고 있다.

① 지나치게 까다로우며, 웃음이 없고, 말이 없으며, 쉽게 자제력을 상실한다.
② 사전에 계획되지 않은 수업을 진행한다.
③ 학생을 편애하고 불공평하게 대한다.
④ 자신의 지식을 자랑하고 학습자들은 존중하지 않는다.
⑤ 학습자를 무시한다.
⑥ 평가에 객관성이 없다.

이상의 항목을 고려할 때 바람직한 교사의 자질은 다음과 같다.

① 협동적이며 민주적인 태도를 지닌 교사
② 학습자 개인의 개성에 대한 인정과 존중을 지닌 교사
③ 학습자의 다양한 흥미를 존중하는 교사
④ 융통성이 있는 교사

⑤ 바람직한 인품과 사람을 선호하는 교사
⑥ 편중되지 않고 공평한 교사
⑦ 유머가 있는 교사
⑧ 시종일관한 행동을 지닌 교사
⑨ 수업을 잘하는 교사

2. 교사의 역할

1) 사회화의 모델로서 교사

학생이 사회화되어 가는 과정에서 교사는 사회가치와 규범 그리고 생활양식을 대표하는 모델이 되어야 한다.

2) 판단자로서 교사

교사가 학교 상황에서 수행하는 많은 일 가운데 학생에 관한 올바른 판단을 요구하는 일이 상당히 많다. 교사는 학생들을 평가하고, 행동발달을 기록하고, 수상 대상자를 결정하는 일 등에 있어서 판단자의 역할을 수행한다.

3) 지식자원으로서 교사

학생들에게 필요한 지식을 가르친다는 것은 교사의 제일 중요한 임무이다. 따라서 교사는 살아 있는 교과서의 역할을 담당해야 한다. 자신이 담당한 교과의 전문가로서 교사는 가장 기본적인 교사의 자질이자 역할이다.

4) 학습조력자로서 교사

교사의 역할이 단순한 지식의 전달에 그쳐서는 안 된다. 교수-학습과정에서 학생들이 스스로 중요한 지식을 이해하고 새로운 지식을 찾아내며 배운 지식을 적용하여 새로운 문제를 해결할 수 있도록 교사는 조력자의 역할을 하여야 한다.

5) 심판자로서 교사

학급 내에서 의견이 일치하지 않거나 갈등·대립하는 현상은 흔히 있게 마련이다. 이때 공정하게 시시비비를 가려 낼 수 있는 권위자는 교사이다. 교사의 공정성과 타당성의 기준 아래 학생들의 문제상황에 대한 객관적인 심판을 담당해야 한다.

6) 동일시 대상으로서 교사

갈등이나 난관에 부딪쳤을 때, 학생들이 쉽게 취하는 행동으로 동일시의 현상을 들 수 있다. 학교에서 학생들의 중요한 동일시 대상은 교사이다. 따라서 교사의 여러 가지 행동 특성은 학생들에 의해서 잘 모방된다.

7) 불안제거자로서 교사

성장과정에서 학생들은 여러 가지 불안을 경험하게 된다. 현실에 대한 이해 부족과 자신의 능력 부족에서 오는 불안은 자연 성인의 도움을 필요로 하게 된다. 현실 상황에 대한 적절한 설명, 학생들에게 불필요한 불안을 주지 않도록 상황을 통제하는 일 등은 교사가 수행해야 할 역할이다.

8) 부모대행자으로서 교사

유치원이나 어린이집, 초등학교 저학년 아동을 담당하는 교사는 부모의 역할을 담당할 때가 있다. 아동이 부모에게 받을 수 없었던 만족을 교사에게서 구하는 경우가 존재할 수 있다.

9) 친구로서 교사

나이와 관계없이 교사를 의지할 수 있는 친구로 대하기를 원하는 학생들이 있다. 교사가 개인적 기쁨과 감정을 같이 나눈다는 것은 매우 바람직한 일이다. 교사는 학생과의 관계에 있어서 교권을 내세우는 형식적 관계만이 아니라 친구로서 따뜻하게 대해 줄 수 있는 비형식적 관계를 유지하는 역할을 담당하기도 한다.

생각해 볼 문제

1. '교육의 질은 교사의 질을 넘지 못한다'라는 금언의 의미를 논의해 보자.

2. 교사의 법적 근거를 설명하고 교사의 역할을 서술해 보자.

3. 교사의 장·단점을 설명하고 자신이 생각하는 바람직한 교사상을 서술해 보자.

참고문헌

강이철(2001). 교육방법 및 교육공학의 입문. 서울: 양서원.

강준만(2009). 입시전쟁 잔혹사. 서울: 인물과 사상사.

고영호(2001). Rorty의 신실용주의적 지식론과 그 교육적 의의. 경북대학교 박사학위논문.

김기현(1998). 현대인식론. 서울: 민음사.

김부태(1995). 한국 학력사회론. 서울: 내일을 여는 책.

김병희(2008). 전통교육의 현대적 이해. 서울: 공동체.

김옥연(1996). 유아교육사. 서울: 정민사.

김운삼(2006). 교육학개론. 서울: 창지사.

김인자 역(1986). 적응 심리. 서울: 정민사.

김인회(1985). 교육사 · 교육철학강의. 서울: 문음사.

김인회 · 정순목(1974). 한국문화와 교육. 서울: 이화여대출판부.

김의석 외(2007). 최신 교육학개론. 서울: 양서원.

김종서 외(1988). 교육학개론. 서울: 교육과학사.

김종서(1987). 잠재적 교육과정의 이론과 실제. 서울: 교육과학사.

김종철 외(1994). 교육행정의 이론과 실제. 서울: 교육과학사.

김종태(2006). 2022년까지의 전국 고등학교 3학년 학생수의 변화와 전국 대학교와 전문대학 입학 정원과의 분석. 한국데이터정보과학회 PROCEEDINGS OF JOINT CONFERENCE OF KDISS AND KDAS.

김준권 외(2006). 신교육학개론. 서울: 태영출판사.

김진한(2007). 교사를 위한 교육학. 서울: 학지사.

김태연, 장휘숙(1990). 발달심리학. 서울: 박영사.

김호권 외 (1984). 현대교육평가론. 서울: 교육출판사.

남정걸(2005). 교육행정 및 교육경영. 서울: 교육과학사.

류동훈(2005). 신교육학탐구. 서울: 창지사.

박의수 외(2004). 교육의 역사와 철학. 서울: 동문사.

서울대학교 교육연구소(1997). 한국교육사. 서울: 교육과학사.

서정화 외(2008). 선진한국의 교육비전. 서울: 교육과학사.

성태제 외(2007). 최신 교육학개론. 서울: 학지사.

손인수(1993). 한국교육사(Ⅰ·Ⅱ). 서울: 문음사.

송병순(1987). 교육사회학. 서울: 문음사.

송병순 외(2002). 교육사회학. 서울: 문음사.

윤광보·김용욱·최병옥(2001). 교육방법과 교육공학의 이해. 서울: 양서원.

윤정일 외(2004). 한국 교육정책의 쟁점. 서울: 교육과학사.

______ 외(1995). 교육의 이해. 서울: 학지사.

______ 외(1992). 한국의 교육정책(개정판). 서울: 교육과학사.

이동기(1998). 조선후기 중인교육 연구. 영남대학교 박사학위논문.

이만규(1998). 조선교육사 Ⅰ·Ⅱ. 서울: 거름.

이문원(2002). 한국의 교육사상가. 서울: 문음사.

이병승 외(2008). 쉽게 풀어 쓴 교육학. 서울: 학지사.

이인학 외(2009). 최신 교육의 이해. 서울: 학지사.

이지헌 외(2007). 교육학의 이해. 서울: 학지사.

이홍우 역(1994). 윤리학과 교육. 서울: 교육과학사.

정범모 편(1991). 교육난국의 해부 : 한국교육의 진단과 전망. 서울: 도서출판 나남.

정영수 외(2004). 교육의 역사와 철학. 서울: 동문사.

정일환(1998). 교육행정 및 교육경영. 대구: 대구효성가톨릭대학교 출판부.

정석환(2007). 쉽게 풀어 쓴 교육철학 및 교육사. 서울: 동문사.

정석환(2008). 포스트모더니즘에 근거한 정보매체 활용교육의 비판적 연구. 초등교육 21(3). 한국초등교육학회.

정호표(2003). 현대교육철학. 서울: 교육과학사.

정호표·김병희(2002). 교육사상사. 서울: 교육과학사.

정희숙(1999). 교육철학자 비평론. 서울: 서광사.

조규락·김선연(2006). 교육방법 및 교육공학. 서울: 학지사.

조현규(2009). 동양교육사상. 서울: 학지사.

한상길 외(2007). 교육학개론. 서울: 공동체.

허정무 외(2007). 교육의 이해. 서울: 학지사.

AECT(1977). The definition of educational technology. Washington, D.C: AECT.

AECT(1994). Instructional Technology: The definition and domains of Filed, Washington, D.C: AECT.

Bandura, A.(1977). *Social Learning Theory*. Englewood Cliffs, N.J.: Prentice-Hall.

Bany, M. A., & Johnson, L. V.(1975). *Educational Social Psychology*. N.Y.: Macmillan Publishing.

Beck, R. H.(1965). *A Social History of Education*. N.J: Prentice-Hall, Inc.

Bernstein, Basil(1977). Power and Ideology. in Education. ed., Jerome Karabel and Halsey, A. H., New York: Oxford University Press.

Bloom, B. S.(1964). *Stability and Change in Human Characteristics*. N.Y.: John, Wiley & Sons, Inc.

Bobbitt, F.(1913). Some general principals of management applied to the problems of city systems. in The supervision of city schools, Twelveth Yearbook of the National Society for the Study of Education, Part Ⅰ. Chicago: University of Chicago Press.

Brameld, T.(1959). *The Remaking of a Culture*, N.Y.: John Wiley & Sons, Inc.

Broom, Leonard & Philip Selznick(1973). Sociology(5th ed.). New York: Harper & Row Publishers.

Brown, F. J.(1958). Educational Sociology. Englewood Cliffs, New Jersey: Prentice Hall Inc.

Brubacher, John S.(1969). *Modern Philosophies of Education*. New York: McGraw Hill.

Bruner, J. S(1961). Toward a Theory of Instruction. Cambridge, Mass.: Harvard Univ. Press.

__________(1960). The Process of Education. Cambridge, Mass.: Harvard Univ. Press.

Castetter, W. B.(1992). The personnel function in educational administration(5th ed.). N.Y.: Macmillan Publishing Company.

Dewey, J.(1944). *Democracy and Education*, N.Y.: Macmillan Co.

Erikson, E. H.(1956). Ego Identity and Life Cycle: Psychological Issue, No 1. N.Y.: International Press.

Freud, S.(1953). A General Introduction to Psychonalysis. N.Y.: Permabooks, A Division of Doubleday & Co. Inc.

Guilford, J. P.(1974). The Nature of Human Intelligence. N.Y.: McGrawHill Book Co.

Gutek, G. L.(1974). *Philosophical Alternatives in Education*, Ohio: Charles E. Merrill.

Hall, C. S.(1970). Theory of Personality. N.Y.: John, Wiley & Sons Inc.

Harron, H. I.(1964). A History of Education in Antiquity. New York: Mentor Book.

Havighurst, R. J.(1972). Development Tasks and Education(3rd ed.). N.Y.: Mckay.

Hilgard, E. R., & Bower, G. H.(1975). Theories of Learning(4th ed.). Englewood Cliffs, N.J.: Prentice-Hall.

Holland, J. G., & Skinner, B. F.(1976). The Analysis of Behavior. N.Y.: McGraw-Hill Book Co., Horton, Paul & and Chester L. Hunt, Sociology(4th ed.), New York: McGraw-Hill Company.

Hutchins, R. M.(1952). *Great Books of the Western World* Vol. 35, Chicago: The University of Chicago.

Kneller, G. F.(1971). *Introduction to the Philosophy of Education*, N.Y.: John Wiley & Sons.

Kohlberg, L.(1967). Moral and Religious Education and the Public Schools: A Developmental View. in Sizer, T.(ed.), Religion and Public Education. Boston: Houghton-Mifflin.

Lyotard, J. F.(1984). T*he Postmodern Condition: A Report on the Knowledge*, trans by Geoffrey Bennington and Brian Massumi, Minneapolis: University of Minnesota press.

Maslow, A. H.(1964). Religious, Values and Peak-Experiences. Columbus: Ohio State Univ.

Ornstein, Allen, C.(1977). An Introduction to the Foundation of Education. Chicago: Rand McNally College Publishing Company.

Piaget, J.(1963). Psychology of Intelligence. N.J.: Littlefield, Adams.

Rogers, C. R.(1961). On Becoming a Person: A Therapist's View of Psychotherapy. Boston: Houghton Mifflin.

Skinner, B. F.(1969). Contingencies of Reinforcement: A Theoretical Analysis. N.Y.: Appleton-Century.

Ulich, R.(1965). Education in Western Culture. NY: Harcourt & World, Inc.

Vygotsky, L. S.(1962). Thought and Language. Cambridge: M.I.T. Press.

Weber, M.(1946). Economy and society. Bedminster Press.

Weick, K. E.(1976). "Educational organizations as loosely coupled systems", Administrative Science Quarterly, 21, March.

Weiner, B.(1980). Human Motivation. N.Y.: Holt, Rinehart & Winstion.

경향신문 만평

경향신문 2015년 12월 21일 기사

국민일보 2010년 1월 21일 기사

매일경제 2006년 12월 13일 기사

매일신문 2009년 03월 24일 기사

문화일보 2009년 11월 18일 기사

서울경제신문 2009년 8월 9일 기사

한국일보 2015년 10월 25일 기사

통계연보(2015)

http://100.naver.com

http://blog.naver.com/andymaster/40040398893

http://law.go.kr/LSW/

http://magazine.joins.com/economist/article_view.asp?aid=280515

http://news.mk.co.kr/newsread.php?no=522653 & year=2006

http://newslink.media.daum.net/news/20090407025304304

http://www.mest.go.kr

찾아보기

〈인 명〉

〈내 용〉

● ㄱ

● ㅂ

● ㅅ

● ㅈ

● ㅊ

● ㅋ

● ㅌ

● ㅍ

ㅎ

저 / 자 / 소 / 개

■ 정석환

경북대학교 대학원 교육학박사

현, 동남보건대학교 유아교육과 교수

〈저서〉 쉽게 풀어쓴 교육철학 및 교육사 외 다수

■ 서의정

전북대학교 대학원 교육학박사

현, 서정대학교 유아교육과 교수

〈저서〉 유아생활지도 및 상담 외 다수

■ 송창백

안동대학교 사범대학 교육공학박사 수료

현, 가톨릭상지대학교 유아교육과 교수

〈저서〉 대학생활과 진로탐색, 학교폭력예방의 이론과 실제 외 다수

■ 이해선

영남대학교 대학원 교육학박사

현, 안동과학대학교 유아교육과 교수

〈조서〉 인성과 자기계발 외 다수

■ 하경표

일본명성대학 대학원 교육학박사

현, 대림대학교 유아교육과 교수

〈저서〉 교육방법 및 교육공학 외 다수

쉽게 풀어쓴 **교육학개론**

1판 1쇄 인쇄 – 2016년 8월 25일
1판 1쇄 발행 – 2016년 8월 30일

저 자 - 정석환 서의정 송창백 이해선 하경표
발 행 인 - 강 철 원
발 행 처 - 양 성 원
주 소 - 경기도 파주시 월롱산로 71(야동동)
전 화 - 031-946-3861(代)
팩 스 - 031-946-3864
이 메 일 - tnwpub@naver.com
출판등록 - 2015년 8월 31일 제 2015-000211 호

ISBN 979-11-87118-73-2

정가 18,000원